健康体适能理论与方法研究

王振平　孟繁龙　著

吉林科学技术出版社

图书在版编目（CIP）数据

健康体适能理论与方法研究 / 王振平，孟繁龙著
. -- 长春：吉林科学技术出版社，2023.6
ISBN 978-7-5744-0655-1

Ⅰ.①健… Ⅱ.①王… ②孟… Ⅲ.①体育锻炼一适
应能力 Ⅳ. ① G806

中国国家版本馆 CIP 数据核字（2023）第 136534 号

健康体适能理论与方法研究

著	王振平　孟繁龙
出 版 人	宛　霞
责任编辑	李万良
封面设计	树人教育
制　　版	树人教育
幅面尺寸	185mm×260mm
开　　本	16
字　　数	270 千字
印　　张	12.25
印　　数	1–1500 册
版　　次	2023年6月第1版
印　　次	2024年2月第1次印刷

出　　版	吉林科学技术出版社
发　　行	吉林科学技术出版社
地　　址	长春市福祉大路5788号
邮　　编	130118
发行部电话/传真	0431-81629529 81629530 81629531
	81629532 81629533 81629534
储运部电话	0431-86059116
编辑部电话	0431-81629518
印　　刷	三河市嵩川印刷有限公司

书　　号	ISBN 978-7-5744-0655-1
定　　价	80.00元

前　言

　　健康体适能是指人体所具备的有充足的精力从事日常生活工作而不感疲劳，同时有余力享受休闲活动的乐趣，能够适应突发状况的能力，是服务于人类健康、实现美好生活的基本模式。随着社会的发展，人们的生产和生活方式发生了巨大变化，脑力劳动者、轻体力劳动者、静态生活者占多数，大幅度减少人体关节、多肌肉群强烈用力地机会，体力活动不足现象日益突出。

　　体适能良好的人反应敏捷，有理智、能快速应变危急状况而远离危险。在人类追求更高生活品质的理念下，理想的身心健康，其意义是更积极地保持良好的体适能与提高健康水平。

　　本书以健康体适能的理念为主线，以运动与健康的概述为切入点，讨论了健康体适能概述、运动健康信息的检测和评价、身体活动水平和健康体适能训练等，阐述了体适能之田径运动、体适能之球类运动、体适能之形体运动，最后介绍了运动性伤害的现场急救等内容。

　　本书希望能够提供相应的知识以及最新的体适能资讯，与有兴趣的人士共同商讨健康体适能，了解每个人的身体结构与状况，推行健康体适能理念，从而达到健康一生的目的。

　　本书的编写借鉴了同行们的相关理论知识，在此表示感谢。还参考了百度、新浪等网络上的相关资料。限于时间和水平，本书不当之处在所难免，我们愿意虚心听取读者的批评和建议，以便不断修订和完善。

目录

第一章　运动与健康

人类文明经历了"体力劳动时代——机械化时代——信息化时代"的发展过程。随着信息化进程的加速，越来越多的人从事脑力劳动，体力劳动的减少和劳动强度的降低使人类面临生物结构和生理机能退化的风险。文明进步让人类付出了代价，某些"文明病"，如冠心病、糖尿病、高血压、肥胖严重威胁着人类健康，影响着人类的生命质量。如何保持身体健康，防止人类在文明进步中可能产生的某些身体机能的退化呢？人类在自身的发展过程中找到了最简单、最有效、最有趣的方法——体育锻炼！

第一节　健康概述

一、健康的定义

思想家苏格拉底曾说："健康是人生最为可贵的。"马克思认为"健康是人的第一权利"。1948 年，世界卫生组织（WHO）在其宪章《阿拉木图宣言》中明确指出："健康是指在身体上、精神上和社会适应各方面都完美的状态，而不仅仅是没有疾病和不虚弱。"由此可见，一个人只有在身体和心理上保持健康状态，并具有良好的社会适应能力，才算得上真正的健康。

1989 年，世界卫生组织根据现代社会的发展，又将"道德健康"纳入健康概念之中，即除了身体健康、心理健康和社会适应良好外，还应包括道德健康，只有同时具备这四个方面的健康才算是完全健康。

世界卫生组织提出了健康的 10 条标准：

体育概述

（1）充沛的精力，能从容不迫地担负日常生活和繁重的工作而不感到过分紧张和疲劳。

（2）处世乐观，态度积极，乐于承担责任，事无大小，不挑剔。

（3）善于休息，睡眠好。

（4）应变能力强，能适应外界环境中的各种变化。

（5）能够抵御一般感冒和传染病。

（6）体重适当，身体匀称，站立时头、肩位置协调。

（7）眼睛明亮，反应敏捷，眼睑不发炎。

（8）牙齿清洁，无龋齿，不疼痛，牙龈颜色正常，无出血现象。

（9）头发有光泽，无头屑。

（10）肌肉丰满，皮肤有弹性。

二、心脏功能与身体健康

人体的心肺功能或有氧能力的增加有赖于以下途径：人体的大肌群参加持续的周期性运动，运动频度为每周 3—5 次，每次 20—60 分钟，强度达到 50%—85%VO2max（最大吸氧量，身体消耗氧的最大值）。

典型的有氧运动包括跑步、游泳、骑自行车、快走以及大量的耗能型运动。心肺耐力被认为是与健康密切相关的因素，这是因为，一旦人体的心肺功能处于低水平，人体便会明显地出现许多致病、致死因素的早期征兆。

（一）身体成分

身体成分是指脂肪与非脂肪体重的比例，常常用体脂率来表达。健康成年男性的体脂率在 15% 以下，而健康成年女性则应在 23% 以下。肥胖症即身体脂肪的过度增长，肥胖与许多疾病有明显的因果关系，这也是困扰现代人类的一大病症。肥胖的人，尤其是苹果形肥胖体型的人，他们的染病概率很高，梨形肥胖体型的人则稍低些。许多方法如皮脂厚度测量法和水下称重法都可以用来测量体脂，并且该类方法远比身高体重比例的方法要精确。

身高体重标准表列出了一系列与身高相对应的体重，但该法只能粗略地估算出一个人的理想体重。其实人类个体之间的去脂体重差异很大，如肌肉强壮的人或运动员虽然体脂很少，但若根据身高体重表查询，则常易被判断为"超重"。而那些肌肉较少、骨骼较轻的人则常易被判断为"体重合格"，但实际上他们也许正携带着超标的脂肪。基于以上原因，为更好地体现人体的健康程度，人们往往更倾向于用体脂率和理想体重作为评判指标。

现代医学知识表明，人体过剩脂肪堆积的部位不同，则最终影响健康的情况也不一样，腹部脂肪多的人要比臀部和腿部脂肪多的人患病的可能性大。换句话说，躯干部和腹部脂肪多的人（被称为苹果形肥胖体型）其患病危险要比臀部和腿部脂肪多的人大（后一类人被称为梨形肥胖体型）。

腰围和臀围的比值法（WHR）是一种简单且方便的方法，可以很快地测评出人体肥胖的程度。若男人的腰围和臀围比值超过 0.9，女人的则超过 0.8，则患病的可能性会大大增加。换句话说，当腰围接近或超过臀围时，则代表你的肥胖程度已经大大地超出了安全下限。

（二）肌肉的力量和耐力

肌肉的力量和耐力训练对身体的好处包括：可以改进骨密度、肌肉的形状和力量，有助于降低产生下腰痛、骨质疏松和其他老年疾病的可能性。但发展肌肉的力量和耐力对预防心脏病、癌症、糖尿病和其他慢性疾病没有什么作用，也不能改进人体的有氧能力。

发展肌肉的力量和耐力，有助于增加骨密度（减少骨质疏松症发病的可能性）、改善肌肉的形状和肌腱的力量，并有益于增强个人的自信。成年人在 30 岁到 70 岁之间，肌肉的体积和力量平均会下降 30%，主要原因是缺乏锻炼，而且这种下降会导致许多老年病的发生。

目前还没有足够的证据可以证明力量训练能降低，如心脏病、癌症、糖尿病、高胆固醇和其他的慢性疾病等的发病可能性。力量训练对发展 VO2max 也收效甚微，原因在于力量训练时耗氧量很少超过 60%，因此力量训练者在进行力量训练的同时应结合做一些有氧运动。

（三）柔韧性

柔韧性，或者说关节的活动范围，可以用静力性的伸展运动来锻炼。目前的研究中，对通过发展柔韧性来促进健康的观点支持甚少。但有很多的运动医学专家仍然很青睐锻炼柔韧性，原因是在他们的从医经历中，柔韧性对修复创伤和治疗腰、腿疼痛有一定的作用。

身体各个关节的柔韧性（或关节的活动范围）是不相同的，这是因为肌肉、韧带和肌腱都可以影响各关节的延展度。柔韧性较好的人主要是因为环绕关节的这些组织较"松"，而柔韧性差的人则是因为这些组织较"紧"，从而影响了关节的活动范围。

美国运动医学院建议用静力性的拉伸运动来锻炼柔韧性（即拉伸到一个位置后便停止），每个动作保持 10—30 秒，每个关节重复 3—5 次，每周至少要进行 3 次这样的锻炼。为了安全起见，也为了更有效率，在进行强有力的拉伸运动之前，一定要进行有氧活动来热身，其形式有慢跑、骑自行车、游泳等，目的都是为了使关节能够活动得更开，也更安全。

（四）运动指导

此处给出了为达到不同目的而采取的两组不同类型的运动指导。若需要同时发展心肺功能和提高健康水平，则运动强度应在 50%—85% 的 VO2max 之间，每次运动 20—60 分钟，每周 3—5 次；若只需提高健康水平，则强度只需 50% 的 VO2max，每次 30

分钟或每日尽可能多地活动身体，且每周的活动次数越多越好。后者这种非正式的活动方式其实适用于绝大多数的成年人。

在 20 世纪上半叶，最明显的例子莫过于大多数健身专家都将肌肉力量训练作为健身的首选。20 世纪的 70 至 80 年代是进行有氧运动的高潮时期，在这一时期有氧运动成为公众关注的热点，而运动的系统健身作用则被忽略。

总而言之，运动帮助获得总体健康的途径是确保心脏、肺脏和全身的大肌群得到锻炼，同时使关节的柔韧性和身体的脂肪含量处于一个健康的水平。可以通过有规律的中等强度的运动来保持健康，也可以采取其他积极的锻炼方式来提高健康水平，增加机体的整体健康水平并降低心脏病、癌症等疾病发生的可能性。

第二节　运动对身体的影响

一次持续 30—50 分钟的有氧运动，能使呼吸速率升高到静息状态时的 3 倍左右，进入肺中的空气量大约是静息状态的 20 倍以上；心率是静息状态的 2—3 倍，心脏的排出量升高 4—6 倍，工作肌的耗氧量比静息状态高 10 多倍。这些由运动引起的身体功能的突然、暂时的变化被称为对运动的急性反应，它们将在运动停止后不久消失。如果每天进行类似的有氧运动并且持续至少 7 周，那么身体的功能在静息和运动状态下都会改变，静息心率（在静息状态下的心率）每分钟将减慢 10—30 次，并且由于心脏的泵血效率提高，无论在何种运动的负荷下，心率都会较慢。运动状态下的心脏每次能泵出较多的血量，同时，在大强度运动时肺的呼吸量也会增加，结果是有更多的氧供应给肌肉，使它们能燃烧更多的能源物质，产生更多的能量（也就是提高新陈代谢），VO_2max 显著升高，肌肉本身将在贮存、燃烧脂肪方面变得更有效。

随着有规律的运动训练，机体的结构和功能所发生的持续的变化被称为对运动的慢性适应，这种变化使机体对运动的反应更灵敏。许多变化发生得更迅速，例如，在第 1—3 周的大强度有氧运动期间可以测得 VO_2max、静息和运动状态下的心率及肺的呼吸功能都有显著的提高。有些人对有氧运动的适应期会持续久些，例如，肌肉内毛细血管数目的增加可以持续几个月甚至几年。

这种慢性变化的幅度取决于训练的量和强度，还有训练开始时的身体状况。例如，肥胖者和中年人由于缺乏锻炼，VO_2max 提高的潜力接近 100%，大学生的 VO_2max 则提升幅度较小（大约 10%—20%）；进行中等强度步行的训练者，他们的心肺功能往往比跑步者的增强速度要慢，且变化不大。

有趣的是，运动导致的身体功能的提高和这种提高状况的丧失都很迅速。下面将阐述慢性和急性的适应，并将重点放在如何采取有规律的运动训练来减缓适应的快速倒退。

（一）心脏和血液对有氧运动适应性的影响

进行耐力性训练的个体和不进行耐力性训练的个体之间，最大的区别就是心脏每次泵血的量不同。通过运动训练，训练者的心脏变得更大、更强壮，静息心率变慢，而且在运动期间，较低的心率就可得到相同的输出血量。由于训练者的心脏可以泵出更大的血量，运输更多的氧气给工作肌肉，所以他们能以较快的速度进行跑步、游泳和骑车等运动。

人体的心脏相当于拳头大小，静息状态时，心脏每分钟泵出大约 5 升的血液，通过人体内总长度大约 96 000 千米的血管。普通成年人体内的血液大约有 5 升，所以几乎所有的血液每分钟都会通过心脏，大多数未经训练的人的静息心率是每分钟 60—80 次，每次泵出大约 55—75 毫升的血液。

心输出量（每分钟从心脏中泵出的血量）是心脏的搏动次数与每次泵出血量的乘积。一个人静息状态下的心率是 70 次 / 分，每次泵血最多为 70 毫升，总的心输出量就是 70 次 / 分 × 70 毫升 / 次 =4900 毫升 / 分。耐力性训练者最大的特点是心脏尺寸会增大。曾经，心脏的增大被认为对健康是有害的（被称为运动员心脏），经过研究验证，人们认为心脏增大是进行规律性的有氧运动训练之后产生的正常的、有益的变化。

在运动过程中，心率的升高与运动的强度成正比。最大心率在力竭时可以测得，以 220 减去年龄可以粗略地估算出某个个体的最大心率值。例如，一个 40 岁的人的最大心率约为 180 次 / 分（220-40=180）。

美国运动医学院建议，人们可以参加使心率在最大心率的 60%—90% 的运动来改善心肺系统。对一个 40 岁的人来说，最佳运动心率是 108—162 次 / 分，如果在运动结束阶段心率稍微再高一些，则会产生更大的训练好处。在运动过程中测定运动对人体心率的影响，会发现随着训练的进行，心脏变大且变得更强壮，它能泵出更多的血液和氧，这意味着它能以较低的心率完成相同的工作。为了使心率保持在适当的水平，运动训练者需要以更快的速度进行跑步、骑车、游泳等训练以达到持续的训练效果。

训练者体内的血液总量也会增加，一般处于静息状态的人体内约有 5 升的血液，而优秀运动员的血液接近 6 升，受过训练的人血液量会在这两者之间。

在运动过程中，随着体温升高，流经皮肤的血液开始增多，出汗量也开始增多。同时，血液给肌肉提供能源，使它们收缩和工作得更好。显而易见，拥有更多的血液就意味着运动员可以更好地将血液在肌肉和皮肤之间进行分配，从而提高运动成绩。

（二）遗传对有氧运动适应性的影响

据统计，不同的人 VO_2max 存在差异，遗传性因素的影响要占 25%—50%。即使通过长期训练来提高有氧适应的能力也要受到遗传因素的制约。遗传因素和运动习惯对于 VO_2max 都是重要的，但遗传因素为运动训练的可能性设定了一个基本的范围。有氧运

动的适应性或 VO_2max 在不同人的身上是千差万别，这里就有遗传因素的原因。例如，有些人能够参加奥林匹克运动会，而有些人虽经刻苦训练却怎么也无法成为奥运会选手。

（三）性别对有氧运动适应性的影响

在对跑步和游泳项目中最优秀的男、女运动员做比较后发现，女性的世界纪录成绩比男性的要低 6%—13%。虽然社会和文化因素的限制依然存在，但多数专家认为，考虑男女性别在运动成绩中的差距时，有几个生物学因素是非常重要的。同样是优秀的运动员，与男性相比，女性的去脂体重（肌肉、骨骼和其他不含脂肪的组织）较小，体脂的百分比较大，身体力量较弱，心搏出量较小，心率较高，血容量和血液中血红蛋白的含量较少，且 VO_2max 较低。

大约在青春期，男、女在身体的尺寸、组成成分和适应性方面就开始表现出很明显的区别。这些区别有：

（1）在各种激素尤其是睾酮的影响下，男性青春期的去脂体重比女性增加得多。到了成年期，一般女性的去脂体重只有男性的 3/4。女性的上肢力量比男性的弱 40%—60%，下肢力量比男性弱 25%—30%。不过，有趣的是，如果肌肉的质量相同，那么两性之间的力量就没有差异。当女性进行举重训练时，可以测其出力量提高了 20%—40%。然而，力量的增加与神经因素的关系要比肌肉尺寸的增加更加密切。

（2）女性体内的雌激素使骨盆增宽，刺激乳房的发育，使脂肪在大腿和骨部的沉积量加大。普通的成年女性体脂要比普通的成年男性高 6%—10%（年轻的成年女性为 20%—25%，年轻的成年男性为 13%—16%）。

（3）在一定的运动负荷（60%VO_2max）下，普通的成年女性与男性相比，心输出量较小而心率较高。女性较低的心输出量可能与她们心脏的血容量较少有关。这两者又是由于女性身体比较小巧的特点造成的。女性的血红蛋白含量也比男性要低，这就意味着，每单位血液中，供给工作肌的氧气较少。

（4）普通的成年女性 VO_2max 只有普通成年男性的 20%—75%，这种差异导致女性的运动水平相对较低。女性对有氧运动的反应与男性相似，但即使是优秀的女性耐力性运动员，VO_2max 也比优秀的男运动员低 15%—30%。对此较为合理的解释是，即使女性运动员再适应有氧运动训练，其体脂含量也比男运动员高，如果这种情况能改善的话，性别之间的差异会降到 5%。

（四）年龄对有氧运动适应性的影响

越来越多的证据证实，健康水平下降与年龄相关。这是由于随着年龄的增长，人们的运动量减少所致。虽然正常情况下，25 岁后 VO_2max 每 10 年会下降 8%—10%，但如果年纪较大的人开始有规律的运动后，这种趋势可被延缓。在任何年龄段，经常参加运动的人普遍比很少运动的同龄人更加健康。但由于机体正处于衰老趋势，参与运动的老年人健康水平当然比参与运动的年轻人要低。他们的肌肉力量可以保持到 45 岁，但此后每 10 年就下降 5%—10%。老年人对举重训练的反应较好，这样可以提高他们从事日常生活的能力。

许多老年学专家认为，有规律的身体运动是保持老年人健康的关键因素。在所有年龄组中，老年人从运动中获得的收效最大。美国的调查显示，在美国只有 1/3 的老年人从事规律性运动，这个数字少于任何其他年龄组的人。从美国疾病预防和控制中心获得的调查数据显示，在过去 10 年里，参加运动的老年人比例还在下降。

无论男性还是女性，其有氧运动适应性或 VO_2max 在 25 岁以后，每 10 年均会下降 8%—10%。不过在任何年龄，人们只要从事剧烈的运动就会有较大的 VO_2max 提升。经研究证明，在 65—75 岁之间，运动的男性和女性会拥有与年轻但不运动的成年人相同的 VO_2max，并且能取得被认为是不可思议的成绩。

换句话说，衰老的过程是真实的，运动能力会随着年龄的增加而减退，且目前没有令人信服的数据显示通过有规律的耐力性运动训练可以阻止与年龄相关的有氧适应性的下降。即使机体试图保持运动状态，但随着年龄的增加，较低的心率和心搏出量，肌肉分离氧气能力的下降，都会导致 VO_2max 下降。

在任何年龄段，从事剧烈运动的运动员比不运动的同龄人的有氧运动适应性要高，但由于衰老的因素，年龄大的运动员又比年轻运动员的适应性要低。研究已证明，对于所有跑步和游泳项目，男性的运动高峰期是在 20 多岁的时候（如短跑 23 岁，马拉松 28 岁），因此大学阶段正处于人生运动的高峰期，同学们如果在这个时期加强体育锻炼，必将受益终身。

此外，应该强调的是，多数研究表明，不训练的人即使到了 80 岁，也没有丧失对耐力性运动训练的适应能力。换句话说，一个人只要开始运动训练，不论在什么时候都不会晚。

（五）停训的反应

规律性的运动训练可以使心血管产生迅速的、明显的适应性反应，并引起肌肉力量和尺寸的变化。但停止训练后的几个星期，由于血容量和心搏出量变小，会引起有氧适应性显著下降。每周至少 3 次强度为 70%VO2max 的运动可以避免这种下降，4—12 周无负重训练之后，肌肉的力量就会恢复到运动前的水平。

如果一个人想保持运动对心脏、肺和肌肉的好处，就必须坚持规律性的运动。当骨折的肢体被限制在一个坚硬的模子里时，肌肉的尺寸和力量便会很快流失。在短短几天之内，当模子变松时，就可以观察到肌肉尺寸缩小的情况。几周后，在模子和肌肉之间的一大片空间表明，重要的肌肉正在发生萎缩或功能废退的变化。

停止训练对于肌肉力量和尺寸的影响也很大，停止举重训练 4—12 周，肌肉的力量就会下降到训练之前的水平。然而，每周进行 1—2 次的举重训练已被证明足以维持肌肉的力量。换句话说，一旦达到理想的肌肉力量后，就只需要很小的努力来维持它。

总的来说，心脏、肺脏和肌肉会对规律性的大强度运动产生积极的反应。虽然有氧运动的适应性受到遗传、性别、年龄的影响，但每个人都能达到一定的适应水平来完成个人的目标。另外，还可以努力使日常生活中的运动变得更容易，也更有趣。

第三节　运动、营养的科学原则

不爱运动和想减肥的人，通常吃得很少，从而导致营养方面不能完全满足身体的需要。生活在现代社会的人们都需要更多的运动，因为缺少运动的生活方式对健康是不利的。提高每日运动中的能耗有助于人们进一步补充营养，也有助于保持健康。

如果你开始进行一项有规律的运动计划，你是否会感到食欲大增？从另一个角度讲，运动使你的饮食习惯得到很好的调整了吗？

在美国，人们喜欢吃能量高的脂肪类食品，尤其是含饱和脂肪酸的动物类食品。与此同时，他们不常食用含有淀粉和纤维的植物类食品，如谷类、水果和蔬菜。

这样的饮食结构也说明了为什么美国人的肥胖症、心脏病、高血压、中风、糖尿病和各类癌症的发生率较高。

但同时还应该指出的是：由于维生素和矿物质的缺乏而导致的各种疾病，在美国及其他发达国家很少发生，几乎很少有人死于坏血病（维生素 C 缺乏）、糙皮病（烟酸缺乏）或脚气病（维生素 B2 缺乏）。

对于中国人来说，随着生活水平的提高，饮食结构也开始接近美国等发达国家。因此，无论是否积极地参加运动，科学的膳食比例对身体健康和预防疾病都是有益的。人体总能量的科学摄入比例：碳水化合物 55%，脂肪 30%，蛋白质 15%。这种饮食比例对于以下人群是有益的：渴望维持健康的人群（指每星期运动 3—5 天，每次 20—30 分钟的人）和几乎所有的运动员，包括单人、双人、团体项目和力量项目的运动员（举重、田径等）。而对耐力比赛的运动员（每天训练超过 90 分钟，诸如跑步、游泳和自行车等项目），饮食比例的适应性改变对他们也有好处，包括更高比例的碳水化合物、更低的脂肪和更多的水。

一、饮食多样化（食宜杂）

人体总共需要 40 多种不同的营养素，可归结为 6 类：蛋白质、碳水化合物、脂肪、维生素、矿物质和水。这些都是保持健康的必需要素，这些营养素应来自不同的食物，而不是一些含有高添加剂的食品或补剂。任何单一食物都不能够提供人体需要的所有的营养素。而食用含有营养素添加剂的食品过多，会对身体造成损害，因为这些物质会导致身体中毒或干扰身体对其他营养素的吸收。一些人试图食用添加剂弥补他们不良的饮食结构，但事实是人体必需的一些物质并不能用药片或胶囊来替代，大多数人并不需要使用此类添加剂来保持健康。

饮食多样化可能是一个最重要的营养原则。所有的人都应该努力使自己的饮食习惯与推荐的"食物金字塔"相一致。谷类和各种谷类制品应成为每顿饮食中的基本食物，同时还应搭配丰富的蔬菜、水果、低脂肪的奶类和肉类制品。

二、平衡膳食并参加体育锻炼

在美国，肥胖是普遍的现象（33%的成年人和20%的青少年），与此相关的是高血压、心脏病、中风、糖尿病、某些癌症、关节炎和其他类型的疾病的发病率都呈现上升趋势。而中国国内的肥胖症发病率也呈现逐年上升的趋势。维持健康的体重，可以通过运动，还可以通过食用各类低热量和低脂肪的食物来达到目的，这类食物包括水果、蔬菜、全谷类、脱脂奶制品、烤鱼和家禽肉等。

现在，中国国民人均摄入的热量比20年前提高了很多，而且很多成年人没有实现有规律地参加体育锻炼。实际上，有的成年人根本就不参加运动。那么，肥胖现象越来越普遍的原因就很明显了——因为摄入的热量大大超过了消耗的热量。

应该指出的是，国外把体育锻炼作为饮食指导中重要的组成部分，如在1990年美国农业部的指导方针中称"保持健康的体重"，在1995年更改为为"平衡饮食和体育锻炼，保持或降低体重"。

三、饮食中应含有大量谷类制品、蔬菜和水果

在饮食指导的大纲中，每餐都应该食用比较多的谷类食品，另外也需食用大量的蔬菜和水果。谷类（面米、玉米、谷类食品）应该是大多数人进餐时的主食，随着谷类产品、水果、蔬菜、碳水化合物和纤维素的摄入量的增加，脂肪和胆固醇的摄入量就会下降。

饮食中纤维素摄入的增加，已经被证明与结肠癌发病率下降有关，并且有助于糖尿病患者控制血糖水平。另外饮食中蔬菜、水果和全谷类食物摄入量高的人，他们的心脏病和癌症的发生率也比很少吃这类食物的人要低。

大多数专家建议，饮食中至少55%的热量应来自碳水化合物。对于一天摄入2000卡热量的人来说，至少应有1100卡或275g的热量来自碳水化合物。一般成年男性消耗的热量平均只有49%来自碳水化合物，成年女性平均是52%。

四、选择低脂、低饱和脂肪酸和低胆固醇的饮食

在大多数食品中，动物制品里的脂肪（奶制品和肉类）是饱和脂肪酸的主要来源，另外还有熟油（棕榈油）和氢化脂（人造奶油）也能提供少量的饱和脂肪酸。而这些富含饱脂肪酸的食物通常也富含胆固醇。

每天胆固醇的吸收量男性应低于300毫克，女性应低于212毫克。然而，据调查显示，男性每天的胆固醇平均摄入量实际上超过了推荐的数值，达到了334毫克。在所有食物中，动物类食品是胆固醇的主要来源，其中蛋黄是最丰富的原料之一，每个蛋黄含有约220毫克的胆固醇。总之，建议大家应该选择低脂肪或脱脂的奶制品，食用瘦肉并且选择低脂量的食物。

五、选择含糖量适中的饮食

糖和许多含糖食品（如软饮料和甜点心）热量很高但营养价值有限，糖还会使牙齿受到损害，绝大多数的健康者应该适度控制糖的摄入，即使热能需要量低的人也应该注意这个问题。不过应该指出的是，糖的摄入量还没有被证明与心脏病、癌症或糖尿病的发病率升高之间有必然的联系。

六、选择含盐适量的饮食

食盐中含40%的钠，在一汤匙的食盐中含有约2000毫克的钠。许多健康专家建议，每天食用少于300毫克的钠（少于一个半汤匙）就可以降低高血压的发病率。但是大多数人摄入的钠较多，平均每天钠的摄入量是4000—6000毫克，大大超过了身体的需要量。含钠丰富的食物是盐、味精、酱油、番茄酱等调味品，虾、海藻等海产品和经过烹、调腌制的肉类产品等。

七、控制酒精饮料的摄入量

酒精类饮料热量高，但其中的营养素含量却很少，甚至没有。饮用它们大多数时候对健康无益，并容易诱发许多健康问题，还可能导致酒精成瘾。虽然有研究显示，适度地饮用葡萄酒可以降低冠心病的发病率，但同时科学家又证明某些癌症的发病率的升高与饮酒有密切关系。

如果成年人饮用含酒精的饮料，他们应该注意适量。对男性来讲，一天最好不超过2次，女性不超过1次。一次的饮酒量约相当于普通的啤酒360毫升、白酒150毫升或烈酒45毫升，以上每一种饮料中都含有约15毫升的纯乙醇。

第四节　睡眠与健康

有些人，无论吃得多或少，睡眠总是惬意的。但也有一些人总是无法入睡。许多热衷于健身运动的人都认为，有规律的运动有助于提高睡眠质量，改善身体健康状况。

一、睡眠紊乱

医学教材将睡眠定义为"一种处于可以被感官刺激或其他刺激唤醒的无意识状态"。换句话说，它不像昏迷，昏迷是"一个人不能从无意识状态被唤醒"。失眠的特征包括：

（1）难以入睡；

（2）经常在夜间醒来后，难以再入睡；

（3）早晨醒得过早，并且不能使精力恢复。

睡眠问题已经成为现代社会一个普遍存在的问题，它严重地影响我们的体力和精神，许多人为了更好地适应白天的工作和生活，不得不想方设法来改善晚上的睡眠。

然而，即使是想方设法改善睡眠的人，也可能因为白天各种压力引起的大脑混乱，从而无法获得高质量睡眠。患慢性失眠症的病人，注意力和记忆力下降，白天很难正常学习和工作，并且不能与其他人融洽相处，合作共事。低质量睡眠还会导致人体易疲劳，人为的出错率和事故发生率都会大大地提高。

睡眠的持续时间与寿命也有关系。在一项规模较大的对 100 万美国人的研究中，对于年龄在 45 岁以上的人而言，睡眠时间持续每晚超过 10 小时或少于 5 小时者，其死亡率比每晚睡 7 小时者要高。

二、改善睡眠

在夜生活和娱乐日益丰富的现代社会，能够在晚上睡一个好觉，对许多人来说已经很困难了。国际精神卫生组织将每年的 3 月 21 日定为世界睡眠日。

睡眠的 8 条原则：

（1）睡眠有规律。这个早晨起得晚，下个早晨起得早将导致"家庭式的生理节奏破坏现象"。为了保持体内生物钟的正常，有规律的作息时间表是"保证睡眠的最好方法"。

（2）减少刺激因素。如果睡前 6—8 个小时摄入含有咖啡因的物质（咖啡、软饮料、药等），就会导致难以入睡，深度睡眠减少，并且夜里无法进入深度睡眠。

（3）睡觉的床要舒适。如果睡觉的床太小、太软、太硬或太冷，入睡后，就很难深入睡眠，也很难睡得放松。

（4）睡前不要吸烟。尼古丁是比咖啡因还强的刺激剂，睡前大量吸烟会减少快波睡眠和深慢波睡眠的时间，使人难以入睡，即使睡着也容易醒。

（5）饮酒适度。酒精在晚上能抑制快波睡眠和深慢波睡眠，而且能加速睡眠各阶段之间的转变。

（6）睡前抛开一切焦虑或晚上提前做好计划。在睡觉之前，解决了焦虑、担心或有待解决的问题之后，睡眠才会有所改善。

（7）睡前不宜太饱或饥饿。晚上吃得太多，会使消化系统工作时间延长，导致夜间辗转反侧，不易睡好；睡前如果感觉过于饥饿，也会影响睡眠质量。

（8）参加有规律的运动锻炼。运动可以消除白天积累的紧张心情，使身体和思想放松，从而促进睡眠。适度运动有助于改善和加深睡眠。每星期至少从事 3 天快走、慢走、游泳或者骑自行车等运动，每次 20—30 分钟，但运动时间不宜太晚。在晚上，应该放松自己使身体平静下来，而不是剧烈运动。理想的运动时间是在下午或者清晨，运动能使白天的工作压力转化成晚上的放松状态。

第五节 控制体重与健康

体育锻炼对预防肥胖有非常明显的效果，但在治疗肥胖症上却功效不大。

一、流行病学研究

美国政府 2000 年制定的目标是：要将成年人的肥胖发生率降低到 20% 以下。但是，事实似乎向着相反的方向发展。20 世纪 60 年代以后，收集的数据显示，美国社会各个阶层的肥胖发生率都在显著增加。一些国际性跨文化背景的比较研究显示，美国是世界上肥胖人口最多的国家。在我国，肥胖人群也在日益增加，我国传统文化认为，胖一些是"福相""富态"，小孩胖些是"健康，营养好"，再加上近些年物质生活水平的提高和饮食结构的变化，使肥胖人群大大增加。

二、肥胖对健康的危害

肥胖与健康密切相关。很多健康专家都认为肥胖是当今社会最为重要的医疗和社会问题之一。

至少有 8 个主要的健康问题和肥胖有关：

（1）心理负担。肥胖者往往承受着巨大的社会压力，经常受到内疚、抑郁、焦虑和自卑等情绪的困扰。

（2）增加骨质疏松的发病率。肥胖者的膝部和髋部骨质疏松的发病率都很高。

（3）高血压。在肥胖者中，高血压非常普遍，并且随着体重的增加高血压的发病率也随之增加。

（4）增加胆固醇和血脂的水平。肥胖者体内血液中的胆固醇、甘油三酸酯、低密度脂蛋白的含量比正常人更高。

（5）糖尿病。肥胖人群糖尿病的发病率是正常人的 3 倍。

（6）心脏疾病。肥胖者比正常人更易患心脏病，并且因此而死亡的比例也很高。

（7）癌症。肥胖者的癌症死亡率比正常人要高得多。

（8）减少寿命。很多研究者指出，肥胖人群要比正常人更易过早地死亡。

三、肥胖的原因

大部分专家认为，肥胖与以下三个因素有密切关系。

（一）遗传的影响

25% 以上的肥胖者，可用遗传因素来解释。有研究显示，当一对双胞胎分别由两个家庭抚养成人后，他们的体重还是要比其他的非血缘兄弟姐妹更接近。早在 1 岁前就被人抚养的小孩，当他们成人后，都出现了肥胖症状，尽管不是由他们的亲生父母抚养成人，但体重却和他们的生身父母一方极为相似。总而言之，这些研究表明，由于遗传的因素，一些人可能比其他人更有可能发生肥胖。

（二）高热量、高脂肪饮食

完全有理由相信，大量食用高热量、高脂肪的食物是导致现代人肥胖问题的主要因素。很多研究者发现，脂肪摄入量过高，会使大部分人很快发胖。如果脂肪摄入量较少，普通人的日常能量支出大部分热量以碳水化合物的形式摄入，便会更容易获得理想的体重。

（三）较少的能量消耗

人们通过三种方法消耗热量。每天大约 2/3 的能量消耗用于静息状态时的新陈代谢，23% 用于身体运动，10% 用于消化食物。青少年时期由于生长发育的需要，新陈代谢消耗的能量较多，到了中年，新陈代谢缓慢下来，消耗能量相对就少了很多，这也是我们常说的"年轻的时候怎么也吃不胖"和"中年发福"的主要原因。

四、肥胖的治疗

减轻体重，并使体重不反弹，一直以来被认为是最具挑战性的课题之一。根据治疗肥胖症的专家们的报告显示，很多过度肥胖的病人根本无法治愈。要么达不到他们理想的体重，要么就是体重减轻一段时间后又反弹回来。

几乎没有科学研究证实目前大部分的减肥方法是确实有效和安全的。研究表明，根据减肥计划在短期内减肥者能成功地减轻体重，但是当这些减肥者完成减肥计划以后，又会出现体重反弹的现象。例如，在一项为期 4 年的研究中，对 152 名成年男性和女性实施了 15 周的减肥计划（包括饮食调整、体育锻炼、行为调整等）。在 4 年的跟踪研究中发现，只有不到 3% 的受试者能够保持 15 周减肥计划后的体重。另一项同类课题的研究也显示，在 5 年后，只有 5% 的受试者能完全保持减肥后的体重，18% 的人能保持减去超过 11 磅的体重。专家们认为，肥胖更多的时候被认为是一种长期性的疾病，与心脏病和风湿病一样，但是治疗的时候会把它当作急性疾病治疗，就像治疗流感。既然减肥的终极目标是为了减轻体重并使体重不反弹，那么均衡营养和低热量的饮食对一个肥胖病人来说是最合适的。要长期控制体重，实施综合的减轻体重的计划，就必须进行饮食、体育锻炼和行为等各方面的调整。

根据大部分体重控制专家的看法，治疗肥胖的手段应该包括以下三点。

（一）饮食

减少热量的摄入，就是要减少脂肪的摄入，同时增加碳水化合物、纤维素摄入（如各类谷物、水果和蔬菜等）。

（二）体育锻炼

每天通过体育锻炼至少增加 200—400 卡的能量消耗。

（三）行为调整

采用如下方法：

（1）自我控制。注意饮食安排，控制饮食数量并注意饮食环境。

（2）行为控制。应控制自己，不要在会引起自己过度饮食的环境中吃饭。比如应避免吃饭时读书和看电视，或者在心情郁闷时吃饭。

（3）方法控制。典型的调整方法，如放慢吃饭的速度、在咀嚼食物时将餐具放下、在固定的时间和地点吃饭等。

（四）激励机制

奖励会更容易使人进步。在达到控制体重的既定目标后，可以通过送礼物、旅行或其他形式的奖励，来对体重控制者加以激励。

第六节　运动与心理健康

一、体育与自尊自信的培养

自尊是一个人发展和前进的潜在动力，是一种高尚、纯洁的心理品质。自信是一个人心理健康的基础，是良好心理素质的核心，也是走向成功的必由之路。大学生不仅可以在体育活动中认识自我、接纳自我，还能够通过体育运动有效地培养和展现自己的自尊和自信。

（一）自尊和自信

1. 自尊

自尊，是自我尊重和自我爱护，自尊又包含要求他人、集体和社会对自己尊重的期望心理。在日常学习、生活和体育活动中，对自己的运动能力、身体外貌以及健康水平等身体状况的满意程度也是自尊的一个方面。大学阶段仍然是学生身体发育的增长期，可塑性较大，多参加体育锻炼，有利于保持良好的身心状况。此外，在树立自尊的同时，同学之间的相互尊重也是形成健康心理的重要环节。

2. 自信

自信是一种反映个体对自己是否有能力，或成功地完成某项活动的信任程度的心理特性。当一个人拥有自信，他就会满怀热情地投入到行动中；在遇到困难时，也不会被困难和挫折所压倒。可以说自信是一个人成功的基础。

3. 自信与自卑和自负

自信的反面是自卑，而超过自己实际能力的虚假自信是自负，只有理解什么是自卑和自负才会全面领悟自信的含义。

（二）在体育活动中展现和培养自尊自信

一个人的自信心是在克服困难、体验成功中产生的。体育锻炼是培养和发展自信的重要手段，在锻炼中不断克服困难、挑战自我，可以增强自信，展现自我。

1. 展现自我

体育活动多种多样，要有明确的锻炼目标，看到自己的长处，不断提高。在群体活动中，与同伴积极配合，努力展现自我。

2. 自我激励

首先，要经常鼓励和肯定自己。通过回忆自己成功经历中荣耀和自豪的事情，肯定自己的能力，鼓励自己说"过去行，现在更行""别的事情能处理好，这个事情也能处理好"。其次，当面对有难度的活动项目或受到挫折时，要敢于面对困难，从那些战胜困难和挫折的成功者身上找到自己前进的方向。在困难面前，应运用积极、肯定的自我暗示为自己打气，例如"我可以""我行""成功一定属于我"等等，以增强自信，克服困难。

3. 量力而行

列一张清单，将自己没有达到的体育目标写下来，然后将目标从易至难依次排列。从最容易实现的目标开始学和练，通过不断练习增强信心，首先实现第一个目标，然后再通过练习实现下一个目标，直至实现终极目标。

4. 相互鼓励

在体育活动中，同学间要相互鼓励、愉快接纳，这将有助于从"同伴关系"中发展自尊、自信，同时也使你学会尊重他人。

5. 发展专长

增强自信心的另一种方法是选择一种你喜欢做、做得好、自己欣赏、同伴也赞赏的体育活动，有计划地发展它。当你的专长得到同伴欣赏的时候，自我价值感油然而生，随之而来的就是自信心的增强。

二、体育与情绪的调控

情绪无时无刻不在伴随和影响着我们。良好的情绪会激励我们积极向上、生活愉快、学习进步，不良的情绪会减少快乐，干扰正常的学习和生活，甚至会损害身体健康。如果你能够主动地运用体育手段及时调控不良情绪，就可以把不良情绪的危害减少到最低限度，把积极情绪调节到最佳状态，进而体验到更多的幸福和欢乐，更好地服务于社会、享受生活，促进身心健康发展。

情绪的好与坏直接影响着人的身体健康、认知发展、个性发展以及人际关系。积极的情绪有利于机体的正常活动，使人思维敏捷，有利于营造良好的人际关系和形成健康的人格；不良的情绪会引起机体功能障碍，使人思维僵化，易形成不良行为，导致人际关系不和谐等。积极情绪与消极情绪与健康的关系如表 1-1 所示。

表 1-1　情绪与健康

	身体健康	认知发展	个性发展	人际关系
积极情绪	促进机体正常活动，提高免疫力，有益身体健康	有利于注意力集中，感知清晰，记忆牢固，思维敏捷等	有利于形成良好的行为方式、性格特点和发展特长	积极情绪的表情，例如欣赏的微笑、认可的点头等，有利于与他人建立和谐友好、相互尊重的关系
消极情绪	引起机体功能紊乱，导致免疫系统功能障碍，长期的消极情绪还会致病	使注意力难以集中，对事物的感知不深，记忆不牢，思维僵化等	易形成不良的行为方式和性格特点等	消极情绪的表情，例如冷漠的表情、不良的身体语言等，不利于人际沟通，会使同伴之间的关系疏远

三、体育与意志品质的培养

1.通过参加运动负荷较大，具有挑战性的体育项目，锤炼抗挫折能力，锻炼意志品质的坚韧性，意志的坚韧性是在与困难做斗争的过程中表现出来的。只有在困难面前付出最大的努力，才能取得意志锻炼的最佳效果。通过参加运动负荷和难度较大、持久性的体育活动（例如长跑、长距离游泳等），我们学会克服困难的本领，形成坚韧不拔、敢于拼搏的意志品质。

2.通过球类运动或其他体育比赛，锻炼果断的作风

体育比赛的特点之一是竞争性。为了在比赛中取胜，必须全力以赴，最大限度地发挥自己或团队的水平和潜能，奋勇拼搏。篮球比赛中队员的投篮，不仅是体育运动能力的检验也是对队员果断性的考验。因为比赛场上形势瞬息万变，需要队员的默契配合，这就需要队员们具有迅速果断地做出决策的能力。在两队比赛时，队员要根据场上的具体情况及时地运球、传球，组织进攻并阻止对方的进攻，任何犹豫不决都可能造成失误。因此，经常参加体育比赛，可以让自己变得更加果断。

3.在参与体育比赛和游戏中，自觉遵守规则，学会自制

任何参与者都应该遵守体育比赛和游戏中的规则。这既是个人或本队良好作风的体现，也是尊重对方，尊重裁判，使比赛顺利进行的保障。

通过积极地参与体育活动、体育比赛和游戏，并自觉地遵守规则，约束和规范自己的行为，锻炼自制力。

4.通过对抗、跨越障碍等有一定难度的体育项目，学会勇敢

对抗性项目有摔跤、武术对练、球类运动等。其中，球类运动是大学生普遍喜欢的对抗练习项目。例如，在足球比赛中，争头球的时候，不仅要求队员应具有良好的爆发

力，准确的判断力，还要敢于拼抢，从而锻炼自己的勇敢精神。

另外，通过参加腾空、跨越障碍的体育活动，如跳高、跨栏、体操等，可以克服恐惧心理，培养无所畏惧的决心和信心，从而变得更加勇敢。

四、运动如何促进心理健康

体育运动锻炼是怎样促进心理健康的？

至少有 6 种不同的理论可以解释两者之间的相互关系，包括成就感和自信心的提高、社会因素的作用、释放生活压力、改变脑部结构和化学物质、提高体内镇静物质水平可以产生良好的情绪。以上因素综合在一起，均可证明规律性运动可以提高心理健康水平。

（1）自我成就感。当人们开始并且坚持进行有规律的运动计划时（虽然许多人认为有困难），会随之产生成就感和自信心，换句话说，就形成了一种"我能做它"的态度。

（2）社会因素的相互影响。通常运动是与其他人一起进行的，在运动中可以产生友谊，发生有趣的事并会引起个人的注意，研究人员觉得这些社会性的因素将有利于提高心理健康水平。

（3）分散注意力。这个论点是指运动会使人从日常的生活压力中脱离出来，可以提升人体的情绪状态。

（4）提高大脑的健康水平。有人认为有氧练习可以提高脑部血流和氧气的输送，提高心理健康水平。根据动物研究表明，有规律的运动可导致脑部结构发生持久性的变化，包括产生额外的血管分支和神经末梢，而且运动训练可以明显地改变脑电波的活动，但是要想搞清楚运动影响大脑的具体机理还需要大量的研究。

（5）改变脑部的化学物质。脑部分泌多种化学物质或神经介质，还有血清素、多巴胺和去甲肾上腺素等。已经证明这些物质的失调与抑郁症及其他的心理障碍有关。运动可以通过维持脑内这些物质的正常水平来预防和治疗抑郁症。

（6）提高体内的镇静物质。在剧烈的运动中，脑垂体分泌鸦片肽类物质（β 内啡肽）的能力提高。

科研人员在对人体进行实验研究后，认为以上这些因素在某种程度上都可以改善心理健康状况，虽然对于运动怎样提高心理健康水平的机理还不清楚，但专家们一致认为，参加有规律的体育运动对心理健康水平的提高是大有好处的。

第七节　运动与社会适应能力

体育运动能增加人与人之间接触和交往的机会。通过与他人的交往，可以使个体忘掉烦恼和痛苦，消除孤独感。通过参与在学校、家庭、社会中的各种群众性体育活动，可以得到社会强化和群体认同，从而在安全、友谊、爱情、亲情、支持、理解、尊重等方面得到应有的满足。

一、体育运动培养人正确的社会价值观

尽管因时代、制度不同，社会价值所包含内容的价值取向不统一，但都离不开对和平、自由平等、自尊、幸福、才智、成就、友谊等具体价值内容所持的态度和所表现的行为。体育锻炼因其宗旨方式、结果都对价值观所涵盖的内容具有积极的影响作用，所以，它可以培养、塑造人们适应当今社会的正确价值观。

二、体育运动培养和谐的人际关系

在现实生活中，人们需要通过各种交往方式相互表达情感和传递信息。社会学的研究表明，影响人际关系的主要因素有沟通能力，对身体、语言的理解和使用能力，自我抑制水平和迁移能力等。根据体育锻炼活动性质的动态性、追求目标的共同性及表现方式的群聚性等特点，体育在把握好影响人际关系的因素、促成良好人际关系的形成等方面，都具有十分重要的价值。实践证明，体育运动的最佳方式是置个体于社会群体之中。这种由共同运动欲望和追求目标维系的交往方式，既有利于身体运动的非语言接触和语言激励间的互动，也完全符合现代交往的基本要求，使之成为改善没个性人群相互关系的纽带。在人际交往方面，大多数的体育锻炼者都希望与志同道合的同伴一起合作，通过身体练习，或一起交流健身经验，或进行一场体育友谊赛，通过同伴之间或对手之间进行的这种感情沟通，达到相互了解和增进友谊的目的。在国际交往中，体育竞赛活动可以促进各地区、各国之间的友好往来，增进友谊，加深了解，加强团结，在某种意义上促进世界和平。20 世纪 70 年代初我国就曾经利用体育交流的方式，展开全球性的"乒乓外交"，打开关闭多年的中美之间的大门，促进中美两国人民的相互了解，加深了两国之间的互相信任，从而被众多媒体称为"小球（乒乓球）转动了大球（地球）"，在某种意义上，是体育运动为世界和平做了贡献。

三、体育运动培养自立精神和善于寻求社会支持的能力

确定体育目标并为实现这一目标而努力的过程，有助于培养运动者积极的人生态度，使他们具有更强的独立性和自理能力。在社会中，任何人都会遇到困难，是否具有为解决困难而寻求社会支持的能力，是社会适应性强弱的表现。体育锻炼作为一种个体行为，要想使它达到规范化要求，在寻找社会支持的努力中，除了需要加强与同伴之间的合作外，还必须提高主动获取体育与健康知识以及自我评价体育锻炼效果的能力。比如，在

体育锻炼的实施过程中，我们不能事事依赖于课堂体育教育，要设法求助于报刊、书籍、电视或互联网等大众传媒，通过查阅与检索资料或从多媒体渠道直接获取信息，从中受益。学会用科学的方法指导自己的体育实践，从而加强体育锻炼与社会生活之间的联系。这种社会求助能力一旦在体育锻炼中得到提高，还可以通过迁移作用，间接影响人们的其他日常生活与工作。这样不仅可以加强体育锻炼的社会适应性，还可加速个体的社会化进程。

四、体育运动培养良好的道德情操和规范行为

21世纪进入人类精神发展的新纪元。为了适应更富有人文精神的大科学时代对人格教育的要求，体育锻炼不仅要重视知识获取与促进健康的效果，还应关注人的个性发展与健康人格培养等非智力因素，并按照陶冶道德情操的要求，体验集体活动与个人活动的区别，强调、促进健康与品德修养之间的关系，使体育锻炼既促进人的生长发育，又加强人的道德修养。体育运动中有各种明确而详细的行为规范，如奥林匹克精神和原则、体育道德规范、比赛规则、竞赛规程等。这些规范是体育运动得以开展的必要条件，培养学生遵守规范是他们进入社会前的必修课。这一学习过程可以称为对社会法规和伦理道德的模拟学习过程，有助于他们理解遵守社会规范的意义以及重要性。

五、体育运动培养适应社会的参与意识

体育锻炼具有强身健体、娱乐消遣的功能，并且形式多样，内容丰富多彩，又不受太多条件的限制，不仅是人类提高生活质量的需要，也完全符合现代社会的生活理念。于是，不分肤色、贫富、贵贱、种族、信仰、年龄和性别，几乎人人都乐于参与体育锻炼。这表明，体育锻炼以它鲜明的公众效益和自由参与原则，为每个人提供了平等参与的机会。

实践证明，经常积极地参与社区体育活动，使自己逐渐成为社会体育组织的一员，不仅可以让人们义务为他人提供帮助，还可以通过相互间的经验交流获得公众的指导，乃至从精神上得到必要的鼓励。这样的参与意识，能使体育锻炼产生积极的社会效益，使参与者通过参与体育锻炼，扩大自己的生活领域，并达到促进个体社会化的目的。

六、体育运动培养适应不同社会角色的观念

不同的社会角色区分了社会行业和每个社会成员的职业，不同社会角色成员的组合，构成了五彩缤纷的社会。一个人要符合社会的要求，取得社会成员的资格，就必须学会接受适当的社会角色。而各种体育活动都要求参与者有一定的分工与协作，这就培养与提高了每位参与者适应社会需要的角色观念。运动场上有机会让学生体验不同的角色和

"做什么、怎么做"的不同分工，为他们走向社会打下基础，从而体验人的主观努力是可以改变社会地位的重要意义。体育运动本身所蕴含的协作因素、团队精神和群体性，可以促使锻炼者按协调配合与角色互补原则，妥善处理同伴与同伴之间、同伴与对手之间的关系。通过培养适应社会需要的角色的观念，潜移默化地学会在社会中适应自己的社会角色。

七、体育锻炼培养适应社会发展的生活方式

当前，由高科技开创的文明与繁荣，使人们的生活水平有了极大的提高。与此同时，尽管空闲时间不断增多，但由于劳动性质改变、生活节奏加快与人际关系复杂等因素，现代文明病多有发生。基于这种现状，为了防止体力衰退，学会生存，提高生活质量，人们亟待选择文明、和谐、健康、活泼的活动方式去善度余暇。人们在对各种活动方式进行认真比较之后，更加寄希望于丰富多彩的体育锻炼，把它作为现代生活方式的一项重要内容和明智选择。体育锻炼的动态性、趣味性、娱乐性、保健性与休闲性，不仅可以通过人的肢体活动，使高度疲劳的神经系统得到休息，而且还可以调节身心平衡、丰富生活内容、提高健康水平。面对现代生活节奏的加快，为了解决身体和精神对快节奏生活的不适应，人们通过体育锻炼掌握运动技能，并以这种快速、敏捷的活动方式，提高人体对快节奏生产、生活的应变与耐受能力，为了消除精神对社会的不适应，人们通过户外运动拓宽生活领域，并以这种回归自然本原的生活方式，克服对快节奏生活的抵触、恐惧、烦怨和焦虑等心理障碍。正是由于体育锻炼的这种特性，它能够预防和消除许多精神和肉体的不适，创建适应生存竞争和享受生活乐趣的新的生活方式。

第二章　健康体适能概述

随着科学技术和社会的发展，人们的生活方式有了很大的变化，而与此相对应的则是人类所患疾病的重大变化。以前威胁人类健康的重大疾病，如传染病等已经显著减少，而由于不良生活方式所引起的慢性疾病成为现今影响人类健康的主要原因。体育运动的缺乏和饮食结构的"高能化"，使人们的基本身体素质下降，更为严重的是与生活方式有关的现代"文明病"（心脏病、高血压、高血脂、糖尿病和肥胖症等）日趋增多，并且成为影响人类健康的一种全球性的"生活方式病"。所以，体适能的发展顺应了时代发展的大趋势，是民众体能健康化的需求。

第一节　健康体适能概念

一、健康的定义

健康是人类社会的宝贵财富，是人类生存和发展的重要保障。随着科学技术与人类社会的发展和时代的变迁，现代的科学健康观念告诉我们，健康不仅是四肢健全、没有疾病，健康还是一种在身体、精神、行为和道德意识上适应人类日常生活、工作、学习、娱乐和休闲的"身心合一"的完美状态。其中，具有良好的体适能（Physical Fitness，PF）是身体健康的最重要的标志之一，是人类享受生活、提高工作效率和增强对紧急突发事件应变能力的重要物质基础。

根据世界卫生组织（Word Health Organization，WHO）的解释，健康是指在身体、心理及社会各方面都完美的状态，而不仅仅是没有疾病和虚弱。从这个定义上可以看出，影响健康的因素归纳起来大致可以分为以下四类：①环境，包括自然环境和社会环境；②生物学基础，包括机体的生物学和心理学因素；③生活方式；④保健设施。

近年来，健康的概念更细分为整体健康概念（Holistic Concept of Health）。

（1）躯体健康（Physical Health）——身体各系统、内脏及各器官的功能正常。

（2）心智健康（Mental& Intellectual Health）——思维清晰有条理。

（3）情绪健康（Emotional Health）——在个人情感认知及感情表达方面恰当得体，而又积极面对压力、紧张及焦虑。

（4）社会健康（Social Health）——能建立及维持人与人之间的良好关系。

（5）心灵健康（Spiritual Health）——心境平静，有个人的信念或者信仰。

（6）职业健康（Vocational Health）——发挥专长，贡献社会的敬业精神。

从所有关于健康的定义及影响健康的因素来看，不管是环境还是设施以及保健设施，其终极的目的在于它是为了促进机体的生理健康和外界变化的适应能力。现代医学对健康统分为预防、临床、康复，其中预防与康复阶段需要体适能的参与。体适能的提出最重要的是强调了机体适应生活、运动与环境（例如温度、气候变化、环境或病毒等因素）的综合能力，这种对生活的适应力，体现出体适能与健康之间的紧密联系。

二、体适能的定义

体适能一词来自英文的 Physical Fitness，最早出现在半个多世纪前由当时"美国健康、体育、休闲协会"（American Association of Health，Physical Education and Recreation，AAHPER）组织和制定的《国家青年适应能力测试》（National Youth Fitness Test）的文件当中。

体适能是指个人除能够胜任日常工作外，还能有余力享受休闲以及能够应付压力及突如其来的变化的身体适应能力。人体各组织器官在正常情况下能发挥有效的机能，以适应日常的工作及生活环境，并有应付紧急事故的体适能。基本上这样的体适能是来自于心血管（循环系统）、肺脏功能、肌肉（力量和耐力）、柔软度（关节活动范围）等功能的有效运作。所以心肺循环功能、肌力、肌耐力及关节活动范围的柔软度被列为体适能的基本要素，但近年来由于脂肪过高而逐渐直接或间接危害到人体健康，故身体脂肪百分比也被视为体适能的一个重要因素。体适能可由下列五要素评价：心肺耐力、肌力与肌耐力、心肺身体成分、柔软性、神经肌肉松弛组成。

目前，中国香港体适能总会衡量健康体适能的五大要素包括以下内容。

一是心肺耐力（Cardiorespiratory Endurance）：心肺循环系统能够有效地为肌肉提供足够的氧气及养分，并且带走留在肌肉中的废物的功能。

二是肌力与肌耐力（Muscular Strength& Endurance）：肌肉系统能够有效工作的能力，如保持身体姿势、走路、慢跑，甚至快跑等。

三是身体成分（Body Composition）：身体瘦体重与身体脂肪相对比例。

四是柔软性（Flexibility）：身体各关节能有效地活动到最大范围的功能。

五是神经肌肉松弛（Neuromuscular Relaxation）：是指减少或消除肌肉不必要的紧张和精神或心理压力。

三、健康与体适能的关系

健康反映了身体、精神和社会的完好状态，强调了对社会的适应力。体适能是指身体对生活、运动和环境等因素的应变能力，强调的是一种应变力。由此可以看出，健康的好坏可以决定体适能水平，而与健康有关的体适能状况，反过来也影响身体的健康水平。

健康是人类共同的追求，人们对健康的要求也根据物质水平的变化而变化，在刚能解决温饱的发展中国家，人们以不得病和有病能得到医治而满足。在发达国家和地区，人们不再满足于躯体没有疾病，而要求精神愉快，心情舒畅，工作和学习、生活上乐观进取，能与他人建立良好的人际关系，追求精神世界的丰富，认为这才是健康的。这也正是体适能提出的意义所在，它适应现代高度文明化社会的发展需求，符合人们追求健康、保持身心愉悦的新理念。

人的机体是一个统一的、互相密切协调的整体，"体适能"是该整体各种能力的一种综合体现，它是人们生活、劳动的物质基础，是发展生产力的一种重要潜能。与健康有关的体适能不仅是身体维护自身健康的基础，还是机体保证愉快完成日常工作和降低慢性疾病发生的前提。从一定程度上来说，提高与健康相关的体适能水平，是达到整体健康的根本途径。

第二节　体适能分类

体适能一般分为三类：与健康有关的称为健康体适能，包括心肺耐力（心肺适能）、肌肉适能、柔韧性、身体成分；与动作技能有关的称为运动技能体适能，包括灵敏性、平衡感、协调性、速度、肌肉爆发力、反应时间等；与功能康复有关的称为功能性体适能。

一、健康体适能

健康体适能是与健康有关的体适能，包括如下四个方面。

（一）心肺适能

心肺适能是指身体摄取氧和利用氧的能力。通常心肺适能与有氧工作能力是同义词。心肺适能越强，完成学习、工作、走、跑、跳、劳动时就会越轻松，并且能够胜任强度较大的工作，对较为激烈的运动也能逐渐适应。　、

（二）肌肉适能

肌肉适能包括肌肉力量与肌肉耐力。肌肉力量是竭尽全力从事抵抗阻力的活动能力。肌肉强壮有助于预防关节的扭伤、肌肉的疼痛和身体的疲劳。肌肉耐力是肌肉承受某种适当负荷运动时重复次数的多少、持续运动时间的长短能力。肌肉适能的重要性在于避免肌肉萎缩、松弛。维持较匀称的身材，有利于防止身体疲劳，减少运动伤害，提升身体活动能力，提高生活质量。

（三）柔韧性

柔韧性是指用力做动作时提高动作幅度的能力，包括身体各个关节的活动幅度及跨过关节的肌肉、肌腱、韧带、皮肤和其他组织的弹性与伸展能力。

柔韧性对于提高身体活动水平，维持正确的体姿，减少运动器官损伤，改善动作效果都有重要意义。

（四）身体成分

身体成分是指组成人体各组织器官的总成分。总重量为体重，含脂肪成分和非脂肪成分。体适能与体内脂肪比例的关系最密切。脂肪过多，心肺功能的负担越重，要维持适宜的体内脂肪，必须注意能量的吸收和消耗的平衡。

人体的脂肪重量占体重的百分比称为体脂百分比，余下的包括骨、水分、肌肉等称为去脂体重。体适能的强弱与合理的控制体重和体脂百分比联系密切，体重得当，身体成分适宜是健康的标志。肥胖给健康带来威胁，体重过轻也不利于健康，对脑力、体力均有负面影响，出现体质虚弱、骨密质较差的现象。

因此，衡量健康体适能状况的四大要素为：心肺适能、肌肉适能、柔韧性、身体成分。

二、运动技能体适能

运动技能体适能包括灵敏性、平衡感、协调性、速度、肌肉爆发力和反应时间六要素。

灵敏性：身体或身体某部位迅速移动并快速改变方向的能力。

平衡感：人体在静止站立或运动时能维持身体稳定性的能力。

协调性：肌肉系统表现的正确、和谐优雅的活动动作，这主要反映一个人的视觉、听觉和平衡感与熟练的动作技能相互结合的能力。

速度：人体进行快速移动的能力或最短时间完成某种运动的能力。

肌肉爆发力：肌肉在最短时间收缩时所产生的最大张力，通常用肌肉单位时间做功量来表示。

反应时间：对某些外部刺激做出生理反应的时间。体适能较好的人，动作协调、轻巧、灵活、敏捷，在活动中动作准确，变换迅速。

三、功能性体适能

功能性体适能主要针对老年及体弱人群，在此不做过多介绍。

第三节　体适能的发展趋势

基于达尔文适者生存学说（Survivor of the Fittest），以生物学为基础的教育家认为教育是帮助个人适应生活环境的一种因素或技巧。

对于不同人，体适能代表不同意义。一位久坐办公室工作的人所需的体适能，显然与体力劳动者所需的体适能不同，但个人体适能必须全面，包括身体的、心智的、情绪的、精神的和社会要素，缺乏其中任何一项就无法达到整体健康（Holistic Concept of Health）。全美体育、健康及休闲同盟（American Alliance of Health，Physical Education and Recreation）将体适能定义为个体发挥功能的能力（Ability of the individual function），认为体适能良好的人应具备如下几点。①身体器官健康，并拥有应用现代医学知识的能力；②足够的协调能力、体力和活力以应付日常生活及突发事件；③稳定情绪以适应现代生活的紧张和干扰；④团队意识和适应团队生活的能力；⑤充足的社会知识及解决问题的能力；⑥全面参加日常活动所应有的态度、价值观和手段；⑦健康的精神状态和良好的社会道德。

体适能的发展趋势，不仅是个人身体健康的选择，还可延展至团体及地区，甚至是国家。从目前我国关于体质研究的范畴看，大规模群体体质研究的内容主要包括三个方面：体格发育水平、生理机能水平、身体素质和运动能力水平。尽管我国的体质研究取得了较多的成果，由于对身体适应能力方面的研究迄今不多，尤其是缺乏科学的、全面的定量化指标，故当前的体质测定仅局限在身体方面，对相关的促进健康方面干预较少。比较而言，国外在体适能方面的研究与投入较早，而且积累了许多值得我们参考和借鉴的先进经验，主要有：在理论上，有独到的见解，提出体适能包括运动素质和健康素质，并进行严格的分类，具体地阐明了相关问题；在理论指导方面，注重理论研究—仪器使用—社会科研的紧密结合；在实践中，对体力的检测与评估更具全面性，重视对体适能状况进行科学规范的管理。

健康体适能是一个新兴的复合概念，它的测量与评定，相对于过去的体质测试更加科学地反映了体质对外界环境、生活、社会的一种适应能力，因此它是多学科交叉的一个具体应用，有着丰富的内容，包括的范围也很广泛，有运动生理学、运动解剖学、运动医学、测量学、统计学、物理学及计算机科学许多学科。健康体适能测定在引用相关学科的基础上，应用各学科的基本理论，借助各学科先进科学技术，不断改进，创新测量评定方法，使人们对人体本质属性的认识。从多学科、综合性的角度出发，对测定对象做较为深入与客观的价值判断。随着科学技术的迅猛发展，体适能研究已经朝着多指标、综合性方向发展，其不仅在形态、身体机能和身体素质等方面继续深入，而且已涉及人类精神、社会行为、个体性格等方面的内容。随着磁成像、分子生物学等尖端科学在体质研究领域中的运用，人类健康体质的研究必将会有一个新的飞跃。

第三章　运动健康信息的检测和评价

当今社会已经进入信息时代，人们对自身健康非常关注，相对应的运动水平和健康体适能检测应运而生。健康体适能属于体适能的一部分，主要包括心肺适能、身体成分适能、肌肉适能和柔韧适能等。针对不同的性别、不同年龄、不同健康状况、不同锻炼习惯、不同健身目的人群进行健康体适能的测定，并对测定结果进行评价，为其提供个性化的锻炼指导，对改善身体状况、认知身体机能有积极作用。本章主要介绍的运动水平检测、健康体适能（包括身体成分适能、肌肉适能、心肺适能、柔韧适能）一些测试项目的检测和评价，并介绍健康体适能信息的管理。

第一节　身体活动水平测量与评价

身体活动水平的评价方法可分为两类：一类是借助于一些仪器、试剂进行测量的客观评价方法；一类是以身体活动问卷为主要形式的主观评价方法。客观评价方法多用于实验研究，是从身体活动能量消耗角度对身体活动进行测量；主观测量法多用于流行病学调查，是从身体活动的强度、频率和每次活动持续的时间三个方面对身体活动水平进行测量评价。

一、身体活动水平的测量方法

（一）客观方法

身体活动能量消耗是影响总能量消耗的主要部分。客观测量方法包括双标水法、间接热量测定法、心率监测法，以及各种机械或电子的运动传感器。

1. 双标水法

双标水法于 1955 年由 Lifson 和他的同事共同发明并于 1982 年第一次应用于人类研究。此方法使受试者服用经非放射性同位素 2H 和 18O 双重标记的水，通过测量尿液中同位素的含量，得到 2H 和 18O 的代谢速率，从而计算 CO_2 生成率和 O_2 消耗量（VO2），得出单位时间的能量消耗，结合人体基础代谢率，就可以计算出身体活动消耗。双标水法测量准确、无毒副作用，而且不影响受试者的日常活动，所以一直被认为是身体活动测量的"金标准"。但是，由于 2H 和 18O 价格昂贵，不适合在大样本人群试验中应用。

2. 间接热量测定法

间接热量测定法也是一种较精确的热量测定方法，它通过测定吸进的 O_2 和呼出的 CO_2 来计算能量消耗，结果真实可信，目前许多验证运动传感器测量步行或跑步有效性和可靠性的研究就是以此方法作为参考。但是，该方法往往只能在实验室里借助跑步机才能测量步行或跑步的热量消耗，限制了在一般人群日常身体活动调查中的应用。

3. 心率监测法

心率监测法的原理是心率在一定强度范围内，通常是 110—150 次 / 分钟，心率与耗氧量呈线性关系。Strath 等在校正了年龄和体适能后，测得心率与耗氧量的相关系数为 0.68，因而心率可以作为测量身体活动的一种客观指标。但是，心率监测法也有明显缺陷：① 容易受到环境温度、湿度、情绪变化和身体姿势的影响，单纯记录心率的方法不够准确。② 对低水平的身体活动（如步行）测量结果不准确。

4. 运动传感器

运动传感器可以固定在身体上，通过感应肢体或躯体的运动或加速度来测量身体活动。常见的运动传感器为计步器和加速度传感器。

（1）计步器。计步器是机械式步伐计数器，可以感应垂直方向的运动，当人们以正常的步速行走时，计步器能够精确记录行走的步数。计步器可以推算能量消耗。计步器不适合测量行走缓慢或步态失调的老年人。

（2）加速度传感器。加速度传感器是更为复杂的运动传感器，通过感应水平、侧面和垂直方向的加速度来测量身体活动的频率和强度。与计步器相比，加速度计的优点是可以提供活动强度和频率等信息，其输出结果更能反映出人体的真实活动情况，但加速度计对上楼梯、骑自行车和搬运物体等非全身运动的测量不准确。

（二）主观方法

主观测量法包括行为观察、问卷调查和面访调查，其中问卷调查又可细分为：回顾性问卷、日记和日志。

1. 回顾性问卷

目前有相当多的回顾性问卷应用于身体活动评价，应用比较广泛的有国际身体活动问卷（IPAQ）、全球身体活动问卷（GPAQ）、明尼苏达休闲时间身体活动问卷（MLTPAQ）等。美国运动医学院曾在 1997 年的 Medicine and Science in Sports and Exercise 的一期增刊上列举了 30 多种身体活动问卷。IPAQ 由国际身体活动测量工作组于 2001 年制定，包括长卷和短卷两种形式，长卷多用于科学研究，短卷多用于行为监测。Craig 等在 12 个国家的 14 个中心对 IPAQ 的信度和效度进行了探索，认为 IPAQ 是一种应用于 18—

65 岁人群中的可被接受和合理的身体活动测量工具。GPAQ 是国际身体活动测量工作组专为发展中国家制定的国际标准身体活动问卷，主要用于身体活动监测，其效度已经在 9 个国家得到验证。MLTPAQ 也是应用较广的问卷，其信度和效度经过了多个国家的验证。虽然回顾性问卷与客观测量相比，其准确性较低，但由于其成本相对低廉、便于管理、被调查对象易于接受，目前仍是国内外大型流行病调查中最常用的方法。当前，已有研究开始使用问卷调查联合计步器来共同测量身体活动水平。

2. 身体活动日记

身体活动日记通常是用来详细记录每 15 分钟或 30 分钟的活动内容，连续记录 1—3 天。通过日记，研究者可以计算身体活动的总能量消耗。与双标水法和间接热量测定法相比，身体活动日记也能较为精确地估计能量消耗，故被认为是最准确的主观测量法，但是，由于受试者不容易坚持，所以影响了该方法的推广使用。

各类测量方法总结，如表 3-1 所示。

表 3-1　身体活动能量消耗的测量与计算

测量方法		原理	精度	效度	优点、缺点
标准测量法	热量消耗测定法 直接法	在隔热条件下直接收集和测量人体整个能量代谢过程中散发的全部热量。常采用测量机体在一定时间内所处介质温度的变化，根据介质的比热，推算出机体在这段时间内所产生的热量	高（金标准）	高	精确度高，但对设备和技术要求较高，测试费用也较高。只限在实验室中进行，适合课题研究
	间接法	通过测量机体在代谢过程中氧消耗量和二氧化碳的生成量以及尿中氮的排出量等，根据呼吸商（RQ）间接推算出能量消耗			精确度高，但设备仪器价格不菲，需带呼吸面罩，会让受测试者感到轻度不适。常用于测定其他身体活动测量方法的效度或小样本研究
	双标水法	通过给予受试者一定剂量氢（2H）和氧（18O）后，测量受试者尿液中标记的 2H 和 18O 的衰减率，估计 CO2 的生成率，然后根据呼吸商（RQ）和经典的 Weir 公式计算出单位时间内的平均能量消耗			样品收集和测量过程简单、安全，无毒副作用，适用范围广，但成本较高，且只能测试一段时间内的 TEE，不能精确地反映出 AEE、DEE 和 BMR 的比例。常用于评定其他身体活动测量方法的效度

客观测量法	心率监测法		HR 是一个与能量消耗密切相关的重量参数。在一定强度范围内，特别是 HR 在 10—150 次／分钟的范围内，HR 与耗氧量（VO）呈现线性关系，据此推算出能量消耗	较高	较高	简便易行，但不稳定，个体差异大，易受多种因素的影响，如身体成分、训练水平、吸烟、咖啡因、紧张情绪等，适用于大样本流行病学调查
	运动传感器法	计步器	利用人体步行时产生的垂直加速度，引起装置内部水平垂吊力臂的垂直移动并使得弹簧的杠杆发生偏转。每偏转次记录一次，并逐渐累加得到单位时间内的步数，然后根据步数推算出能量消耗	较高	一般	体积小，价格便宜，佩带方便，不影响调查对象活动，测量结果准确。但不能提供关于活动强度、活动时间和活动模式等的信息，很难感应到不涉及明显身体移动、肌肉等长收缩或以上肢活动为主的运动。适用于小规模的人群研究
		加速度计	通过压电陶瓷产生的形变转化为电信号这一工作原理，按预先规定的回归方程和佩带者的身高、体重、年龄、性别计算出相应的能量消耗或根据预先指定的常数得到活动计数	较高	较高	体积小，重量轻，使用方便，并且能提供身体活动强度和活动模式方面的信息，可以储存几天、几周，甚至几个月记录数据，可以很好地解释 TEE 的变化，但很难感应那些不涉及明显身体移动的身体活动，如骑自行车、上肢的运动等，也不能用于测量游泳、跳水等项目的能量消耗
	观察法		在特定时间和环境内观察收集受试对象身体活动的类型、频率、持续时间等信息并根据这些信息，对照各种活动能量消耗量表，估算出研究对象在某一段时间内的能量消耗	较高	较高	可以完整地记录被观察对象身体活动时的各种参数以及活动时的周围环境，获得的数据客观可靠，但需要训练有素的观察员，成本较高。适用于小样本调查，尤其是回忆细节能力较差的学龄前儿童
主观测量法	调查法		通过日志、日记、定量化回忆、活动回忆、访谈等形式记录身体活动信息，并根据这些信息，对照各种活动能量消耗量表，估算出调查对象在某一段时间内的能量消耗	较差	一般	费用低，操作简单，可以提供活动类型、频率、时间、强度等信息。但结果受主观因素影响较大，容易产生偏倚，尤其是对认知能力、回忆能力、理解能力有限的人群。适用于大规模流行病学调查

二、身体活动水平的评价

身体活动评价方法与测量方法相关，对于使用双标水法等客观测量方法，评价时一般以测试指标的结果来评价；对于使用回顾性问卷的主观测量方法，一般通过问卷的结果进行分级。

（一）客观方法

身体活动水平的高低取决于单位时间内身体活动的总量与能耗，而活动总量和能耗的多少又与身体活动的强度、持续时间、活动频度等要素密切相关。因此，活动强度、持续时间、活动频度等变量均可作为确定身体活动水平等级的大纲，而这些变量又各自有着不同的表达方式，因而也就决定了身体活动水平分级方法的多样性。

1. 按身体活动强度来评价

就按照强度水平划分而言，美国疾控中心（CDC）和美国运动医学会（ACSM）目前按照代谢当量将身体活动水平划分为三个等级的标准，目前已作为评估身体活动水平的等级标准在国际上得到广泛认可和应用（见表 3-2）。

表 3-2　身体活动水平分级（按 METs）

身体活动水平	METs	相当于		身体活动形式举例
		热量消耗（kcal/min）	最大摄氧量[ml/(kg·min)]	
低	< 3.0	> 3.5	> 50%	一般日常生活活动,如购物、做饭、洗衣等。
中	3.0—6.0	3.5—7.0	50—60%	如跳舞、骑马、割草、做瑜伽、打高尔夫、走路、打太极拳、打乒乓球、网球双打、骑自行车(<16千米/小时)、搬运重物(<20千克)等。
高	> 6.0	> 7.0	> 60%	如竞走、跳绳、跑步、快骑自行车、踢足球、重体力劳动(如伐木、建筑)、打篮球、打网球、游泳、背包旅行、搬运重物(>20千克)等。

2. 按身体总能量消耗与基础代谢率的比值来评价

身体活动构成了能量代谢途径中可变性最大的部分，也构成了影响能量代谢平衡状态的关键，而身体活动所需要的能量在每日消耗的总能量中所占的比例，既可反映出身体活动水平的高低，也可作为身体活动水平等级划分的依据。根据个体 24 小时内总能量消耗与该个体 24 小时基础代谢能量消耗的比值即可以推算出每日体力活动水平（PAL）。世界卫生组织（WHO）按此种方法将职业性身体活动（劳动强度）分为三个等级。我国也采取此种分级方法对身体活动水平进行分级（见表 3-3）。

表 3-3 身体活动水平分级（按 PAL 值）

身体活动水平	职业工作时间分配	工作内容举例	PAL 值 ★		PAL 值 ★★
			男	女	
低	75% 的时间坐或站立，25% 的时间站着活动	办公室工作、修理电器钟表、售货员、酒店服务员、化学实验操作、讲课	1.55	1.56	1.40—1.69
中	40% 的时间坐或站立，60% 的时间特殊职业活动	学生日常活动、机动车驾驶、电工安装、车床操作、金属切削	1.78	1.64	1.70—1.99
高	25% 的时站着活动，75% 的时间特殊职业活动	非机械化农业劳动、炼钢、跳舞、体育运动、装卸、采矿	2.10	1.82	2.00—1.40

3.按照身体活动频度和持续时间划分进行评价

身体活动水平的高低与单位时间中身体活动量有关，而身体活动量的大小除与活动强度有关外，还与单位时间内的身体活动频度和持续时间有关。全球身体活动问卷（GPAQ）专家组将身体活动水平划分为久坐少动、活动不足、活动充分、活动活跃和高度活跃五个等级（见表3-4）。但这种划分方法较为模糊，尤其是在判断"身体活动不足"时，与其他标准之间存在较大差异，其敏感性远远低于其他标准。

表 3-4 身体活动水平分级（按 MET—分钟）

身体活动水平		划分标准	PAL 值 ★
总体身体活动	高度活跃	符合下列两项中任何一项：①重度身体活动，每周至少 3 天，且能量消耗达到 1500MET－分钟；②每周中，重度体力活动合并累计不少于 7 天，并且合计总能量消耗达到 1500MET－分钟	1.90—2.50
	活跃	高强度体力活动每周至少 3 天，每周累积达到至少 1500MET－分钟；或者，每天步行并参加中等强度或高强度的体力活动，每周累积达到 3000MET－分钟	
	充分	每周至少 3 天，每天至少 20 分钟的高强度体力活动；或者，每周至少 5 天，每天至少 30 分钟的中等强度的体力活动或步行；或者，每周至少 5 天有步行并参加中等强度或高强度的体力活动每周累积达 600MET－分钟	1.60—1.89
	不足	没有达到身体活动活跃或身体活动充分的水平	1.40—1.59
	久坐不动	一周中没有任何的中等强度或重度身体活动	1.00—1.39

单项活动	完全静坐	单项体力活动没有任何的中等强度或重度体力活动
	活跃	符合下列两项中任何一项： （1）每周不少于 5 天的中等强度身体活动，每次不少于 30 分钟 （2）每周不少于 3 天的重度身体活动，每天不少于 20 分钟

注：① 总体身体活动：包括职业类、交通类、休闲类、家务类身体活动；② 单项身体活动：职业类、交通类、休闲类、家务类中的某一类身体活动；③ MET—分钟是表示身体活动总量的指标。MET—分钟 =MET 水平活动时间（60 分钟）× 每周活动次数；④ 为美国医学会（IOM）标准，2008 年。资料来源：乔玉成，"身体活动水平：等级划分、度量方法和能耗估算"，《体育研究与教育》，2017 年第 3 期。

（二）主观方法

按照身体活动时的自我感觉评价。采用主观感觉对身体活动水平进行划分主要是基于身体活动过程中个体心理、生理对运动强度的整体感知与反应，其本质属于相对强度的一种划分方法。由于主观运动强度与身体活动过程中的心率、能量消耗、血乳酸水平等生理指标值存在较高的相关性，其应用价值已得到美国运动医学会（ACSM）的认可和推荐。由于该量表更加侧重于考虑个体的差异性，故不仅可以作为身体活动心理负荷强度的划分标准，而且也可以供人们在身体活动时把握活动强度时作为参考（见表 3-5）。

表 3-5 身体活动水平的分级（按自我感知）

身体活动水平	主观感知				相对强度最大心率（%）	绝对强度代谢当量（METs）
	自我感知用力程度		PPER 范围	"讲话测试"		
	PRE 级别	感觉				
低	6	毫不费力	< 2	能说话 / 唱歌	< 60	1.0
	7	非常轻松				
	8—9	很轻松				> 1，< 3
	10—11	轻松				
中	12—14	有些吃力	12—14	能说话但不能唱歌	60—75	3.0—6.0
高	15—16	吃力	≥ 15	说话困难	> 75	> 6
	17—18	很费力				
	19—20	非常费力				

第二节　身体成分的检测和评价

身体各组成成分的数量及其分布，不但影响体质的强弱，其异常的数量增长和分布还会对人体的健康产生不利的影响。因此，身体成分被认为是与健康相关的体质评价指标，用它可以监测营养状态、体液平衡状态和评价生长发育等。身体成分评估在减肥、健美和运动员控制体重等方面具有重要意义。

一、身体成分常用检测手段与方法

目前身体成分检测手段和评价方法有身体密度法（水下称重法和空气置换法）、人体测量法（体重指数、皮褶厚度法、围度法、双光能分析法、核磁共振法、CT法）、生物电阻抗分析法和生物化学方法等，现就对常用方法作简要介绍。

（一）身体密度法

1. 水下称重法

水下称重法是经典的身体成分计算法，当人体浸入水中，其浮力等于身体排出水的重量。通过人体在水中和陆地上的体重变化来计算人体体积和身体密度（BD：指单位身体体积的身体质量，即身体质量／身体体积）值，从而推算出体脂%、体脂重（FM）和去脂体重（FFM）。

身体密度＝陆上体重（g）/〔（陆上体重（g）—水中体重（g））/（水密度（g/mm3）—残气量（ml）—胃肠道容积（ml）））〕。

肠胃道容积为 100 ml

Siri 公式：体脂 %=〔（4.95/ 身体密度）— 4.50〕×100%

Brozek 公式：体脂 %=〔（4.57/ 身体密度）— 4.142〕×100%

检测仪器主要有体重秤、80 cm×80 cm×180 cm 的水箱及其配备的盘秤、肺活量计、电热水器、温度计、皮尺等。

2. 空气置换法

空气置换法的技术原理与水下称重法基本相同，只是水下称重法是通过水下称重求得人体的面积，而空气置换法是通过人体进入测试仓内几秒，由电子感受器计算压力，测出人体排出的空气来计算人体面积。此方法简单、有效，适合大多数人群，但是价格昂贵。

（二）人体测量法

1. 体重指数（BMI）

体重指数可用来表示身高体重的相对关系，其计算方法为：BMI= 体重（kg）/ 身高 2（m²）。

亚太人群 BMI 正常值为：18.5—22.9；欧美人群 BMI 正常值为：18.5—24.9。

对大多数人来说，BMI 超过正常值时，肥胖相关的健康问题明显增加。虽然 BMI 无法区分身体脂肪、肌肉和骨骼的重量，但是当 BMI 超过 30 kg/m² 时，高血压、睡眠呼吸睡眠暂停综合征、2 型糖尿病、某些癌症、心血管疾病和死亡率都会增加。

2. 围度

围度的测量可用于预测身体成分，且适用于不同性别及不同年龄层次的人群。腰臀比即用腰围除以臀围，是评价身体脂肪分布并确定个体是否具有较多有害的腹腔脂肪简单常用的方法。健康风险跟随腰臀比增加而增加，并且因年龄和性别而不同。年轻男性腰臀比参考标准为＜ 0.90，年轻女性腰臀比参考标准为＜ 0.85。

3. 皮褶厚度法

人体脂肪分布有一定的规律，通常 2/3 存在于皮下，1/3 存在于身体内部、内脏周围。皮下脂肪厚度与体脂总量有一定的比例关系，因此皮褶厚度的测量不仅可以反映体脂分布情况，而且可以从不同部位的皮褶厚度推算出体脂总量。但是，反映全身的 FM 的程度受年龄、性别、总脂肪量，以及测量部位和技术的影响。

各国学者在对不同人群研究的基础上，提出了许多采用皮褶厚度测量结果计算体脂率的方法和公式。比较著名的是日本长岭公式（适用于 9—18 岁和成年人）、美国 Jackson 和 Pollock 公式（适用于 18—61 岁）、国内学者郑四勤公式（适用于 17—24 岁的大学生）、元田恒公式（适用于 7—18 岁学生）、姚兴家公式（适用于 7—12 岁学生）等。

用皮褶厚度计卡钳测量，测量部位：肱三头皮褶厚度、肩胛下方皮褶厚度、腹部皮褶厚度。数据按照以下公式计算（以日本长岭方程为例）。

成年男性：身体密度 =1.091 3—0.001 16×［肱三头肌皮褶厚度（mm）+ 肩胛下方皮褶厚度（mm）］

成年女性：身体密度 =1.089 7-0.001 33×［肱三头肌皮褶厚度（mm）+ 肩胛下方皮褶厚度（mm）］

4. 双光能分析法

双光能分析法的原理是应用两种能透过集体不同的能量的光子，在不同密度的组织中，其衰减光子能量的程度不同。通过记录两种不同光子能量被不同组织衰减的程度即可计算出各种自组织的含量，即可获得体脂量、脂肪分布情况和骨密度。

（三）生物电抗阻分析法

生物电抗阻分析法是通过测量电流通过身体脂肪和非脂肪组织的差别来计算身体成分的一种方法。人体是电的导体，导电性反映人体水分的含量。因为脂肪组织中几乎不含水，而人体含水量与 FFM 密切相关，因电抗阻的大小可以体现机体 FM。

二、身体成分测量与评价的应用

（一）指导大众控制体重

体重是反映人体各组织器官总量增长的综合和身体充实程度的指标。体重超过相应身高所确定的标准值则为超重，超重不加以控制会发展为肥胖。肥胖增加了患许多疾病的风险，包括胰岛素抵抗、2 型糖尿病、高血压、血脂异常、心血管疾病、脑卒中、睡眠呼吸暂停综合征、胆道疾病、高尿酸血症、骨质疏松和某些肿瘤。过重的体重也显著增加了心血管疾病的死亡率和全因死亡率。

1. 减体重

大众减体重主要以增加运动能量消耗并配合饮食控制减少能量摄入为最佳方案。体重下降与运动能量增加和营养中能量摄入降低呈正相关。在减体重时，去脂体重和体脂肪都会减少，去脂体重对身体而言是执行生理功能的有效成分，应尽量避免减少或最大限度地保持。大多数超重者拥有过多的身体脂肪，特别是储存脂肪，这些脂肪过多地分布在腹部时，人体患病的风险增高，所以应最大限度地减少该部分的脂肪。因此，超重和肥胖者在减体重过程中，不仅要监控体重变化，还要监控身体脂肪的变化。有氧运动能够增加能量消耗，特别是脂肪的消耗，肌肉抗阻力练习可以增加肌肉量，减缓因节食而导致的去脂体重的丢失，使体脂百分率趋于正常。所以，大众减体重效果的评价不能仅用体重这个单一的指标，而应采用体重、BMI、腰臀围比和体脂百分率等指标综合评价。

2. 增体重

营养不良造成的体重过轻可以通过饮食营养方案和运动方案来进行干预。干预遵循的原则是正能量平衡，每增加 1 g 体重需要 33.5 kJ 的能量。随着体重的增加，脂肪重量和去脂体重都同时增加。饮食营养中需要有足够的蛋白质和其他必需营养物质，则去脂体重的增加量可以达到体重增加量的 1/3 以上。同时，还需要进行运动干预，特别是需要进行系统的肌肉力量练习，以促进骨骼肌蛋白质的合成，使肌肉重量增多、体积增大。促进肌肉力量的大运动量器械力量锻炼，既有利于机体肌肉塑造，又有利于去脂体重的增加。

睡眠是人体体力恢复的重要措施，也是生长激素分泌增加的时期，保证高质量的睡眠是增加体重和去脂体重的前提。此外，调整好精神状态、保持心情愉快、避免焦虑，也是身体健康强壮的保障。同样，对大众增体重效果的评价也需要综合体重、BMI、腰臀围比和体脂百分率进行。当这些指标达到正常范围时，应停止采用正能量平衡方案，采取量入为出，即根据饮食能量的摄入情况安排运动量来消耗额外的能量，使能量摄入和消耗达到平衡状态；也可采取量出为入，即根据每日运动的能量消耗合理安排饮食的能量摄入，使能量消耗和能量摄入达到平衡状态。

（二）指导运动员安全控制体重

运动员的理想体重不同于普通人，有运动项目的特别要求，身体成分也不例外。中长跑运动员要求体形苗条、体重相对较轻，以减轻跑步时的负担；而相扑运动员则正相反，体重相对较大。依体重分级的运动项目，对控制体重要求更高，既要保持肌肉力量，又要减掉不必要的脂肪和水分。有些以力量和爆发力为主的运动项目，增加去脂体重很重要，因为力量的大小与去脂体重中的肌肉量呈正相关，肌肉是去脂体重的主要成分。运动员的理想体重是取得最好成绩时的体重，或获得最大力量、速度和耐力时的体重，或达到最佳运动水平的最小体质百分率时的体重。

运动员为了适应运动项目特点和比赛需要，有的需要减轻总体重，有的需要减少脂肪重量。长跑运动员需要减轻总体重，而跳高、体操及篮球、排球运动员需要减少体脂肪量，增加去脂体重量，增加相对力量，提高弹跳力和爆发力。通过对运动员的形态学分析和身体成分特征的研究，科学确定运动员的理想体脂百分率，控制体重在合理的范围内，才能更好地保持运动员良好的竞技能力。运动员体重控制主要是减体重和身体脂肪、保持和增加去脂体重等。

1. 运动员体重与身体成分的控制策略

运动员减轻体重是指有目的、有计划地在长期训练过程中缓慢减轻体重，或在赛前较短时间内快速减轻体重的过程。其关键是确定合理的减体重、减体脂的目标，以及采用科学的方法。按照减体重的速度将减体重分为快速减体重和缓慢减体重两类。

（1）快速减体重。在一周左右的时间内将体重迅速减少到某一特定目标的过程。如在一周内减体重的幅度大于其自身体重的4%，或每天减体重的幅度大于其自身体重的1%。按体重级别进行比赛的运动项目，如举重、摔跤、柔道、散打和跆拳道等运动员常使用此方法。

短时间快速减体重量限制在原体重的5%范围内是比较安全的。若快速减体重量大于5%，则会造成体内蛋白质的耗损，从而导致运动能力的降低和免疫功能的降低，同时还会导致肌肉失去弹性、韧带伸展性降低，以及发生运动损伤。

（2）缓慢减体重。在较长的一段时间内将体重减少到某一特定目标的过程。一般每周减轻体重不超过自身体重的2%。以克服自身体重为主的一些运动项目，如体操、艺术体操、跳水、花样滑冰和长距离跑等运动员常采用此方法。长期对其体重进行控制，使身体脂肪处于较低水平，使运动员维持最佳的竞技状态。

缓慢减体重的计划应符合能量消耗大于能量摄入的原则，主要采用的方法是控制饮食与增加运动相结合。长期控制体重时，一定要监测运动员的身体成分。通常成年运动员体重和体脂百分率应不低于普通人健康标准的下限，运动员的身体成分与运动成绩有较大的关系。

2. 控制体重的注意事项

（1）依据能量平衡理论和运动项目特点，调整好能量摄入和消耗之间的平衡关系。

（2）在控制体重时应采用科学、安全、稳妥的体重控制方法，避免造成肌肉的耗损和免疫力低下。

（3）避免长期禁食来减体重。

（4）避免使用致泻剂、刺激剂、利尿剂和其他药物减体重。

（5）男运动员体脂低于 5%—7%，女运动员体脂低于 6%—10%，不宜再减体重，每周减体重的速度不超过 1.5—2.0 kg。

第三节　肌肉功能（适能）的检测与评价

骨骼肌是由具有收缩功能的肌细胞构成的人体最大的组织，占体重 40% 左右。人体各种形式的运动，如劳动、体育运动和日常生活中的运动等，都是通过骨骼肌收缩和舒张完成的。

一、肌肉力量的检测与评价

1. 等长测试

等长测试是肌肉力量检测的主要手段，通常包括检测握力、背力、臂力和腿部力量等。通常用的测量手段有握力计、背力计等，也可采用等速肌力测定仪和各种力量传感器进行测定。测定过程一般进行 2—3 次，取最好成绩。等长测定的优点是方便、省时且不需要昂贵的设备，但其缺点是易受关节角度大小的影响。老人、心血管疾病等慢性病患者不宜采用此类方法检测。

为了排除体重因素对最大等长肌肉力量评价的影响，通常以单位体重的最大等长肌肉力量作为个体间比较和群体评价的指标。

2. 等张测试

常用的等张测试手段和方法包括曲臂、杠铃上举、仰卧蹬腿、半蹲起、俯卧屈膝等。最大等张肌力的评价通常以能够成功推举一次的最大重量，即 1RM 的大小表示。

3. 等速测试

等速测试是 1969 年由 Perrine 等提出并建立的一种关节运动角速度恒定而外加负荷阻力呈顺应性变化的动态运动概念和动态肌力评价方法。测试时，等速肌力测试仪所产生负荷阻力与肌肉收缩的实际力矩输出相匹配，从而使肌肉在整个关节活动范围内均能承受相应的最大阻力，产生相应的最大张力和力矩输出。与传统的等长、等张和常见的力量素质现场评价相比，等速肌力检测有效地克服了等长肌力评价存在的"关节角度效应"和肌肉力量现场测试存在的"运动技术效应"等因素的影响，是比较理想的肌肉力量检测方法。

二、肌肉耐力的检测与评价

1. 等长测试

等长测试是评价肌肉耐力的一种方法，通常是检测和记录肌肉持续工作的时间，所选择的负荷重量通常介于 30%—60% 最大肌力（MVC）之间，也可以通过检测机体维持某一身体姿势的时间长短评价肌肉耐力。

2. 等张测试

等张肌肉耐力测试方法较多，通常依据检测肌肉的不同分为上肢（如引体向上）、躯干（如仰卧起坐）、和下肢（如蹲起）肌肉耐力测试。通常以有效完成练习的数量加以评价。对不同部分的肌肉耐力进行评价，可选择 70%1RM 的负荷强度，重复运动，记录运动次数。

3. 等速测试

利用等速测试实施肌肉耐力的检测与评价通常是在 180°/s 以上的关节运动角速度状态下进行的，由于此时加载于肢体的运动负荷阻力较小，关节运动速度较快，因此常被用于检测和评价肌肉的耐力。等速肌肉耐力测试的主要评价指标包括以下两种。

（1）输出功率（PO）。快等速测试通常比慢等速测试可更精确地反映肌肉的输出功率。肌肉的输出功率除了受峰力矩影响外，还受运动幅度及力矩曲线形态的影响，平均功率（AP）能敏感地反映肌肉的实际工作能力，是最常用的动态肌肉耐力功能指标之一。

（2）肌肉耐力（muscular endurance）。肌肉耐力等速测试方案较多，最常采用的有两种：一种是耐力比测定，通常以 180°/s 关节运动角速度连续做最大收缩 25 次，计其末 5 次（或 10 次）与首 5 次（或 10 次）作功量之比，称耐力比；另一种是 50% 衰减试验，一般以 180°/s 或 240°/s 速度连续做最大收缩，当有 2—5 次不能达到最初 5 次运动平均峰力矩的 50% 时为止，以完成的运动次数作为肌肉耐力评价的参数。

第四节 柔韧素质（适能）的检测和评价

长期以来，人们对柔韧素质（适能）的认识就充满着矛盾。一方面，普通体育锻炼者很少关注发展并保持柔韧素质（适能）在适当水平对健康、运动安全和运动能力的重要性；另一方面，专业体育人士大多认为柔韧素质（适能）对运动的安全性和运动能力具有重要意义，在安排锻炼或运动计划时，一般都会安排专门的柔韧性练习，但是这些练习计划多是经验性的，并没有足够的科学理论作支撑。另外，柔韧素质（适能）的研究是体适能研究中最薄弱的一个环节，目前对有关柔韧适能的认识大都带有较多的经验性成分，而不是科学成分。

一、柔韧适能的测量与评价概述

对柔韧素质（适能）的测量与评价的目的在于确定一个关节活动范围的基线水平。这一基线水平可用于运动处方中的标准值进行比较，或留作干预练习后个体在测量时的参考，或在损伤后的康复期作为参考值。在实际应用中，柔韧适能测量项目与测量方法的选择应与测量目的相符合。柔韧适能可通过静态柔韧适能和动态柔韧适能来检测。静态柔韧适能是基于一个或一组关节活动范围的长度或角度测量，并分为多关节和单关节测试。长度测量用线性位移来间接测量柔韧适能，受人体测量学变异的影响较大。角度测量用角度位移直接反映总的关节活动范围，可避免人体测量学变异的影响。多关节静态柔韧适能测试常用于现场测试，单关节测试能更好地将专门的肌肉—肌腱单元柔韧性分开，可避免人体测量学变异的影响。静态柔韧适能测试既可通过直接测量也可通过间接测量进行。直接测量有更加准确的优点，适用于进行个体间或组间进行比较，或评价关节活动范围以确定是否有关节损伤；间接测量具有简易快速、设备费用低的优点，适用于大规模调查或专门的柔韧适能训练。

动态柔韧适能测量由于测试设备昂贵、标准化不够和正常值难以确定等原因，目前仅限于实验室研究。

二、柔能适能的测量方法

1. 准备活动

无论是间接测量还是直接测量，都要使准备活动标准化。测量前的准备活动和伸展运动可能影响测量结果，虽然不做准备活动就进行测量，得到的结果更为客观可靠，但是从安全的角度考虑，测试前应该进行适当的准备活动。在这种情况下，要在测量方案中对准备活动进行详细的说明和限定，包括准备活动的类型、持续时间及所用的肌肉伸展技术等。

2. 测量次数

柔韧适能测量的重复性是健康身体适能中最差的成分，主要原因是很难限定身体其他部分的活动。在柔韧适能测试方案中对柔韧适能测量的次数及取值方法进行限定非常重要，通常要求进行 3 次测量，记录测得的最大值作为特定关节的柔韧适能。也有专家建议取 3 次测量的平均值，尤其是在做完准备活动后的情况下应该取 3 次测量的平均值。

3. 直接测量技术

目前直接测量关节活动范围的仪器主要有三种，即莱顿弯曲度测量仪、通用测角计和临床测角器。莱顿弯曲度测量仪是一种重力式测角仪，是目前得到广泛认可的关节活动范围测量仪器。临床测角仪的工作与莱顿弯曲度测量仪的工作原理基本相同，只不过它是手扶式的，而莱顿弯曲度测量仪是绑带固定的。通用测角仪对使用者的要求较高，在柔韧适能测试上受到一定限制。

4. 间接测量技术

目前已经开发了多种用于测量大多数主要关节柔韧性的间接测量方法，但间接测量法及其测量结果具有一定的复杂性。坐位体前屈是一种应用最多的柔韧适能间接测量方法，被广泛应用于众多国家的健康体适能测试方案中。肢体和躯干的长度也影响柔韧性间接测量的结果。在坐位体前屈测试中，超出正常标准的极端体型会明显影响测试结果，较长的躯干和手臂与较短的腿可以提高测试得分，而较短的躯干和手臂与较长的腿正好相反。目前在经典的坐位体前屈测试方案基础上已发展了许多改良测试方案和对应的测试量表，Hoeger 发展了一种修正的坐位体前屈测量方法，通过对手指伸出到箱的距离标准化来减小臂长度和腿长度差异的影响，Hoeger 改良的坐位体前屈测验已成为最常用的坐位体前屈测试方法。应用坐位体前屈评估柔韧适能应保持测试方案的稳定和评分量表的对应。

第五节　心血管功能（适能）的检测和评价

心血管适能的测评方法较多，有直接反映心脏泵血功能的最大心输出量测量和反映机体氧气摄取和利用能力的最大摄氧量测量，也有间接推测心血管适能的台阶试验、20米往返跑试验、12 分钟跑走试验等各种运动负荷试验。由于间接测试的方法简便且易被接受，因此成为当前心血管适能测评的常用手段。

一、心血管适能的间接测评

（一）最大运动试验

1.Bruce 跑步试验

Bruce 跑步试验（Bruce treadmill protocols）是最为常用的冠心病诊断和 VO2max 预测试验。此试验要求受试者根据预先设定好的运动负荷程序（表 3-6）在跑步机上完成跑步运动，直至力竭，记录被试者最大持续运动时间（min），然后分别依据以下的预测公式计算 VO2max。

经常运动的男性 VO2max=3.778×（运动持续时间间）+0.19

不经常运动的男性 VO2max=3.298×（运动持续时间）+4.07

心脏病人 VO2max=2.327×（运动持续时间）+9.48

健康成年人 VO2max=6.70-2.82×（性别）+0.056×（运动持续时间）

表 3-6　Bruce 试验运动负荷方案

阶段	速度（mph）	坡度（%）	持续时间（min）	代谢当量（METs）
1	1.7	10	3	4
2	2.5	12	3	7
3	3.4	14	3	9
4	4.2	16	3	13
5	5.0	18	3	16
6	5.5	20	3	19
7	6.0	22	3	22

Bruce 等研究发现，采用此运动方案和预测公式获得的 VO2max 预测值与实测值之间高度相关（正常女性 0.93，正常男性 0.877）。可见，采用 Bruce 方案预测 VO2max 具有较高的内部效度。

2.20 米往返跑

20 米往返跑测验（20 meter shuttle test，20—MST）是 Leger 等在 1982 年提出的以渐增负荷方式运动来评估最大摄氧量的方法。Leger 等认为，以往的方法均为非渐增负荷运动，因而不能充分发挥受试者心肺耐力的潜力，因此设计了以渐增负荷方式来评估 VO2max 的 20 米往返跑测验。大量的研究表明，此方法具有较高的效度和可靠性。20 米往返跑可以在室内外进行，不受气候和场地差异的影响，而且不需要测量心率，仅需要一台录放机，比台阶实验更易实施，具有广泛的适应性。

20 米往返跑方法是让受试者在两条相距 20 米的画线内来回往返跑，跑速受录放机的节拍指挥，初级速度为 8 km/h，每 1 分钟增加一级（即增加 0.5 km/h）。测试过程中，受试者尽最大努力，如果连续三次不能跟上节拍到达终线，或确感难以完成时即停止，记录最后阶段的速度级别。代入 Leger 回归方程式：

VO2max（ml/kg·min）= 31.025+3.238VO2max — 3.248A+0.153 6 × A × VO2max

其中：VO2max（最大跑速 km/h）= 8+0.5 × 最高级别；A 表示年龄（岁）。

国外有学者研究发现，20 米往返跑与 VO2max 的相关系数较高。其中，8—19 岁组的相关系数为 0.89，20—45 岁组为 0.95。我国学者通过比较研究发现，20 米往返跑与以绝对值、体重相对值和去脂体重相对值表示的 VO2max 的相关系数分别为 0.796、0.799 和 0.698，相关程度明显高于台阶指数。这类试验对心血管系统的负荷明显大于亚最大运动试验。因此，此类运动试验比较适合健康青年人和运动员人群，若用于心脏病患者的检测时应加倍注意。

3.Balke 跑试验

Balke 跑步试验（Balke treadmill test）是一种恒定跑速的最大运动负荷试验。男性和女性受试者分别实行不同的运动负荷方案。男性受试者跑速为 3.3 mph，起始坡度为 0%，跑步开始 1 分钟后坡度升到 2%，然后每过 1 分钟递增 1% 坡度，直至运动负荷试验结束，记录运动负荷总持续时间（T）。女性受试者的跑速为 3.0 mph，起始坡度为 0%，跑步试验开始后每过 3 分钟递增 2.5% 坡度，直至运动负荷试验结束，记录运动负荷总持续时间（T）。分别按照以下公式计算 VO2max。

男子：VO2max=1.44 × T+14.99

女子：VO2max=1.38 × T+5.22

公式中，T 的计算需要以小数表示，如 9 分 15 秒应表示为 9.25 分。

（二）亚最大运动试验

1.12 分钟跑

12 分钟跑是一种无需任何专门设备简便易行的最大运动负荷试验。测定时，要求受试者以均匀的速度，尽力跑 12 分钟，记录其跑的距离。如果受试者完成 12 分钟跑很吃力，可以根据自身体适能状态，采用"跑"或"跑走交替"的方式完成。之后，可按以下公式推算 VO2max 和按照表 5—7 提供的标准评价其心血管适能水平。

VO2max（ml/（kg·min））= 35.97 × 距离（mi[2]）—11.29

库珀的研究表明，12 分钟跑成绩与用直接法测得的每 kg 体重的最大摄氧量呈高度相关，相关系数达 0.897。此预测公式并未考虑年龄和体重因素的作用。

采用库珀 12 分钟跑预测的 VO2max 评价不同年龄和性别受试者心血管适能的标准，如表 3-7 所示。

表 3-7　不同年龄、性别的心血管适能分类

性别	等级	年龄（岁）					
		13—19	20—29	30—39	40—49	50—59	60+
男子	1. 很低	＜35.0	＜33.0	＜31.5	＜30.2	＜26.1	＜20.5
	2. 低	35.0—38.3	33.0—36.4	31.5—35.4	30.2—33.5	26.1—30.9	20.5—26.0
	3. 一般	38.4—45.1	36.5—42.4	35.5—40.9	33.6—38.9	31.0—35.7	26.1—32.2
	4. 高	45.2—50.9	42.5—46.4	41.0—44.9	39.0—43.7	35.8—40.9	32.3—36.4
	5. 很高	51.0—55.9	46.5—52.4	45.0—49.4	43.8—48.0	41.0—45.3	36.5—44.2
	6. 超优秀	＞56.0	＞52.5	＞49.5	＞48.1	＞45.4	＞44.3
女子	1. 很低	＜25.0	＜23.6	＜22.8	＜21.0	＜20.2	＜175
	2. 低	25.0—30.9	23.6—28.9	22.8—26.9	21.0—24.4	20.2—22.7	17.5—20.1
	3. 一般	31.0—34.9	29.0—32.9	27.0—31.4	24.5—28.9	22.8—26.9	20.2—24.4
	4. 高	35.0—38.9	33.0—36.9	31.5—35.6	29.0—32.8	27.0—31.4	245—30.2
	5. 很高	39.0—41.9	37.0—40.9	35.7—40.0	32.9—36.9	31.5—35.7	30.3—31.4
	6. 超优秀	＞42.0	＞41.0	＞40.1	＞37.0	＞35.8	＞31.5

2.Balke15 分钟跑

Balke15 分钟跑是根据受试者在 15 分钟内跑和走的最大距离，并通过以下关系计算 VO2max。

跑速为 150 m/min 时的平均 VO2 为 33.3 ml/（kg·min）。

跑速超过 150 m/min 部分，跑速每增加 1.0 m/min，VO2 增加 0.178 ml/（kg·min）。

例如，某人在 15 分钟内跑完 2 918 米，则其平均跑速为 194.5 m/min，超过平均跑速超过 150 m/min 部分为 44.5 m/min，这部分的 VO2 为 44.5×0.178=7.92 ml/（kg·min），此人的 VO2max=33.3 ml/（kg·min）+ 7.92 ml/（kg·min）= 41.22 ml/（kg·min）。

3.Astrand-Ryhming 列线图法

这一方法是对 18—30 岁青年受试者在完成亚极量负荷时 VO2max 与 HR 之间的关系基础上运用的一种预测方法，此方法既可是台阶实验，也可是自行车功量计实验。此方式是一种较为理想的 VO2max 间接测定法。但是，也有研究发现，采用这种方法往往低估了很少运动和训练有素的两个极端人群的 VO2max，而高估了女性人群的 VO2max。

4. 哈佛台阶试验

通过运动负荷的方法检测和评价心血管系统的功能，最初是由哈佛疲劳实验室的 Bill 博士及其同事共同建立的，然后由 Brouha 等改进，采用持续以 30 次 /min 的频率上下台阶（高度为 50.8 cm）方法进行。运动结束后，检测恢复期第 2—2.5 分钟、3—3.5 分钟和 4—4.5 分钟的心率，然后根据以下公式计算台阶指数，以监测机体对剧烈运动

的适应能力和运动后身体机能的恢复能力，评价心血管系统的功能。

哈佛台阶指数 = 运动负荷的持续时间（s）× 100/2 × （2—2.5 min 心率 +3—3.5 min 心率 +4—4.5 min 心率）

哈佛台阶试验评价标准，如表 3-8 所示。

表 3-8　哈佛台阶试验评价标准

台阶指数	评价等级
> 90	优秀
80—89	良好
65—79	较好
55—64	一般
< 55	较差

5.PWC170 机能试验

PWC170 机能试验表示 HR 达到 170 bpm 时，受试者的身体做功能力。这种试验有多种运动负荷方式，目前常用的是亚最大连续踏车运动和二次运动负荷试验。前者是一个渐增强度的运动负荷试验，其起始负荷一般为 25 W，每级运动持续 2 分钟，递增幅度为 25 W（女生）或者 50 W（男生），在每次负荷后即刻测定 HR；后者是一种间断性运动负荷试验，每次负荷持续 3—5 分钟（以负荷时 HR 相对稳定为依据，一般 3 分钟即可），两次负荷之间休息 5 分钟。于每次负荷后即刻测定 HR。第一次负荷的强度应使 HR 保持在 120 bpm 左右为宜，第二次负荷应使受试者的 HR 尽可能接近 170 bpm。然后，计算获得 HR 达到 170 bpm 时机体做功功率。通常，PWC170 越大，表示受试者身体心脏做功能力越强。

由于此实验是根据测试者不同强度时的 HR 反应来评价做工能力的，因而简单易行。但是，由于 HR 测定易受运动以外的情绪、环境、温度等因素影响，其评价效度相对较低。如果心脏运动应激能力下降（如窦房结功能低下）时，可能出现较高的 PWC170，因此应结合其他检测方法进行综合分析。

二、心血管适能的直接测评

心血管适能的直接测评一般包括最大摄氧能力、外周肌肉氧利用能力最大心输出量（COmax）等。常用检测指标包括 VO2max、无氧阈、有氧运动效率和 COmax 等。由于 COmax 的准确测定通常需要昂贵设备和有损性操作，故在体适能的究领域较为少见。

（一）VO2max 的直接测定

VO2max 又称最大有氧功率，是指人体在进行有大肌肉群参加的力竭性运动过程中，当有氧运输系统的心泵功能和肌肉的氧利用能力达到本人的极限水平时，单位时间内所能摄取的最大氧量。通常以 O2 L/min 或 O2 L/（kg·min）表示，前者是 VO2max 绝对值表示，后者是相对值表示。由于人体的氧运输系统不能大量储存氧，所以在通常情况下，最大摄氧量等同于最大耗氧量，因此均以 VO2max 表示。

VO2max 可以通过心输出量和动静脉氧差的分析以及呼吸气体的分析分别进行直接测定，前者叫心血管测定法，后者叫呼吸测定法。心血管测定法是在获取最大心输出量和动静脉氧差的基础上测量 VO2max，因此具有一定的损伤性。呼吸测定法则是通过在对呼出气体分析的基础上测量的，是一种非损伤的直接检测法。目前实验室 VO2max 的检测多采用呼吸测定法。

呼吸测定法通常是在实验室条件下进行的，测定时让受试者在一定的负荷功量计上进行渐增强度的运动负荷试验。运动过程中收集并定量分析呼出气体的容量，即肺通气量和氧气及二氧化碳的气体含量，计算各级运动时的吸氧量，然后根据 VO2max 的判别标准确定 VO2max。不同年龄和性别人群 VO2max 的评价标准，如表 3-9 所示。

表 3-9　不同年龄和性别人群 VO2max 的评价标准

男子 ml/（kg·min）					
年龄（岁）	18—25	26—35	36—45	46—55	56—65	65+
优秀	＞ 60	＞ 56	＞ 51	＞ 45	＞ 41	＞ 37
良好	52—60	49—56	43—51	39—45	36—41	33—37
较好	47—51	43—48	39—42	36—38	32—35	29—32
一般	42—46	40—42	35—38	32—35	30—31	26—28
较差	37—41	35—39	31—34	29—31	26—29	22—25
差	30—36	30—34	26—30	25—28	22—25	20—21
非常差	＜ 30	＜ 30	＜ 26	＜ 25	＜ 22	＜ 20
女子 ml/（kg·min）					
年龄（岁）	18—25	26—35	36—45	46—55	56—65	65+
优秀	＞ 56	＞ 52	＞ 45	＞ 40	＞ 37	＞ 32
良好	47—56	45—52	38—45	34—40	32—37	28—32
较好	42—46	39—44	34—37	31—33	28—31	25—27
一般	38—41	35—38	31—33	28—30	25—27	22—24
较差	33—37	31—34	27—30	25—27	22—24	19—22
差	28—32	26—30	22—26	20—24	18—21	17—18
非常差	＜ 28	＜ 26	＜ 22	＜ 20	＜ 18	＜ 17

（二）无氧阈的测定

无氧阈（AT）是指人体进行渐增强度的运动时，体内能量代谢由以有氧代谢为主转向无氧代谢为主的临界点，由于此代谢供能模式的转变是以缺氧导致乳酸生成并继发性地引起肺通气快速增加为根据进行判别的，故取名为无氧阈，以此来反映骨骼肌的氧利用能力。

根据检测内容的差异，无氧阈检测方法主要分为乳酸阈、通气阈和心率阈三类。其中，乳酸阈的检测方法包括血乳酸拐点法、4.0 mmol/L法（OBLA）和个体无氧阈（IAT）法；通气阈检测方法包括Wasserman法、Davis法和容积斜率法等；心率阈的检测主要运用Conconi等人的方法进行。

1. 乳酸阈检测

乳酸阈检测方法是一种依据运动负荷试验中的乳酸浓度的特征性变化进行判别的有损伤性无氧阈检测方法。最初乳酸阈的判别是依据渐增强度运动负荷中血乳酸浓度呈突然增加、非线性增加、毛细血管血乳酸轻度增加或呈指数函数增加为判别依据的。为了克服上述各种方法存在的多次取血方面的问题，Sjodin等在其研究的基础上提出了以血乳酸浓度达4.0 mmol/L时运动强度表示乳酸阈的方法，称之为血乳酸开始累积点或4.0 mmol乳酸阈，并认为该浓度可以反映定量亚极量连续运动时血乳酸的来源与消除的最大平衡。1981年，Stegmann等认为以4.0 mmol/L标准判定乳酸阈，没有考虑到血乳酸代谢动力学的个体差异，从而引入了个体无氧阈（IAT）概念，并建立了相应的检测方法。

2. 通气阈检测

通气阈检测方法是最早依据运动负荷试验中某些肺通气参数的特征性变化进行判别的非损伤性无氧阈检测方法。目前易操作而准确的判别标准为：①通气当量VE/VO2系统增加，而VE/VCO2不变；②呼气末氧分压（PETO2）系统增加，而呼气末二氧化碳分压（PETCO2）并未下降。

3. 心率阈检测

心率阈（HRT）检测是依据人体在不同跑速下运动时心率与跑速间的关系确定无氧阈值的方法，它特指渐增强度运动中心率与运动强度开始呈非直线性变化时的运动强度值。心率阈的标准如下。

（1）心率与运动强度开始呈非直线性增加点。

（2）心率维持一个或两个运动强度不变。

（3）运动强度增加而心率下降。

（4）心率在一个或两个强度的运动负荷时呈非直线性增加。

在测试过程中，凡心率符合上述四项标准中的任何一项，即可确定为心率阈。

许多研究证实，心率阈的大小与耐力性项目运动成绩之间有较高的相关性，且心率测量也有很好的重复性。在正常情况下，心率阈与乳酸阈呈高度正相关，故可作为乳酸阈预测的指标。

（三）有氧运动效率测定

有氧运动效率特指人体在有氧代谢条件下运动时单位耗氧量下的运动表现，通常以每升耗氧量的做功能力表示。研究发现，有氧运动效率与人体运动能耗和耐力成绩密切相关。一名有氧运动效率较低的人在相同运动速度条件下的能量消耗明显高于有氧运动效率高的人。在其他要素相同的条件下，有氧运动效率高的人在完成耐性项目运动时更容易战胜效率低的人。在通常情况下，有氧运动效率的检测是在绘制某种运动的运动速度与稳态耗氧量关系曲线的基础上进行的。

第六节　运动健康信息管理

当今社会已经进入信息时代，运动健康信息的各项指标反映了人体运动时健康相关信息，随着信息的日益丰富，对信息的收集、归类、分析、统计等工作也越来越需要有系统的方法和工具进行管理。本节主要介绍建立运动健康信息系统的必要性、系统的基本组成、信息采集的设备和方法、运动健康管理相关信息的管理与应用等。

一、运动健康管理信息概述

（一）运动健康管理信息系统的概念和必要性

1.运动健康管理信息系统的概念

运动健康管理信息系统是指对测试者的信息管理，健康/体质测试与评价，运动试验前的筛选，运动试验方案的确定，测试结果的收集，终止试验的标准，测试结果的分析，运动处方的制定，锻炼效果的前后对比，数据库的建立，数据的初步统计、分析和导出等功能整合为一体开发的软件系统。

2.建立运动健康管理信息系统的必要性

中国专门从事运动健康管理的专业人员较少，而人口众多，随着全民健身运动的推广和"健康中国2030战略"的实施，"运动是良药"的观念深入人心，科学健身的需求量大大增加，仅靠少数专业人员，通过手工方案制定个性化的指导计划，远远不能满足实际的需要。

国内可以提供运动健康管理信息的来源主要有私人教练员、健身俱乐部、国家各体育管理部门等。目前私人教练整体水平和综合的知识体系还有待进一步提高，健身俱乐部大多根据自身经营的经验确定健身计划，国家各级体育管理部门（体科所）服务的人群有限。总之，这些部门提供的服务都不能满足老百姓日益增长的对科学健身指导的需要。

基于中国人口众多、专业人员明显不足的实际，运动健康管理的数字化、信息化将在全民健身科学指导、慢性疾病的防治和康复等方面发挥很大的作用。运动健康管理信息系统可针对不同性别、不同年龄、不同健康状况、不同锻炼习惯、不同健身目的的人群，采用不同的测试与评价方法，提供个性化的锻炼指导，满足全民健身机构、各级康复机构、各级健身会所、各级国民体质监测管理部门以及体育科研的需要。

运动健康管理信息系统的形成，必将有利于全民健身计划的推广，促进中国健康管理的深入开展，更好地为国人的健康服务。

（二）运动健康管理信息系统的基本组成

1. 会员管理

建立会员个人档案，记录个人基本信息，方便会员管理和查询。

（1）会员注册登记。建立会员档案，记录个人基本信息，完成会员信息的管理。

（2）会员信息查询。通过确定的查询条件，查询相应的会员信息。

2. 报告管理

对会员的测试报告进行综合管理，可根据需要调用和打印不同项目的评定报告和运动处方、营养处方、心理处方报告。打印会员的测试报告，既可根据单项测试打印，又可根据多项测试综合打印。

3. 数据中心

对会员测试结果进行查询、数据分析、数据上传网站等，便于对会员信息进行统计分析，使会员更方便、及时地了解自己的信息。

（1）数据查询。通过确定的查询条件，查询相应的测试结果。

（2）个人数据分析。查看某受试者的单组数据分析和历史数据分析。

（3）数据综合统计。对于所有的测试数据进行综合统计。

（4）数据上传。会员测试数据上传相关网站，便于会员及时了解个人信息。

4. 系统管理

实现系统参数设置、操作权限设置、数据备份等功能。

（1）参数设置。对默认输入法和默认打印机等一些基本参数进行设置。

（2）操作员管理。对操作员的级别和工作权限进行限定。

（3）数据管理。进行数据备份和恢复等一些基本功能。

（4）系统活动状态。查看操作员在系统的活动状态。

5. 相关管理项目

（1）心肺适能管理。获取心肺适能的相关测试数据，进行评价和指导。

（2）身体成分管理。获取身体成分的相关测试数据，进行评价和指导。

（3）肌肉适能管理。获取肌肉适能的相关测试数据，进行评价和指导。

（4）柔韧适能管理。获取柔韧适能的相关测试数据，进行评价和指导。

（5）骨密度管理。获取骨密度的相关测试数据，进行评价和指导。

（6）体质管理。获取体质测试的相关测试数据，进行评价和指导。

（7）营养管理。获取营养的相关测试数据，进行评价和指导。

（8）心理管理。获取心理的相关测试数据，进行评价和指导。

（三）运动健康管理信息系统的总体设计要求

1. 规范性

运动健康管理信息系统是一个综合性的信息管理系统，它的应用软件功能符合国家和有关部委制定的标准，包括国民体质监测标准、普通人群锻炼标准、运动耐量试验测试、心脏发病危险性调查、锻炼计划管理、健身知识普及教育、运动营养管理、运动心理管理、锻炼计划跟踪、锻炼效果趋势分析和评价、数据统计与分析、系统管理等。遵从国家、省部委、地区体育管理部门的信息规范和相关标准。

2. 实用性

运动健康管理信息系统能满足各类用户对信息的需求，具有强大的数据查询及管理功能，并且能辅助管理者决策，成为运动健康管理工作不可缺少的组成部分。

3. 技术先进性

运动健康管理信息系统涉及运动医学、心理学、营养学、训练学、系统论、信息论、统计学等多学科领域。采用先进、成熟且稳定的计算机技术、网络通信技术、开发运行平台、数据库系统、图形图像处理系统等技术和产品。

4. 教育普及性

运动健康管理信息系统应采用寓测于教的方式，将大量的健身知识导入软件中，方便用户随时获取相关知识，并为用户提供知识库升级的功能。

5. 数据采集多样性

系统具备良好的数据采集接口，可采集各类端口的信息，且可直接读取数据。

6. 简捷易用性

系统人机界面亲善、直观、统一、清晰。为操作员提供简单、迅捷的操作方法。具备完善的容错、防错、纠错能力，及时方便的操作提示，简捷易使用。

7. 个性化

针对不同性别、年龄、身高／体重、锻炼习惯、健身目的进行不同的测试方法，提供个性化的锻炼指导，让受试者在横向对比的基础上更关注自身的纵向对比，跟踪锻炼日志，对锻炼计划进行调整，通过锻炼使自身的健康状况得到改善和提高。

8. 保密性

运动健康管理信息系统具有严格的权限管理和数据保密措施。对涉及检测指标、锻炼计划的确立、执行、终止、变更和跟踪等重要数据，提供痕迹更正功能、加密功能及操作日志登记功能。

9. 可靠性

系统具备完善的数据备份和数据恢复功能，并及时发现、提示和纠正错误。

10. 易扩充性及构架灵活性

系统采取开放式设计、构架方法，有利于用户在需求增加或变更时能方便地对系统功能进行增减、合并和分割等。

二、运动健康管理信息的采集与分析

（一）运动健康管理信息采集的设备与方法

1. 心肺适能信息采集

心肺适能的测试方法，主要是采用运动负荷试验的方法，观察完成定量负荷所需要的时间、负荷后心肺功能的反应，或观察固定时间内能完成的运动负荷量的大小。比较常见的有 PWC170、运动耐量试验、12 分钟往返跑、哈佛台阶试验、学校的 1 000 米跑（男）和 800 米跑（女，初中、高中、大学）等方式，其他还有适合不同人群的不同距离的走、跑、定时的上下楼梯和跳绳等。

采集信息的设备有跑台、功率车、心率遥测表等。

2. 身体成分信息采集

身体成分测定的手段较为丰富，常见的有水下称重法、皮褶厚度测量法和生物电阻抗法等。

（1）水下称重法。水下称重法是通过对身体密度和比重进行测量，从而推算身体的脂肪重量和去脂体重。水下称重的测量方法相对准确，但是它的缺点是不适合大规模推广，只适合在科研单位进行研究使用。

（2）皮褶厚度测量法。皮褶厚度测量法是通过对身体不同部位的皮褶厚度进行测量后，将所测的皮褶厚度代入公式进行计算身体成分的一种方法。这种方法需要有专用的皮褶计才能测定。

（3）生物电阻抗法。生物电阻抗法是通过检测皮肤生物电阻抗可较精确地估算出人体的总体脂 %。操作简单，被测者只需赤脚站在仪器上面，手握测试手柄，仪器就会自动打印出多项指标，如体脂 %、体重、肥胖程度等，相当方便实用。

3. 肌肉适能信息采集

肌肉适能的测试方法：一种为测定肌肉一次用力收缩时所能产生的最大力量，以测定肌肉最大力量为主；另一种方法是测定肌肉在一定的负荷下能够重复收缩的次数，或能够持续的时间，以测定肌肉的力量耐力为主。

通常，测定肌肉适能有三类方法：① 用专业的力量测试设备，如等动、等张和等长测力设备；② 普通的力量测试设备，如握力计、背力计等；③ 克服自身重力的测试方法，如俯卧撑、跪卧撑、仰卧起坐、仰卧举腿、俯卧背伸、立定跳远等。

肌肉适能信息采集的方法根据设备的情况也不相同，可以人工录入，也可以通过测量设备的接口获取，还可以由设备导出数据间接获取。

4. 柔韧适能信息采集

柔韧适能信息的采集可以用各种仪器对关节活动范围进行测量，也可用一些简单易行的方法对这一素质测定和评价。常见的方法有坐位体前屈、背后对指、臂夹棍转体等，针对不同的关节，也有许多不同的测量方法。

5. 骨密度信息采集

骨密度测量的方法有 X 线检查、单光子吸收法（SPA）、双能 X 线吸收法（DXA）、单能 X 线吸收法（SXA）、X 线成像吸收法（RA）、定量超声（QUS）、定量 CT（QCT）等方法，仪器基本上是医疗设备，信息的采集需要从这些仪器中获取。

6. 体质信息采集

体质测试的方法比较多，而且每种方法包含的项目也不太一样，可以根据需要进行选择。这类测试设备有电子的、机械的，与软件系统的接口有有线、无线、IC 卡、非接触卡等多种样式。

（1）国民体质测定标准。

国家体育总局根据我国《体育法》和《全民健身计划纲要》等有关规定，建立了国民体质监测系统，规定每五年进行一次全国性的国民体质监测，获取我国国民体质状况的资料，并在这些监测数据的基础上制定了《国民体质测定标准》，这是目前我国最主要的评价国民体质的标准，可以用于制订运动处方，确定处方中的锻炼目标。

《国民体质测定标准》各项指标的测定结果，分为 1—5 分，共五个级别。建议凡某项素质达不到 4 分或 5 分者，该项素质应当被纳入运动处方的锻炼标准之中。

（2）学生体质健康标准。

《学生体质健康标准》是由教育部、国家体育总局共同研制的，为《国家体育锻炼标准》的一个组成部分。《学生体质健康标准》是学生体质健康的个体评价标准，也是促进学生体质健康发展、激励学生积极进行身体锻炼的教育手段，并作为学生毕业的基本条件。该标准体系中，也包含运动健康管理所要求测定、评价的内容，可以作为制订运动处方的依据。

《学生体质健康标准》测定结果，分为"优秀""良好""及格""不及格"四级。

（3）普通人群锻炼标准。

《普通人群体育锻炼标准》也是《国家体育锻炼标准》的一部分。主要适用于20—59岁的成年人群，其评价标准也可作为制订运动处方的依据。

《普通人群体育锻炼标准》的测定结果，与《国民体质测定标准》的评价方法相同，分为五级。凡达不到4分或5分者，应纳入锻炼目标。

7. 营养、心理信息采集

这类信息的采集大多通过问卷的形式采集的。

（二）运动健康管理相关信息的分析

对运动健康管理相关信息进行分析有以下四个步骤。

第一步，根据不同人群的情况确定测试项目。

第二步，根据测试项目进行权重设置。

第三步，根据测试项目进行流程设计。

第四步，根据测试的指标进行综合分析。

1. 确定测试项目

测试人群为20—60岁的成人，确定测试项目，如表3-10所示。

表3-10　测试项目一览表

序号	测试项目	说明
1	身高	基础指标
2	体重	基础指标
3	安静时心率	基础指标
4	安静时收缩压	基础指标
5	安静时舒张压	基础指标
6	握力	肌肉适能
7	背力	肌肉适能
8	俯卧撑	肌肉适能
9	仰卧起坐	肌肉适能
10	坐位体前屈	柔韧适能
11	背后对指	柔韧适能
12	运动耐量试验	心肺适能
13	身体成分	身体成分

2. 设计权重

测试项目权重表，如表3-11所示。

表 3-11　测试项目权重表

序号	测试项目	权重
1	握力	0.05
2	背力	0.05
3	俯卧撑	0.1
4	仰卧起坐	0.1
5	坐位体前屈	0.1
6	背后对指	0.1
7	运动耐量试验	0.3
8	身体成分	0.2
合计		1

3. 测试流程

测试流程，如图 3-1 所示。

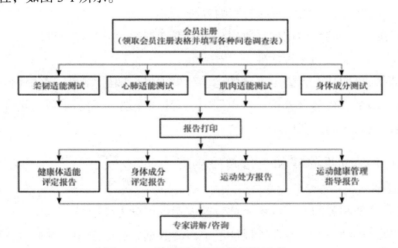

图 3-1　健康管理测试流程示意

4. 指标分析

根据获取的数据进行运动健康管理的单项分析、综合分析，为受试者提供个性化的运动处方、运动健康管理方案和指导，也可以导出数据，为课题的研究提供数据支持。

三、运动健康管理相关信息的管理与应用

（一）运动健康管理相关信息的管理

1. 建立数据档案

运动数据准备即建立运动数据档案。运动数据档案如何建立，对运动数据挖掘、运动数据分析以及运动数据的应用具有重要意义。运动健康信息数据档案的建立应针对不

同人群建立相应的运动数据信息档案。

2. 运动数据挖掘

运动数据挖掘根据其任务分为预测模型数据挖掘、运动数据总结、运动数据聚类、关联规则发现、序列模块发现、依赖关系和依赖模型发现、异常和趋势发现等。

运动数据挖掘的方法分为统计方法、机器学习方法、神经网络方法和数据库方法等。

（1）统计方法。统计方法可分为回归分析（多元回归、自回归等）、判别分析（贝叶斯判别、费歇尔判别、非参数判别等）、聚类分析（系统聚类、动态聚类等）、探索性分析（主元分析法、相关分析法等），以及模糊集、粗糙集、支持向量集等。

（2）机器学习方法。机器学习方法可分为归纳学习法（决策树、规则归纳等）、基于范例的推理、遗传算法、贝叶斯信念网络等。

（3）神经网络方法。神经网络方法可分为前向神经网络（BP 算法等）、自组织神经网络（自组织特征映射、竞争学习等）。

（4）数据库方法。数据库方法主要是基于可视化的多维数据分析或联机分析处理 OLAP 方法。此外，还有面向属性的归纳方法。

对运动健康管理的数据挖掘，可以根据需要选择以上方法进行处理。

3. 建立不同人群运动评价标准

根据不同人群的特点，确定不同的运动测试项目，即可明确不同的评价指标。通过对指标的测试结果进行综合分析，可以假定一套标准模型；而后可再通过大量的试验确定评价标准，进而推向市场应用。

（二）运动健康管理相关信息的应用

1. 科学研究

运动健康管理相关的信息为各个体育院校运动医学专业、体育保健、康复专业、运动人体学专业、运动心理学专业等提供了丰富的数据，有助于相关领域进行科学研究。

2. 支持政府决策

运动健康管理相关的信息是针对改善人们生活质量、提高人们健康水平的数据信息，通过运动健康管理相关信息的统计和分析，能清楚地了解某个地区、某类人群的运动参与情况、运动能力和健康水平状况，为政府决策提供数据支持。

3. 服务业

社会上的健身机构、美容机构、健康管理中心、体检中心等服务机构都在为大众提多种多样的健康服务，运动健康管理相关信息能为他们提供新的服务产品，使这些机构能为大众提供科学的、专业的、个性化的运动处方和运动健康管理方案和指导，既满足了大众的要求，也为他们带来了新的利润增长点。

4. 制造业

　　人机功效学是近年来兴起的一个新兴学科，从以人为本的角度出发，对仪器设备（汽车的座椅、工具等）和生活用品（沙发、床垫、鞋子等）进行新的造型设计和尺寸设计，将高科技含量注入制造业。运动健康管理相关的数据信息也可以为人机功效学提供基数据，供研究者参考使用。

第四章　身体活动水平和健康体适能训练

随着经济、社会的发展和人民生活水平的提高，身体活动与身心健康和生活质量的关系在全世界受到普遍的关注。科学研究表明，身体活动不足或久坐生活方式已成为举世公认的影响人类身心健康的公共卫生和社会问题。

第一节　身体活动与身体活动水平

缺乏身体活动已成为全球范围死亡的第四位危险因素。许多国家缺乏身体活动的人群所占比例在不断增加，并对全世界人群的一般健康状况和慢性非传染性疾病的患病率有重要影响。本节主要阐述了身体活动的定义和分类、身体活动水平的定义和判断、身体活动水平测量与评价等内容。

一、身体活动的定义和分类

（一）身体活动的定义

1. 身体活动的定义

身体活动（physical activity，PA）是指通过骨骼肌收缩引起机体能量消耗增加的任何身体运动，包括工作期间的活动、游戏、家务、出行和休闲娱乐活动。进行身体活动时，人体产生的反应包括心跳、呼吸加快、循环血量增加、代谢加速和产热增多等。美国 2008 年出版的《身体活动指南》将其定义为：由骨骼运动肌肉产生的，并在基础状态之上增加能量消耗，有助于增进健康的任何身体动作。

运动是一种带有计划性、重复性、目的性与系统性的身体活动，其目的在于改善或维持体适能。

身体活动与运动的区别如下。

（1）运动是身体活动的一种形式。身体活动涵盖范围更广。

（2）运动是事先计划的（如马拉松跑前训练计划）。

（3）运动是重复性的（如深蹲、俯卧撑等动作练习）。

（4）运动是有目的性的（如连续跳绳 1 500 个）。

（5）运动是有系统性的（如长跑选手除了跑步训练，还要辅以跑前热身、跑后拉伸、爆发力训练、核心稳定性训练等一系列配套练习）。

2. 身体活动与健康

身体活动与人体健康密切相关，是促进公共健康的重要环节。适当的身体活动可以降低冠心病等疾病的发生率，而身体活动不足则可能导致能量代谢失衡，并带来一系列的健康问题。研究表明，身体活动不足是造成多种慢性病增加的重要原因。世界卫生组织在《身体活动指南》中明确指出，缺乏身体活动是全球十大死亡风险因素之一；缺乏身体活动是心血管疾病、癌症和糖尿病等非传染性疾病的一个主要风险因素；身体活动对健康有着显著好处，并有助于预防非传染性疾病。全球四分之一的成年人身体活动不足；全球超过 80% 的青少年人口"缺乏身体活动"。2013 年世界卫生大会商定了一套全球自愿目标，其中包括到 2025 年将非传染性疾病导致的过早死亡率减少 25%，将身体活动不足流行率减少 10%。

由于快速的工业化和城市化，我国居民的职业劳动强度明显下降，多数行业都不再以重体力劳动为主，一半以上的职业人群在工作中以坐和站立为主，而行走的时间很短。因此，作为我国居民主要身体活动的职业性活动，强度和总量均已明显下降。公共交通和私家车的发展，降低了人们出行的身体活动时间。与此同时，洗衣机等家电节省了家务劳动；电视和电脑的普及，减少了人们户外活动的时间。2010—2013 年中国居民营养与健康状况监测显示：我国 76.1% 的居民不锻炼，仅有 9.2% 居民有锻炼习惯；居民闲暇静坐时间为 2.9 个小时；城市居民中身体活动充足者仅占 10.0%；职业人群身体活动充足率从 2002 年的 40.1% 下降到 28.1%。经常锻炼的主要是老年人，而中青年劳动力人口则很少锻炼。

通过促进身体活动并结合控制其他危险因素，如吸烟、过量饮酒和饮食不合理，能有效地降低个体和人群慢性病的发生、发展和病死率。WHO 在 2004 年发布了《饮食、身体活动与健康全球战略》，呼吁所有成员国将促进身体活动作为重要的国家公共卫生干预政策；2010 年又发布了《关于有益健康的身体活动全球建议》。美国在 2008 年颁布了《美国身体活动指南（2008）》；日本于 2006 年发布了《运动指南（2006）》，用于指导公众通过身体活动促进健康。一些国家现行的临床指南中，已将身体活动作为治疗 2 型糖尿病、代谢综合征和肥胖症的必要措施；同时，身体活动也作为抑郁症、骨关节系统疾病、肿瘤等治疗和康复的重要手段。

2009 年，我国国务院颁布了《全民健身条例》，以促进全民健身活动的开展，保障公民在全民健身活动中的合法权益，提高公民的身体素质。2011 年我国前卫生部疾病预防控制局颁布了《中国成年人身体活动指南（试行）》，其内容主要包括身体活动基本知识、推荐活动量、个体干预、公共政策及老年人和常见慢性病患者的身体活动指导等。

（二）身体活动的分类

人类的身体活动形式多种多样，研究目的不同，划分方法各异。常用的划分方法有以下三种。

1. 按日常活动分类

根据身体活动的特点和内容，日常生活中的身体活动可分为职业性身体活动、交通往返身体活动、家务性身体活动和运动锻炼身体活动四类。

（1）工作性身体活动：职业工作中的各种身体活动。职业和工作性质不同，工作中的身体消耗也不相同。

（2）交通往来身体活动：前往工作、购物、游玩地点等来往途中的身体活动。采用的交通形式不同，身体的消耗也不同，如步行、骑自行车、乘公共汽车或自驾车等。

（3）家务性身体活动：各种家务劳动的身体消耗。其中做饭、清洁台面等能量消耗较小，手洗衣服、擦地打扫卫生等能量消耗较大。

（4）休闲时间的身体活动：休闲时间的锻炼和身体活动，其目的更明确，运动内容、强度和时间更有计划。

随着社会的发展和科学技术的发展，人们的生活方式发生了改变，导致了身体活动不足。促进健康的重要目标之一，就是增加人们的身体活动水平，鼓励人们在日常生活中积极参加各种增加体力付出的活动。运动锻炼是指职业、家务活动之余有计划、有目的地进行的身体活动，属于休闲时间的身体活动。现代社会生活中，由于人们上述其他形式身体活动量大幅度减少，应大力提倡通过运动锻炼弥补人们身体活动量的不足。

2. 按能量代谢分类

身体活动的本质是肌肉收缩做功，肌肉收缩需要能量供给。人体通过营养物质的摄入为身体活动提供能量。肌肉收缩的直接能量来源是三磷酸腺苷（ATP）。ATP的供应途径主要分为无氧和有氧两种过程。在肌肉剧烈运动时，由于氧供不足，机体利用磷酸肌酸（CP）的无氧分解和糖的无氧酵解产生ATP，以供应能量代谢的需求。这就是无氧代谢过程。在长时间较缓慢的肌肉运动时，由于氧供充足，机体利用糖、脂肪、蛋白质有氧氧化产生ATP，以供应能量代谢需要。这就是有氧代谢过程。

根据肌肉活动的能量来自无氧代谢还是有氧代谢，身体活动可分为无氧代谢运动和有氧代谢运动，简称无氧运动和有氧运动。

（1）无氧运动：以无氧代谢为主要供能途径的身体活动，一般为肌肉的强力收缩活动，运动中用力肌群的能量主要靠无氧酵解供应。无氧运动也可发生在有氧运动末期，是抗阻力肌肉力量训练的主要形式。无氧运动具有促进骨骼、关节和肌肉的强壮等方面的作用，不仅可以保持或增加去脂体重、延缓身体运动功能丧失，而且还有助于预防老年人的骨折和跌倒及其造成的伤害，也有助于多种慢性疾病的预防控制。

（2）有氧运动：也叫耐力运动，指强度低、有节律、运动时间较长（约 30 分钟或以上）、运动强度在中等或中上的程度（最大心率值的 60%—80%）、能够维持在一个稳定状态的身体活动（如长跑、步行、骑车、游泳等）。以有氧代谢为主要供能途径，即人体在氧气充分供应的情况下进行的身体活动，在运动过程中人体吸入的氧气与需求相等，达到生理上的平衡状态。它有助于促进心肺功能，降低血压和血糖，增加胰岛素敏感性，改善血脂和内分泌系统的调节功能，提高骨密度，减少体内脂肪蓄积，控制不健康的体重增加。例如，以每小时 4 km 的中等速度步行、每小时 12 km 的速度骑自行车等均属于有氧运动。

3. 按身体活动方式分类

根据生理功能和运动方式，身体活动还可以分为以下三类。

（1）关节柔韧性活动：通过躯体或四肢的伸展、屈曲和旋转活动，锻炼关节的柔韧性和灵活性。由于对循环、呼吸和肌肉的负荷小，能量消耗低，可以起到保持或增加关节活动范围和灵活性作用。对预防跌倒和外伤、提高老年人的生活质量有一定的帮助。

（2）抗阻力活动：肌肉在克服外来阻力时进行的主动运动，即肌肉对抗阻力的重复运动，具有保持或增强肌肉力量、体积和力量耐力的作用（如举哑铃、俯卧撑、引体向上等）。抗阻力用力时主要依赖无氧代谢供能。抗阻力活动可以改善肌肉功能，对骨骼系统形成的机械刺激也有益于骨健康，可以延缓老年人肌肉萎缩引起的力量降低，预防跌倒、提高独立生活能力，还有助于保持和促进代谢，提高血糖调节能力。

（3）身体平衡和协调性练习：改善人体平衡和协调性的组合活动（如体操，拳操，舞蹈等），可以改善人体运动能力、预防跌倒和外伤、提高生活质量。

二、身体活动水平的定义和判断

（一）身体活动水平定义

1. 身体活动水平定义

身体活动水平（physical activity level，PAL）是将人的日常身体活动量化的一种表达形式，用于估计人体的总能量消耗。PAL 是对个体身体活动评价的指标，目前在国际上普遍使用 PAL 对每日 PA 进行量化和分类。PAL 的定义是人体 24 小时总能量消耗（total energy expenditure，TEE）除以人体 24 小时的基础能量消耗（basal metabolic rate，BMR）。

PAL= 总能量消耗（TEE）/ 基础代谢能量消耗（BMR）

2. 运动量定义

运动量（amount of exercise）也称"运动负荷"，指人体在体育活动中所承受的生理、心理负荷量和消耗的热量，由完成练习的运动强度与持续时间，以及动作的准确性和运动项目特点等因素来决定运动量的大小。

（二）身体活动水平判断

从定义上看，身体活动是指由骨骼肌收缩引起的伴有能量消耗的任何身体动作，而任何类型的身体动作都要消耗能量。因此，身体活动时能耗的多少理所当然地成为衡量"身体活动水平"高低最为重要的标准。

1. 身体活动水平分级

FAO/WHO/UNU 根据 PAL 值的不同，将身体活动水平进行了分级，如表 6-1 所示。

表 6-1　身体活动水平分级

生活方式	例子	PAL
非常不活跃（extremrly inactive）	卧床的人	< 1.40
久坐（secdentary）	很少运动的办公室工作人员	1.40—1.69
中等活动度（moderately active）	每天跑步一个小时的人	1.70—1.99
剧烈活动度（vigorously active）	每天游泳 2 小时的人	2.00—2.40
极量活动度（extremely active）	竞技自行车赛手	> 2.40

2. 运动量的判断

运动量和身体活动水平都是反映身体所承受身体负荷的剂量。在实际应用中可以是一次运动的身体负荷量，也可以是一段时间内，各种强度、持续时间和频数身体活动的总和。

（1）强度。身体负荷的大小，可用物理量表示，如单位时间消耗的能量、做功量。也可以用生理量表示，如最大摄氧量 %（VO2max%）、最大心率 %（HRmax%）或代谢当量（MET），如表 6-2 所示。

表 6-2　身体活动强度分级

强度	相对强度			绝对强度			
	RPE	VO2R% HRR%	HRmax%	12MET VO2max	10MET VO2max	8MET VO2max	6MET VO2max
极小	< 9	< 20	< 50	< 3.2	< 2.8	< 2.4	< 2.0
小	9—10	20—39	50—63	3.2—5.3	2.8—4.5	2.4—3.7	2.0—3.0
中等	11—12	40—59	64—76	5.4—7.5	4.6—6.3	3.8—5.1	3.1—4.0
大	13—16	60—84	77—93	7.6—10.2	6.4—8.6	5.2—6.9	4.1—5.2
极大	≥ 16 ≥	≥ 85	≥ 94	≥ 10.3	≥ 8.7	≥ 7.0	≥ 5.3
极限	20	100	100	12	10	8	6

注：RPE，自觉运动强度；HRR，储备心率；VO2R，储备吸氧量。资料来源：陈君石、黄建始，《健康管理师》中国协和医科大学出版社，2007 年。

（2）持续时间。维持一定强度活动持续的时间或以一定节奏重复运动的时间。

（3）频数。在一段日历时间内（1周、1月），重复某类运动的次数频率。

第二节　健康体适能的生理学

随着经济、社会的发展和人民生活水平的提高，体力活动、体适能和健康日益受到公众和科学研究者的重视，健康体适能与个体的健康满意感和生活满意感等主观健康和心理感受密切相关。

一、健康体适能的概述

（一）健康体适能的概念

体适能一词来自英文的 physical fitness，被认为是个人适应能力中的一部分，其内容包括个人特性及运动能力表现的特征，如肌力、耐力、柔软度、动力、敏捷及速度等。目前，体适能被定义为人们所具有的与其完成体力活动能力有关的一组身体要素，即具有低患病风险和具有足够的精力参加各种体力活动的身体良好状态。具有良好体适能的人通常是能够"以旺盛的精力执行每天的事务而没有过度的疲劳；以充足的活力去享受闲暇时间的各种休闲活动并能适应各种突发事件"。

我国学者长期以来一直以更为内涵丰富的"体质"一词来表述与体适能有关的内容，认为体质是人体形态发育、生理功能、心理功能、身体素质的状态及其对环境的适应力和对疾病的抵抗力。显然，体质概念的内涵较体适能更为宽泛，但是，目前国内开展的国民体质检测内容却在性质上与体适能的检测项目较为相似。

（二）体适能的分类

体适能与人体健康状态、劳动和工作能力和竞技运动水平等有着密切的关系，但体适能各个构成要素对健康、劳动和工作能力竞技运动水平的影响并不完全相同，因此有人进一步依据体适能与健康的关系将其区分为竞技体适能和健康体适能。

1. 竞技体适能

竞技体适能主要由灵敏性、协调性、平衡性、速度、爆发力和反应时等与运动竞技能力有关的体适能要素组成。

2. 健康体适能

健康体适能主要由与人体健康水平密切相关的体适能要素组成，通常主要包括心血管适能、体脂含量、肌肉适能和柔韧适能。

（1）心血管适能。心血管适能，也叫心肺适能，反映由心脏、血液、血管和肺组成的血液运输系统向肌肉运送氧气、能量物质，同时维持机体从事体力活动的能力。

（2）体脂百分比。体脂百分比是指人体体内所含脂肪占体重的百分比。

（3）肌肉适能。肌肉适能主要包括肌肉力量和肌肉耐力。肌肉力量是指骨骼肌收缩时通过肌紧张来克服和对抗阻力的能力，通常以对抗和克服最大阻力的重量、力矩或做功功率表示；肌肉耐力是指骨骼肌维持长时间运动的能力，一般以定量运动负荷的次数、负荷持续时间或者输出功率变化来表示。

（4）柔韧适能。柔韧适能是对机体单个关节或者多关节活动范围的测度，通常由骨关节结构和肌肉、韧带，以及关节囊的长度和伸展性等因素决定。

二、健康体适能的生理学基础

健康体适能是体适能的重要组成部分，它由与人体健康密切相关的要素组成。良好的体适能是人类健康最重要的标志，是人类享受生活、提高工作效率和增强对紧急突发事件应变能力的重要物质基础。

（一）心血管适能的生理学

心血管适能是健康体适能最重要的组成成分之一，它反映由心脏、血液、血管和肺组成的呼吸与血液循环系统向肌肉运送氧气和能量物质、维持机体从事运动的能力。心血管适能与人体健康有着极为密切的关系，经常参加体育锻炼对人体健康有着多方面良好的影响。由于拥有良好心血管适能的人通常也具有较好的运动耐力和有氧运动能力，因此心血管适能有时又被称为心血管耐力或者有氧适能。心血管适能是人体呼吸、血液和循环系统功能的综合表现。

1. 心脏

心脏是良好心血管适能的基本要素。心脏为一中空的肌性器官，分别由左、右心房和心室组成，其主要生理功能是收缩射血，推动全身的血液循环，以适应不同身体活动的需要。在通常情况下，生理学将每分钟左心室收缩所泵出的血量称为每分输出量，简称心输出量（CO），其实质是每搏输出量（SV）和每分钟心率（HR）的乘积。健康成年男性在安静状态下的心输出量约为 4.5—6.0 L/min），女性比同体重男性约低 10%。缺乏锻炼的健康人在剧烈运动时心输出量的峰值一般为 15—20 L/min，而有良好训练的耐力运动员在剧烈运动时心输出量的峰值则可高达每分钟 20—35 L。

经常性运动能够引起以心腔扩大和心壁增厚为主的运动性心脏增大，这种增大同时伴有心脏最大射血能力的提高，是心脏泵血功能适应机体活动需要而增强的结果。在血管方面，经常运动有助于保持血管的弹性、维持动脉血压的稳定、增大冠状动脉直径、促进侧枝的形成、改善心肌的血液循环等。此外，积极参加适当的体育锻炼还可以有效地减少中风的危险。

2. 血管

血管是由一系列复杂分支的管道组成，人体除角膜、毛发、指甲、牙质及上皮等处外，血管遍及全身。根据血流方向及其管壁的结构特点，全身血管可分为动脉血管、毛细血管和静脉血管三种，各种类型的血管在构造上各有特点，借此来发挥它特殊的生理功能。

（1）动脉血管。主动脉等血管的管壁富含弹性纤维，具有明显的可扩张性和弹性，它不但起运输血液的功能，而且可在左心室射血时贮存部分血液，缓冲动脉血压的巨大波动，使间断性的心室射血变为连续的血流；小动脉的末梢和微动脉，管壁富含平滑肌，受神经和体液调节而产生明显的舒缩活动，是造成血流阻力的主要部分。它对调节器官的血流量和动脉血压起着重要作用。

营养心脏的血液来自主动脉根部发出的左、右冠状动脉。它们位于冠状沟内，在沟内反复分支进入心壁形成毛细血管网，经静脉汇合于冠状窦，进入右心房。这个独立的循环称冠状循环。良好的冠状循环是保证心肌氧气、营养物质供应和心脏收缩射血的重要条件，心肌梗死就是指冠状动脉或其分支的血流阻塞。

（2）毛细血管。其管壁仅由单层内皮细胞构成，通透性很大，故气体和小分子物质可通过管壁，作为血管内外物质交换的场所。

（3）静脉血管。数量较多、口径径较粗、管壁较薄，故容量较大。安静时约60%—70%的循环血量容纳在静脉中，故静脉起了血液贮存库的作用。

研究表明，血管功能改变对心血管适能的影响主要是通过以下三种机制实现的：其一是运动时外周血管阻力下降，减少了心室射血的后负荷，使得心室射血变得更加顺畅，心输出量增加；其二是运动时骨骼肌小动脉血管反射性舒张，内脏和皮肤小动脉血管反射性收缩，从而使血流分布模式发生改变，使得运动肌获得更多的血液，更好地满足其活动的需要；其三是受长期体育锻炼和运动训练的影响，外周肌组织中毛细血管分布的密度增加，这一变化有助于改善肌肉组织的微循环状态，进而增强肌肉耐力等。

3. 呼吸器官和血液

人体各种生命活动所需要的氧气和新陈代谢产生的二氧化碳离不开肺与组织的呼吸及血液的运输作用。机体完整的呼吸过程包括外呼吸、气体在血液中的运输和内呼吸。

（1）外呼吸。外界空气通过呼吸道和肺与肺部的血液进行的气体交换的过程。

（2）气体在血液中的运输。通过血液循环将肺摄取的氧气和营养物质运送到组织细胞，同时将组织细胞产生的二氧化碳运送到肺的过程。

（3）内呼吸。毛细血管中的血液与组织细胞之间的气体交换。血液氧气的运输与红细胞中的血红蛋白与氧气结合成氧合血红蛋白的数量有关，研究发现 1 g 血红蛋白可与 1.34—1.36 ml 的氧气结合，所以红细胞数量越多或者血红蛋白浓度越高，所能携带的氧气就越多。在通常情况下，成年男性血红蛋白的浓度为 120—160 g/L，成年女性为 110—150 g/L。若血红蛋白浓度低于 90 g/L，且明显影响血液的氧气运输能力称为贫血。

4. 影响心血管适能的因素

（1）遗传。遗传因素是影响心血管适能的重要因素。以最大摄氧量为例，有人通过对单卵双生和双卵双生受试者 VO2max 的研究发现，单卵双生受试者间的 VO2max 差异较小，而双卵双生受试者间的差异较大，证明遗传因素对 VO2max 有较大的影响作用。此外，还有人研究发现，在影响 VO2max 的各种因素中，遗传因素的影响度也是最大的，为 25%—50%。在长期耐力训练的影响下，机体的 VO2max 也产生相应变化，但个体差异较大（0—50%），目前认为造成这一现象的原因也与遗传因素有关。此外，最大通气量、红细胞和血红蛋白、慢肌纤维的百分比等都与遗传有关。

（2）年龄和性别。发育过程中，VO2max 的绝对值（L/min）随年龄增长而提高，男子约在 16 岁时达到顶峰，女子约在 14 岁时达到顶峰。14 岁时，男女 VO2max 绝对值的差异约为 25%，16 岁时高达 50%。但如以相对值表示（ml/（kg·min）），男性在 6—16 岁期间 VO2max 稳定在 53 ml/（kg·min）水平，而女性则从 52 ml/（kg·min）逐渐下降到 40.5 ml/（kg·min），这一差距可能与女性体内脂肪贮量随年龄增长而增加有关。25 岁以后，VO2max 以每年约 1% 的速度递减，55 岁时 VO2max 较 20 岁时平均减少约 27%。有研究还证明，30 岁以后，活动少的人 VO2max 每 10 年降低 8%—10%，而活动多的人，每 10 年只下降 4%—5%。长期坚持耐力运动者，每 10 年甚至只降低 1%—2%。女子 VO2max 较男子小，与女子心脏泵血功能不如男子、血红蛋白含量低于男子以及体脂含量多于男子等因素有关。

VO2max 的性别差异与 VO2max 的表示方法有关，以绝对值表示 VO2max 时，其性别差异为 43%，以体重相对值表示时差异为 20%，而当以去脂体重相对值表示时，差异只有 9%。

（3）训练。心血管适能明显受运动训练的影响。以不同项目运动员的 VO2max 为例，短距离、爆发力性项目运动员的 VO2max 较低，而长距离、耐力性项目运动员的 VO2max 较高。研究表明，有氧运动可使受训者的 VO2max 增高，其增高的程度与训练前的 VO2max 水平有关，训练前的 VO2max 水平低，其增进效果明显。无训练者或心血管适能低下者在刚开始训练时，VO2max 的增进明显，其后增进逐渐趋向缓慢。研究认为，造成运动训练早期 VO2max 增加的主要原因是心肺功能的改善。当 VO22max 增加到一定程度后，心输出量增加已达极限，VO2max 小幅度的改变主要是依靠肌肉对氧利用的改善而实现的。

（4）体脂。VO2max 相对值是以 kg 体重为单位计算的，因此体重增加，心血管适能就会下降。30 岁以后心血管适能随年龄增长而降低，有一半是由体脂的增加造成的。所以，保持或改善心血管适能水平的最简易方法就是减少多余的脂肪。

5. 心血管适能与健康

心血管适能与人体健康有着极为密切的关系，经常参加体育锻炼对人体健康有着多方面良好的影响。在心脏方面，经常性运动能够促进心脏最大射血能力的提高，是心脏泵血功能适应机体活动需要而增强的结果。在完成运动强度相同的非最大强度运动时，经常运动的人心输出量增加的程度较久坐者低，表现出良好的能量节省化特征，反映出经常运动可以使人体能量的运用更为经济有效。不经常运动则可以通过减弱心脏的泵血功能而影响机体的健康。

人体死亡危险率和第一次心血管疾病发生率与参加体育锻炼的多少成反比；经常运动可以优化心肌的蛋白质组成，可以校正因高血压等原因引发的心肌蛋白质组成异常。在血管方面，经常运动有助于保持血管壁的弹性、维持动脉血压的稳定、增大冠状动脉直径、促进侧枝的形成、改善心肌的血液循环等。此外，积极参加适当的体育锻炼还可以有效减少中风的风险。但是，过于剧烈的运动和憋气等对心血管的健康不利。

（二）身体组成的生理学

1. 身体成分的概念

（1）身体成分。身体成分是指组成人体各组织、器官的总成分，即体内各种成分的含量（如肌肉、骨骼、脂肪、水和矿物质等），常用体内各种物质的组成和比例表示，身体成分是反映人体内部结构比例特征的指标。它在一定的程度上反映身体的化学组成，以及生长发育、营养状况和体育锻炼等多种因素的综合性影响，是影响健康体适能和人体健康水平的重要因素。

（2）脂类。脂类是人体内一大类重要的有机物质，包括脂肪和性质与其相似的类脂。脂肪又称真脂，它是由一分子甘油与三分子的脂肪酸组成；而类脂则包括磷脂、胆固醇、胆固醇脂及糖脂等。脂肪是体内重要的储能和供能物质，主要分布于皮下组织、肠系膜、大网膜和内脏器官周围以及肌间组织中，并随膳食、能量消耗情况而变化较大，所以又被称为"储脂"或者"可变脂"。类脂占全身脂类总量的5%左右，主要位于骨髓和心脏、肺、肝脏、脾脾脏、肾脏、肌肉以及神经系统等组织器官内，参与组成细胞质膜、核膜等膜结构的主要成分，也是机体各器官组织，尤其是大脑神经组织的基本组成成分，称为"基本脂"，其含量一般不随机体营养状况变动，因此又称为"固定脂"。

（3）去脂体重。去脂体重是体内去除脂类物质以外的组织重量，主要包括骨骼、肌肉和水分构成，因为精确测量人体体内脂类物质含量非常困难，故常以瘦体重（lean body mass，LBM）代表去脂体重，其间的差别在于前者包含了基本脂的重量。

（4）体脂百分比（% 体脂）。体脂百分比（% 体脂）是指脂肪重量占体重的百分比
体脂百分比（% 体脂）= 脂肪重量 / 身体重量 × 100%。

2. 身体成分与健康

脂肪是机体储量最多的能源物质。脂肪除了氧化供能之外，还可提供机体所需的各种必需脂肪酸。必需脂肪酸还是磷脂的重要组成部分，它们具有抗脂肪肝作用，还能降血脂、防止动脉粥样硬化等。脂肪还可以协助脂溶性维生素 A、D、E、K 和胡萝卜素等的吸收。但是，体内脂肪含量过多，会造成机体超重或者肥胖，从而引起高血压、高血脂、冠心病、糖尿病和某些癌症的发病率增高，导致生活质量下降、预期寿命缩短。

（三）肌肉适能的生理学

骨骼肌是由具有收缩功能的肌细胞构成的人体最大的组织，人体的许多活动（如劳动、运动和日常生活中的各种身体活动）都是通过骨骼肌的收缩和舒张实现的。肌肉力量和肌肉耐力是实现人体运动的动力来源，也是肌肉适能的基本组成部分。

1. 肌肉适能的概念

肌肉适能是指机体依靠肌肉收缩克服和对抗阻力维持身体运动的能力，通常表现为肌肉力量、肌肉耐力和肌肉功率等方面。

（1）肌肉力量。肌肉力量又称最大肌肉力量或绝对肌肉力量，是指骨骼肌收缩时依靠肌紧张来克服和对抗阻力的能力，即肌肉收缩产生最大收缩力的能力，通常以对抗和克服最大阻力的重量、力矩或做功量多少表示。这是健康相关体适能的组成部分。运动生理学通常以等张、等长或者等速运动条件下肌肉收缩克服和对抗阻力与做功功率的大小表示。其中，动力性力量还可以根据收缩形式的不同，进一步划分为向心收缩力量、离心收缩力量、等速收缩力量和超等长肌肉力量等。向心和离心收缩力量分别是指肌肉在进行向心和离心收缩时表现出来的最大抗阻运动能力。等速肌肉力量是指肌肉在其控制的关节活动范围内以恒定的角速度进行最大收缩的能力。超等长肌力是指肌肉在拉长—收缩过程中表现出来的最大力量。

（2）肌肉耐力。肌肉耐力是指骨骼肌维持长时间运动的能力，即肌肉持续收缩对抗疲劳的能力，一般以静态运动负荷持续时间、定量运动负荷的次数、负荷持续时间或者输出功率变化来表示。肌肉耐力也是健康相关体适能的重要组成部分。

（3）肌肉功率。肌肉功率又称快速力量，是竞技相关体适能的组成部分，特指肌肉在短时间内快速发挥其收缩力量的能力，爆发力是肌肉功率的常见表现形式与评价指标。

（4）肌肉体积或者最大肌肉横断面积。这是影响和决定肌肉力量大小的一个重要生理学因素，它是由构成骨骼肌的肌纤维的数量和粗细来决定的。在一般条件下，骨骼肌的最大横断面积越大，肌肉力量也越大。力量训练可以提高肌肉力量，原因之一就是可以增大肌肉横断面积。

2.影响肌肉功能（适能）的生理学因素

影响肌肉功能的因素很多，运动生理学通常根据其发挥作用的部位，将其分为肌源性和神经源因素两类。

（1）肌源性因素。

①肌肉质量。肌肉质量是指肌肉组织的数量，通常是以机体或者某块肌肉拥有肌肉组织的重量来表示。由于正常情况下直接检测肌肉质量比较困难，因此通常以肌肉横断面积的大小来表征肌肉质量。肌肉横断面积指横切某块肌肉所有肌纤维所获得的横断面面积，它是由肌纤维的数量和粗细来决定的。研究表明，肌肉横断面积与相应的最大肌力大小成正比。

②肌纤维类型和代谢特点。骨骼肌纤维可依据其收缩特性不同分为快肌和慢肌两大类。快肌纤维较慢肌纤维有更大的肌肉收缩力和更强的无氧供能能力，但具有较差的肌肉耐力和有氧供能能力。因此，肌肉中快肌纤维百分比构成高的人，肌肉收缩力大，慢肌纤维百分比构成高的人，肌肉耐力较好。在正常情况下，人体四肢肌肉的快、慢肌纤维百分比构成大致相等，但受遗传和后天训练因素的影响，耐力性项目要求运动员有较高的慢肌纤维，而短跑和爆发力项目需要有较高的快肌纤维。力量训练通常主要引起快肌纤维面积百分比和肌肉力量的改变，而耐力训练主要引起慢肌纤维的选择性肥大和肌肉耐力的改善，快肌和慢肌纤维的适应具有明显的练习特异效应。

③激素作用。雄性激素睾酮是肌肉生长最直接的刺激因素，有男子的睾丸和肾上腺皮质分泌的，女子肾上腺皮质和卵巢也有少量分泌。睾酮可以通过促进肌肉蛋白质的合成，促进肌肉肥大，从而增强肌肉力量。由于睾酮在性别和不同年龄段的分泌数量不同，因此在一定程度上造成不同性别、不同年龄人群肌肉力量大小的不同。

生长激素是影响肌肉蛋白质合成的另外一个重要激素，短期注射生长激素可以引起人体肌细胞氨基酸摄取增加，蛋白质合成加快；长期使用可以使生长激素缺乏症患者肌肉质量和肌肉力量增加。

甲状激素是肌纤维类型强力的调节因子。血中甲状腺素超过正常值时，会造成快肌纤维百分比增加；相反，血中甲状腺素量减少时，慢肌纤维百分比增加。

肌肉生长抑制素又称生长分化因子，对肌肉生长具有负调控作用，抑制它的表达会导致肌肉肥大。研究证明，血清肌肉生长抑制素随着年龄增长而增高，且与去脂体重成反比。

（2）神经源性因素。

①中枢激活。中枢神经系统动员肌纤维参加收缩的能力称为中枢激活，它具有两个层面的意义。一是肌肉在进行最大用力收缩时，并不是所有的肌纤维都参与收缩，动员参与收缩的肌纤维数量越多，肌肉收缩力越大。研究发现，缺乏训练的人完成最大随意肌肉收缩时只能动员 60% 左右的肌纤维参与收缩，而训练水平较高的人完成最大随意

肌肉收缩可以动员 90% 以上的肌纤维参与收缩。二是肌肉完成不同强度水平的收缩时，中枢神经系统会选择性地优先募集激活阈值水平不同的运动神经元参与收缩，即低强度水平的收缩优先募集低阈值的小 α 运动神经元，而高强度的收缩则可募集包括大、小 α 运动神经元等更多的运动神经元参与活动。

②中枢神经系统对肌肉活动的协调和控制能力。人体运动是需要多个运动环节共同参与的多环节复杂运动，需要由包括主动肌、协同肌和拮抗肌等在内的许多肌肉共同活动来实现。中枢神经系统对肌肉活动的协调和控制：一方面，是指中枢神经系统对主动肌与拮抗肌、协同肌、固定肌之间的协调和调控，使得上述肌肉群在参加工作时能各司其职、协调一致，进而发挥更大的收缩力量；另外一方面，中枢神经系统对肌肉活动的协调和控制也包含中枢神经系统对单块肌肉内部运动单位活动同步化的控制。

③中枢神经系统的兴奋状态。中枢神经系统兴奋性提高，即情绪高度兴奋时会导致肾上腺素、乙酰胆碱等其他一些生理活性物质大量释放，这也是影响肌肉力量的重要因素。生理学家认为，这种现象可能是因为情绪在极度兴奋时，肾上腺素分泌大量增加，使肌肉的应激性大大提高，同时更重要的是中枢发出了强而集中的神经冲动，迅速发动"储备力量"，从而使运动单位成倍地同步动员并投入工作，发挥超大力量。

3. 肌肉功能（适能）的年龄与性别差异

（1）年龄。

肌肉力量的发展有明显的增龄性变化规律。一般规律是：10 岁以前，随着人体发育，无论男性或女性肌肉力量一直缓慢而平稳地增长，而且两者区别不大。女性从 11—12 岁和男性从 13—15 岁起，肌肉力量开始分化，男性增长速度加快而女性增长缓慢。青春期过后，肌肉力量仍在增长，但增长速率很低。女性在 20 岁左右达到最大肌肉力量，男性在 20—30 岁达到最大肌肉力量。40 岁以后人体大部分肌肉的力量开始衰退。50 岁以后，每 10 年肌肉力量下降 12%—15%。一般认为，生长发育过程中肌肉力量的增长主要与中枢神经控制能力自然发展和肌肉横断面的增加等因素有关。

（2）性别。

正常成年男子肌肉重量占体重的 40%—45%，而女子则约占 35%。若以绝对值表示肌肉力量，通常成年女子上肢肌力比男子低约 50%，下肢肌力低约 30%。以体重和去脂体重相对值表示肌肉力量，男子的去脂体重和肌肉量要高于女子，体脂百分率低于女子。肌肉力量绝对值的性别差异主要由肌肉生理横断面积或者全身肌肉体积的性别差异等因素决定的。

4. 肌肉适能与健康

肌肉适能与人体健康和生活质量的关系密不可分。拥有强有力的肌肉和良好的耐力能够提高人体运动系统的工作能力，以适应各种工作、生活以及休闲和娱乐的需要。经常进行发展肌肉适能的身体训练有助于优化身体各组成成分的比例，使身体构成更趋合理；能够增强肌肉，特别是维持身体姿势的肌肉力量和耐力水平，使身体形态更加完美；能够维持老年人的肌肉力量、平衡能力和骨密度，进而提高生活自理能力，以及减少摔跤与相关损伤的发生率。

（四）柔韧适能的生理学

1. 柔韧适能的概念

在体育科学中，柔韧适能被定义为在不造成身体伤害的前提下，决定一个关节或一组关节最大活动范围的人体肌肉骨骼系统特征，又称柔韧性，即机体单个关节或者多关节活动范围。

2. 柔韧适能的分类

根据其外部运动形式分为动力性柔韧适能和静力性柔韧适能。

（1）动力性柔韧适能。动力性柔韧适能指肌肉、肌腱、韧带根据动力性技术动作需要，拉伸到解剖学允许的最大限度能力。动态柔韧适能被解释为在整个关节活动范围内伸展时的阻抗变化，用反映材料弹性的材料力学变量硬度来衡量，通常用负荷—形变曲线的斜率来表示。与静态柔韧适能相反，动态柔韧适能的测量与受试者对关节活动范围的限度的主观感觉无关，被认为是度量柔韧适能的客观方法。但是，动态柔韧适能从本质上是在关节活动范围限度内肌肉被动张力的增加，反映了肌肉的黏弹性特征。因此，动态柔韧适能测量时的肌肉放松情况非常重要。

（2）静力性柔韧适能。静力性柔韧适能是指肌肉、肌腱、韧带根据静力性技术动作的需要，拉伸到动作所需要的位置角度，控制其停留一定时间所表现出来的能力，即一个关节或一组关节的活动范围。对于大多数静态柔韧适能测试，动作的限度取决于受试者对伸展位置的耐受性。此外，静态柔韧适能的测量不仅受到环绕在测量关节周围的肌肉—肌腱单元的伸展性限制（如直腿上举测试是一种被膝旁肌群伸展性限制了动作范围的柔韧适能测试），而且也受到与测量关节相关的关节状态的限制（如直腿上举时，大腿后肌群的长度限制屈髋，如果屈膝时，髋关节就能进一步屈曲）。因此，静态柔韧适能的测量一定程度上与测量时所采用的动作有关。

目前，有关人体肌肉伸展练习对肌肉黏滞性和弹性的短期和长期效应的研究刚刚开始，动态柔韧适能的实际价值、动态柔韧适能与静态柔韧适能的关系仍不清楚，没有足够的证据能证明静态柔韧适能和动态柔韧适能是否是同一柔韧适能成分的两个明显不同的特性，两者之间的关系尚需更多的研究。

从完成柔韧性练习的表现上看，柔韧性又分为主动柔韧适能和被动柔韧适能。

（1）主动柔韧适能。主动柔韧适能是人主动运动中表现出来的柔韧素质水平。

（2）被动柔韧适能。被动柔韧适能是在一定外力协助下完成或在外力作用下表现出来的柔韧水平。

根据身体部位的不同,分为上肢柔韧性、下肢柔韧性、腰腰部柔韧性、肩部柔韧性等。

3. 柔韧适能的特征

柔韧适能具有关节独立性,不同关节间的柔韧适能是独立的肌肉关节特征。通常身体某一部分关节可以有极高的柔韧性,而其他部位的柔韧性却可能很差。这一原则同样适用于训练对柔韧适能的影响,拉伸某一特定肌群的练习对身体其他部位肌群的柔韧适能基本上没有影响。此外,在同一个关节柔韧性还具有解剖学平面特异性,在一个解剖学平面内可以有好的柔韧性,在另一个平面内可能是固定的或僵硬的。

4. 柔韧适能的影响因素

柔韧适能受关节的解剖结构特点和韧带、肌肉与肌腱,甚至皮肤的伸张性及关节周围软组织的影响。其中,关节的解剖结构是由先天或遗传决定的,而韧带、肌肉和肌腱的伸张性是可变的。从生物学反应与适应角度,柔韧适能主要受肌肉、肌腱和韧带中结缔组织的特性,以及肌肉和肌腱内的反射活动的影响。

(1)解剖学因素。关节的解剖结构决定了所有关节的活动范围。由于关节结构的限制,关节的活动不能超过其活动范围的限度,否则将造成损伤。在关节的解剖学结构中,决定关节活动范围限制的主要因素是关节面的结构,它是影响柔韧适能诸因素中最不容易改变的因素,由遗传决定。目前已经有研究表明,训练可以使关节软骨增厚,从而在一定程度上改变关节的柔韧适能。

(2)生理因素。正常骨骼肌的伸展性由肌小节伸展性和肌肉内结缔组织伸展性决定。肌腱与韧带的伸展性取决于结缔组织的特性。在一般情况下,肌肉—肌腱单元增长或缩短其长度以适应关节活动范围的需要。通过适当的准备活动提高肌肉温度可降低肌肉内部黏滞性,从而使其柔韧性增加20%。随着年龄增长、受到损伤而出现的结缔组织弹性和可塑性变化,将限制关节活动范围。肌肉体积可在一定程度上限制关节活动,过多的脂肪通过增加运动时阻力和导致相邻身体结构表面间过早地接触降低关节活动范围。

影响肌肉伸展性的另一个重要生理因素是肌肉—肌腱单元的反射活动,肌肉内部长度感受器肌梭和肌腱内部张力感受器高尔基腱器可以反射性地起动或阻止肌肉的收缩。当肌肉拉伸时,关节对侧的肌群会阻止其拉长。

(3)年龄性别。静态柔韧适能与年龄相关。学龄前儿童由于骨钙含量的影响和关节的发展,柔韧适能相当好。随着年龄变化,12岁前柔韧适能保持不变或逐渐降低,之后开始增加,并在15—18岁达到峰值。在成年期,静态柔韧适能随着年龄增加而降低。但是,这种静态柔韧适能随年龄降低的程度相对于柔韧适能的个体差异以及通过伸展练习改善的潜力而言,是相当小的。柔韧适能降低最初主要是由于运动的变化和关节炎症,而不是年龄的特殊作用。

柔韧性也与性别相关,女性高于男性。女性与男性之间的柔韧适能差异可能更多地与两性在人体测量学上的差异有关,其次是日常活动类型及活动范围的差异,而不是性别的特殊作用。

（4）活动的影响。日常运动状况对柔韧适能有一定的影响。活动多的个体柔韧适能更好，久坐少动的生活方式会导致肌肉和韧带缩短而限制关节活动范围。不良姿势、长时间保持坐姿或站姿，或肢体固定也使个体的柔韧适能降低。

有规律的拉伸活动可使肌腱和韧带持久地被延长。随着肌肉伸展性增加，在准备活动和拉伸过程中，肌肉组织出现暂时性长度延长。即使是老年人，通过在整个关节活动范围内拉伸肌肉，也可提高柔韧适能。但是，不当的拉伸练习会降低关节的活动范围。目前来讲，最有效的拉伸是在每次进行一般性准备活动时，进行 8—12 分钟拉伸，在整理活动时，再进行 4—5 分钟拉伸。

负重训练会影响关节的活动范围，效果与训练技术有关。已经有研究发现，年龄超过 62 岁的女性进行 10 周综合性阻抗训练，其间不进行任何柔韧性练习，结果柔韧性增加了 13%。在整个关节活动范围内完成负重练习能提高关节活动范围，而在有限的关节活动范围内，进行大量的阻抗练习可能限制关节活动范围。过多地练习一个肌群、忽视拮抗肌群间的练习而导致的不平衡，也将限制柔韧性。此外，通过改变负重训练程序而减少肌肉体积增加，也可对关节活动范围产生影响。

主动和被动牵拉能够增强韧带和关节的伸展性，进而改善关节柔韧适能。

5. 柔韧适能与健康

柔韧适能和改善柔韧适能各种练习方法与人体健康的关系近年来越来越受到人们的关注。增强柔韧适能的作用如下。

（1）能够缓解腰背和臀部肌肉的痉挛，减少腰背疼痛和不适。

（2）能够放松长时间处于静止收缩的肌肉，减缓肌肉疲劳的发生和发展。

（3）能够有效改善运动员全身关节的柔初性，提高比赛的成绩。

（4）能够保持和改善汽车驾驶员脊柱活动的灵活性，使驾驶更加安全。

（5）有助于缓解某些类型的女性月经疼痛。

第三节　健康体适能的训练

对于大多数人来说，为了提高和保持健康体适能，从事持续时间较长的中等或稍高强度的运动训练较为适宜。适宜的运动训练是发展和保持健康体适能的重要途径和方法。

一、心血管适能的训练

心血管系统具有良好的适应能力，运动时，在神经、激素和肌肉活动本身的影响下，心血管系统的功能活动加强，以适应运动的需要。

（一）心血管适能的训练原则

1. 循序渐进原则

循序渐进原则是指开始训练时，训练者应根据自己健康和体适能状态从事适宜的运动，然后逐渐增加运动时间和强度，以达到促进心血管功能的效果。避免运动量过大造成损害和损伤。

2. 超负荷原则

超负荷是指当人体内的某一组织或器官对某一负荷刺激基本适应后，必须适时、适量地增大负荷使之超过原有已适应的负荷，这一组织或器官的功能才能继续增长。

3. 个性化原则

个性化原则指在训练中应充分认识到，每位训练和锻炼者都是一个独立的个体。因此，在制订训练计划时，必须严格按照每位训练者所具有的身体能力、潜质、学习特征和从事的专项等各方面的特点，设计出个性化方案，以获得最佳的效果。

（二）心血管适能训练的手段和方法

心血管适能训练的主要方式是有氧运动。某些球类活动和我国传统的体育运动也有提高心血管适能的作用。近年来，小负荷的力量练习也逐渐被应用到提高心血管适能的训练中来。

1. 有氧运动

有氧运动是指以有氧代谢为主的、有节律的、全身主要肌群参与的、经常进行的耐力运动。它以增加人体吸入、运输和利用氧气的能力为锻炼目的。

有氧运动具有以下特性：① 长时间的运动，有氧运动应该能够持续 20—60 分钟；② 全身性的大肌肉活动，有氧运动应该使用近乎全身（不得少于 1/6）的大肌肉；③ 稳定性，有氧运动应该保持在某一个特定强度；④ 节奏性，有律动的肢体活动。

在有氧运动过程中，机体摄入的氧气量与所消耗的氧气量基本相等，故处于"有氧"的状态。这样的运动能有效地改善心肺与血管的机能，提高肌肉利用氧的能力，对人的健康起到良好的促进作用。这一类运动主要包括走步、跑步、骑自行车、蹬楼梯、游泳等。多种活动形式的存在使训练者在技能和兴趣等方面增加了选择性。

（1）走步。走步的运动强度较小，容易调节。走步时腿和手臂持续地运动能促使血管弹性增加，特别是腿的持续运动，可促使更多的血液回到心脏，改善血液循环，提高心脏的工作效率。因此，很多人采用走步进行训练以达到增进健康和提高心血管适能的目的。走步训练时要求身体放松，呼吸自然，抬头、挺胸、收腹，重心落在脚掌，两臂自然摆动。走步训练可采用散步、快步走、大步走、踏步走和倒步走的方式。

散步是一种步法轻松、步幅小（50—60 cm）、步速慢（25—30 m/min）、运动量较小的走步方法。这种方法适合老年人、身体虚弱者、慢性病患者。

快步走是一种步幅适中、步速较快、运动量稍大的走步，适合于体质较好的老年人、中年人、少年及儿童。快步走的步频一般要大于每分钟 140 步。可以采用每分钟 186 步与 70 cm 步幅的组合，以达到 130 m/min 的速度。快步走的运动强度足以使人实现提高心血管适能及中年脑力工作者减重和减肥的目的。

大步走是摆臂配合步伐加大幅度。有人建议采用 130 m/min 的速度，步数每分钟 108 步，步幅尽量大一些。

踏步走是原地走步或稍向前移动的特殊走法。

倒步走即反向行进，倒退着走步。研究表明，倒步走比正步走的氧气消耗量高 30%，心跳快 15%。出现这种生理现象的原因是增加了走步动作的难度，如脚着地的方式、维持平衡等，可使人消耗更多的氧气和热量。

（2）跑步。跑步时人体对氧的需求量很高，肺通气量比安静时增加 10—15 倍或以上。平时不开放的肺泡得到运用，这样就锻炼了肺通气功能。跑步时心血管系统的活动亦有所加强，促进全身的血液循环，及时供给组织细胞的能量和氧气，及时代谢废物（如 CO_2）。因此，通过健身跑运动可有效地提高心血管适能。

走跑交替适合于体弱者、老年人和缺乏锻炼的人。匀速跑适合有锻炼基础者或体质较好者。变速跑是在跑的过程中快跑一段距离后，再慢跑一段距离，快跑和慢跑交替进行，这是适合体质较好的长跑爱好者的锻炼方法。也可以采用原地跑。

（3）骑自行车。骑自行车与走步、跑步一样，具有锻炼内脏器官的耐力和提高心肺功能的作用。

匀速骑车。骑车频率控制在每分钟 75—100 次，一般连续运动 30 分钟左右，其间注意加深呼吸，以便有效地提高心肺机能。

快慢交替骑车。先慢骑几分钟，再快骑几分钟，然后再慢，再快，如此交替循环锻炼，可以有效地锻炼人的心肺机能。

（4）登楼梯。登楼梯是一种比较激烈的有氧运动形式，受训者应具备较好的健康状态，并具有一定的训练基础。

自由登。以适中强度进行登楼梯，以不感到紧张吃力为度。正常人上一层楼间梯的热量消耗约为 0.18 kcal，下一层楼梯的热量消耗约为 0.068 kcal。注意保护膝关节。

跑楼梯。如果健康状况良好，或有较好的锻炼基础，体力达到能连续进行 6—7 分钟登楼梯时，可进行跑楼梯锻炼，或走跑交替进行。

（5）游泳。游泳时，人体几乎所有的肌肉群和呼吸循环器官都参与了运动，使身体得到全面锻炼。经过长期游泳锻炼，呼吸肌会逐渐强壮起来，呼吸功能将大大提高。

2.球类活动

一些球类活动，如其强度和持续时间得当，则也有发展有氧工作能力的作用。常用于心血管适能训练的球类项目有非竞赛性的篮球、排球、足球、羽毛球、乒乓球、网球，以及适于老年健身用的地掷球、门球等。球类活动趣味性和娱乐性较强，但运动强度变化较大，受个人身体素质、运动技巧及活动时同伴的表现等因素的影响。作为提高心血管适能的途径，球类活动一般适合于身体素质较好、有一定运动水平的人群。

3. 民族传统体育运动

适宜的保健气功、太极拳、太极剑、舞蹈、扭秧歌等活动都有提高心血管适能的作用。由于活动的强度较小，因此更适合于老年人进行健身锻炼。

理想的训练应由多种运动形式构成，这样既尽可能多地动员了体内的肌群参与工作使其得到锻炼，又减少了单一重复运动对局部造成的过分紧张。

（三）发展心血管适能的运动负荷

一次运动训练的全部热能消耗是由运动强度和持续时间决定的。按照训练目的的不同，运动的强度和持续时间也会有所变化。以增进健康为目的时，其训练可采用低强度长时间的运动方式；然而为了提高心血管适能，其训练则应采用高强度较长时间的运动方式，而且训练者应为健康状况良好、训练动机水平较高的人。对于大多数人来说，从事中等或稍高运动强度持续时间较长（长于 20 分钟）的运动是较为适宜的。

1. 运动强度

提高或保持心血管适能的运动强度因人而异。对于大多数人来说，60%—80% 的心率储备（HRR）或 77%—90% 的最大心率（HRmax）可被视为提高心血管适能的有效强度。此时再配以适宜的运动持续时间和练习频率，则有望实现训练的最终目的。

（1）用摄氧量标定运动强度。运动强度的范围，可根据 VO2max 的百分数制定。一个人的 VO2max 为 40 ml/（kg·min），锻炼的运动强度相对于 VO2max 的 60% 和 80%，此人运动强度的下限应为 24 ml/（kg·min），上限应为 32 ml/（kg·min）。

（2）用心率标定运动强度。在设定运动强度时，心率是一个重要的指标。HRmax 随年龄增长有所下降，可以直接测得，也可间接推算，即：HRmax=220- 年龄。运动强度可用最大心率百分数标定靶心率范围，运动强度为：HRmax 的 70%—85%。这一强度范围相当于 VO2max 的 50%—70%，这对临床病人和健康人提高或保持都提供了所需要的生理刺激。

2. 运动持续时间

运动持续时间与运动强度互相结合构成了运动负荷。提高心血管适能的运动通常每次需要持续 20—60 分钟；或每次 10 分钟，日累积时间到达 20—60 分钟。以低强度训练，其运动时间应长于 30 分钟；较高强度进行训练时，其运动时间可为 20 分钟。对于大多数人来说，以 60%—80% 心率储备或以 77%—90% 最大心率的强度，不包括准备活动和整理活动，每次训练 20—30 分钟可达到提高心血管适能的目的。

有研究报道，短时间（12分钟）高强度运动或间歇训练（6—7次大于170%VO2max的20秒的运动）也有提高VO2max的效果。虽然短时间高强度的训练能提高人的心血管适能，但这种运动方式对健康促进的科学依据还少见报道。

在心血管适能的训练中，运动强度和持续时间应逐渐增加。开始训练时，30 min的持续时间可分为数次来完成，如每次4—10分钟；心血管适能水平较低者每次2—5分钟，中间有一定时间的休息。之后，持续时间逐渐延长，直至达到训练目的。

3. 训练频率

训练的强度为60%—80%心率储备或77%—90%最大心率时，每周训练3天可有效地提高或保持VO2max，而以较低强度训练时，其训练频率每周应超过3天，以便能够达到减重和促进健康之目的所需的热能消耗。不应提倡每周进行7天的剧烈运动，但是每天进行30分钟（或更长些时间）的中、小强度的运动对增进身体健康则是有益的。

二、肌肉适能的训练

肌肉适能是人体运动的重要素质，是速度、耐力和柔韧等素质的基础。肌肉适能可以通过训练得到改善和提高。

（一）肌肉适能训练的原则

1. 超负荷原则

超负荷是指力量训练的负荷应不断超过平时采用的负荷，其中包括负荷强度、负荷量和力量训练的频率。超负荷力量训练能够不断对肌肉产生较大的刺激，从而使其产生相应的生理学适应，导致肌肉力量增加。研究表明，力量训练的超负荷是一个持续的过程。

2. 渐增阻力原则

在肌肉力量和耐力训练过程中，由于超负荷而使肌肉力量增强。但在最初的训练负荷达到某个阶段时，随着肌肉适能的改善，原来的超负荷变成了低负荷，应根据练习者肌肉适能的变化及时调整练习负荷。增加练习负荷必须遵守循序渐进的原则，因为肌肉对于运动负荷的适应是一个缓慢的过程。

3. 专门化原则

发展肌肉力量的抗阻练习，应包括直接用来完成某一技术动作的全部肌群，并尽可能使肌肉活动与技术动作的要求相一致。

4. 合理练习顺序原则

力量训练是由多种力量练习组成的，而练习的顺序可以直接影响训练的效果。在一般情况下，大肌群训练在先，小肌群训练在后，原因是小肌群在力量训练中较大肌群容易疲劳，会影响其他肌群和身体整体的工作能力。

（二）肌肉适能的训练方法

1. 等长训练法

肌肉收缩而长度不变的对抗阻力的训练方法叫作等长训练法，又称静力训练法。应用这种肌力训练方法时，可以使肌肉在原来静止的长度上做紧张用力，也可以在缩短到一定程度上时做紧张用力。等长训练法的优点是肌肉能够承受的运动负荷重量较大，因此是发展最大肌肉力量的常用方法。

此外，等长练习时神经细胞长时间保持兴奋，有助于提高神经细胞的工作能力。等长练习时肌肉对血管的压力增大，影响肌肉的血液和氧气供应，从而对肌肉无氧代谢能力的提高、肌红蛋白含量的增加和肌肉毛细血管的增生等均有良好的影响。但是，等长练习时肌肉缺乏收缩和放松的协调，练习也相对枯燥无味。研究表明，等长力量训练的效果具有明显的"关节角度效应"，即等长力量训练的效果仅局限于受训练的关节角度。因此，等长力量训练根据运动员所从事的运动项目的特点，确定合理的关节训练角度，如此才能确保训练的效果。

2. 向心等张训练法

肌肉进行收缩缩短和放松交替进行的力量练习方法叫作向心等张训练法，常称为动力训练法，例如负重蹲起、负重提踵、卧推、挺举等均属于此类。向心等张训练法的优点是肌肉运动形式与多数竞技运动项目的运动特点相一致。因此，力量训练能够有效改善运动成绩；此外，在增长力量的同时还可以提高神经肌肉的协调性。向心等张训练法的训练效果主要取决于训练负荷强度、重复次数和动作速度等因素。在一般情况下，如果训练的目的是发展力量耐力，应采用低强度、高重复次数的训练，如 15—20 RM 的负荷强度，每次练习 2—3 组；如果训练的目的是发展最大肌力，应采用高强度、低重复次数的训练，如 1—6 RM 的强度，每次练习 2—3 组。

3. 离心训练法

肌肉收缩产生张力的同时被拉长的训练方法叫作离心训练法，它也属于动态训练方法，肌肉在负重条件下被拉长的动作均属于此类。研究发现，肌肉在进行离心收缩时所产生的最大离心张力比最大向心张力大 30% 左右，因此该训练方法能够对肌肉造成更大的刺激，从而更有利于发展肌肉的横断面积和肌肉力量。离心力量训练法的不足之处是训练后引起肌肉疼痛的程度较其他方法明显，原因可能是离心收缩容易引起肌肉结缔组织损伤所致。

4. 等速训练法

等速训练又叫等动训练，它是一种利用专门的等速训练器进行的肌肉力量和耐力训练方法。进行等速力量和耐力训练时，等速力量训练器所产生的阻力是和用力的大小相适应的，只要练习者尽最大的力量运动，肢体的运动速度在整个运动范围内都是恒定的，而在此活动范围内的各个角度上，只要练习者尽全力运动，产生的肌肉张力也是最大的。因此，等速力量和耐力训练法事实上是一种可以使肌肉在整个活动过程中呈"满负荷"工作的力量训练方法。目前研究认为：等速力量和耐力训练法是发展动态肌肉力量最好的训练方法之一。

5. 超等长训练法

肌肉在离心收缩之后紧接着进行向心收缩的力量训练方法称为超等长训练法。运动训练中常用的多级跳和"跳深"等练习都属于此类方法。目前，超等长训练法主要用于爆发力的训练，其生理学依据是肌肉在离心收缩后紧接着进行向心收缩，可借助肌肉牵张反射机制和肌肉弹性回缩产生更大的力量。

6. 震动训练法

震动训练法是一种近年来发展和建立起来的，通过给人体施加一定频率（25—60 Hz）和强度的机械震动来保持和提高肌肉力量和耐力的训练方法。国内外研究表明，这种肌肉力量训练方法能够有效地改善一般人和瘫痪病人乃至优秀运动员的肌肉力量和肌肉耐力。因此，受到运动训练和康复医学等相关领域的关注。

震动训练法通常是与一般的肌肉训练同步进行的，即作为一种附加训练手段来发挥作用的。研究表明，在进行一般的肌肉力量练习过程中，有 60%—90% 的运动单位直接参与活动，此时给参与活动的肌肉施加震动可以刺激肌肉本体感受传入，反射性地激活潜在更多的运动单位参与活动，从而提高肌肉抗阻运动的能力。目前，震动训练法的研究尚处于初期阶段，震动对于提高肌肉力量和改善肌肉耐力的生理学效应及其作用机制尚在进一步的探讨当中。

三、运动减肥的训练方法

肥胖的预防和治疗需要采取饮食控制、适量运动、纠正不良生活方式和必要时药物治疗等综合措施。由于人不可能终身依赖药物来管理或控制体重，所以适量运动结合饮食控制是公认的最佳治疗方案。

（一）运动减肥的训练方法

以减肥为目的的体力活动应当包括以下五个方面。

1. 运动类型

有氧运动，即有节奏的低阻力动力型运动，如步行、慢跑、骑自行车、跳绳、跳舞、游泳、爬山及各种球类活动等。这种大肌肉群参与的动力型节律性运动是目前普遍认为有效的减肥运动。在选择具体运动项目时应根据个人兴趣和健康状况而区别对待。其原则为：根据个人的身体健康情况，选择个人喜欢、有兴趣的项目，而且最好是能够终身都可以坚持下去的运动项目。

2. 运动强度

减肥训练通常采用中低强度，50%—70%VO2max，3—6METs；相当于最大心率的60%—70%；自觉疲劳程度是有一点累或稍累。美国疾病病预防控制中心（CDC）与美国运动医学学会（ACSM）联合推荐的减肥运动方案：3—6METs，30分钟/次，7次/周，减肥效果较好。目前的研究也支持减肥训练采用中低强度结合高强度训练的运动方案。

3. 运动时间和频率

运动时间为：30—60分钟/天。一天的运动时间可以累加，但每次的运动时间应在15—20分钟或以上，才能达到减少身体脂肪的目的。运动频率为3—5次/周，最好1次/天。运动效益必须累计达到一定量才能发挥减肥作用。

4. 适量的力量训练和伸展运动

力量训练2—3次/周，10—15分钟/次，可根据肥胖者的身体状况安排，每天进行10—15分钟/次的拉伸运动，从而增加肌肉重量和机体柔韧性，培养不易肥胖的体质。

5. 腹部运动

在全身有氧运动的基础上，针对腹部肥胖，增加锻炼腹肌的运动，如仰卧起坐、仰身触足、仰卧抬腿、仰身侧触膝、腹部按摩等，1—2次/天，2—3组/次，15次/组。

对于减肥的体力活动，无论选择什么样的运动项目，采取中低强度结合肌力进行运动是关键，因为减肥不仅仅是减体重，更重要的是减体脂，而只有长时间、中低强度的运动，才能最大限度地消耗脂肪。肌力训练可以增加肌肉，提高肌肉的能量消耗。减肥是一个长期过程，需要有目的、有计划地进行。对于一个体力活动水平很低的肥胖者，选择体力活动时应先易后难；先小运动负荷，后大运动负荷；先耐力，后力量；循序渐进，持之以恒。遵守自己的步调，一开始不要做剧烈的运动，立足于个人的能力和目前的活动水平，应考虑可行性和方便的方式，尽量满足个人要求；避免过量运动，预防损伤，减体重速度不宜过快。运动结合饮食限制效果最好，水分的补充要充足。

对于没有时间参加运动的肥胖者，建议增加日常体力活动，尽可能想办法每天都活动，如以骑自行车或步行代替乘车，以站立代替静坐，以爬楼梯代替乘电梯，饭后步行，少看电视等；建立活动的习惯，改变对运动的看法，强化终身运动的观念。

（二）运动减肥的注意事项

由于肥胖者易出现其他并发症，因此进行减肥时应注意以下三点：

（1）运动前应先进行身体检查，尤其是对心血管系统的检查。根据个人的运动、呼吸、循环系统功能状况及其体质情况，选择适宜的运动项目及运动负荷。

（2）注意积极处理并发症，如关节炎、腰痛、哮喘、高血压、糖尿病、心脏病、阻塞性睡眠暂停综合症等。

（3）出现下列症状应停止运动：心跳不正常（心跳不规则、心悸、快脉搏突然变慢）；

胸部、上臂或咽喉部突然疼痛或沉重；特别眩晕或轻度头痛、意识紊乱、出冷汗、晕厥；严重气短；身体任何一部分突然疼痛或麻木；上腹部疼痛或"烧心"；一时失明或失语。

总之，肥胖是一种常见的慢性疾病。目前，全世界的肥胖患病率成倍增加。由于肥胖造成的各种疾病及死亡率也成倍地增加，严重影响了人类的健康生活质量及寿命，同时增加了国家和个人的医疗开支和生活费用。因此，加强对肥胖的预防及相关知识的传播，对全民保持正常体重、降低肥胖和超重所引发的相关疾病的发生具有重大意义。

四、柔韧适能的训练

（一）柔韧适能训练概述

1. 伸展练习的作用

柔韧适能训练主要通过伸展运动进行。肌肉—肌腱的伸展性是最易通过训练而改变的柔韧适能相关结构成分，伸展练习主要用来改变肌肉—肌腱的伸展性，伸展练习时，肌肉—肌腱作为一个整体被拉长。这种改变有两种类型：一种是弹性改变，容易恢复；另外一种是黏滞性改变，相对持久。研究表明，大力量、短时间伸展可以改变弹性，而小力量、长持续时间的伸展可以改变黏滞性。温度的升高可导致肌肉伸展性发生变化，其中包括弹性和黏滞性变化，而一旦温度下降，这种伸展性改变将消失。另外，在被动伸展与本体感受性肌肉促进术（PNF）中牵拉负荷过大导致的剧烈伸展可能损伤肌肉或使肌肉功能变弱。

2. 伸展练习的对象

柔韧适能应与所从事的活动相适应。大多数形式的身体活动只需要正常水平的静态柔韧适能即可，过高或过低的柔韧适能将导致损伤危险性增加。个体是否要进行柔韧适能训练以及练习类型主要取决于个体的柔韧适能水平和活动类型以及练习目的。安排柔韧适能练习应该建立在对个体柔韧适能正确评价的基础之上。

作为体适能训练的一部分，任何年龄或体适能水平的人都应该进行有规律的柔韧适能训练，从而在自己的一生中保持良好的柔韧性，预防关节僵硬。作为运动员训练的一部分，一些项目的运动员需要特别高的柔韧适能，如体操、跳水、跨栏，应该安排专门的柔韧适能训练。如果作为软组织损伤后的康复训练，则应在疼痛和肿胀开始消退时尽早地进行柔韧适能训练，从而加速恢复过程，避免柔韧性降低。

3. 伸展练习与准备活动

作为准备活动的一部分，对应该安排什么样的柔韧适能训练以及柔韧适能训练的效果如何还存在许多争议。研究发现，将静态伸展运动作为准备活动的一部分可能对运动能力有害。对于柔韧适能水平高的个体，运动前可能不需要进行柔韧性练习，建议只对那些对静态柔韧适能水平有高要求的运动项目（如舞蹈、体操、跳水），在一般准备活动中安排一些静态伸展练习。另外，柔韧适能差的个体，运动前应该进行 10—15 分钟的柔韧性练习。

研究发现，在准备活动中安排动态伸展练习有助于提高运动能力，而且这种练习具有动作专门性和速度专门性的特点。但是，运动前，尤其是比赛前，伸展运动的作用、形式还须进行更多的研究。

（二）伸展练习的方法与技术

伸展练习方法与技术可以概括为动态伸展、静态伸展、被动伸展、PNF 与振摆伸展。选择哪一种方法进行伸展练习，主要取决于练习目的和安全要求。对于体育运动与正常人的体适能训练而言，应用最多的方法与技术主要是动态伸展与静态伸展。

1. 动态伸展

动态伸展是指在关节活动范围内进行与运动或活动项目相关的专门性伸展动作练习。研究表明，在准备活动后，正式运动前进行相关动作的动态伸展有助于提高运动能力。动态伸展应该包括低节奏动用关节活动范围的伸展练习与高节奏动用关节活动范围的伸展练习。在实际的动态伸展练习中，动态伸展技术要求在接近整个关节活动范围的幅度内分为三个阶段进行肢体的伸展活动：开始时以慢而安全的速度进行，然后以中速进行，最后以实际运动中所能达到的高节奏进行。

动态伸展与振摆伸展的不同之处在于：动态伸展中活动幅度不会达到关节活动范围的极限，产生伤害的可能性较低。

2. 静态伸展

静态伸展是指使肌肉在最大伸展位置上维持一定伸展时间的练习。研究发现，在准备活动中安排静态伸展练习可能削弱肌肉工作能力，从而降低运动能力。静态伸展的另一个主要的缺点是缺乏专门性，不能模拟运动中用到的动作。由于大多数运动是动态的，因此要将动态和静态伸展结合起来进行，而不只是单独进行静态伸展。一些专家建议，在准备活动后应该紧接着安排动态伸展内容，在整理活动阶段安排静态伸展内容。

与动态伸展相似，静态伸展也分为三个伸展阶段：轻柔伸展、感受伸展与最终伸展。在轻柔伸展阶段，通过缓慢的动作进入伸展，伸展时只施加稳定而轻柔的力量。在感受伸展阶段，增加牵拉强度从而进入可感觉到肌肉被拉长的状态。在最终伸展阶段，进一步增加牵拉强度直到开始出现不舒服的感觉，并保持 10—30 秒。实际练习时，每完成一个伸展动作至少需要 30 秒的时间。练习时，由起始位置开始，在没有振摆运动的情况下通过缓慢增加拉伸强度，由轻柔伸展进入感受伸展阶段通常需要 10—15 秒的时间。在最终伸展阶段至少要持续 10 秒，这时如果有疼痛的感觉，不要马上放弃伸展，而应该将拉伸状态调回到感受伸展阶段。

在最终伸展位置上保持多长时间最有效，目前还没有一个完全确定的标准。如果是维持柔韧性，至少要持续 10 秒；如果要提高柔韧性，至少要持续 30 秒。研究发现，30 秒的静态伸展是最有效的。

3. 被动伸展

被动伸展是在外力（人或器械）帮助下在关节活动范围内进行安全的缓慢伸展。被动伸展时要求被伸展肌群尽量放松。被动伸展通常应用在损伤的康复阶段。

4. 本体感受性神经肌肉促进术

本体感受性神经肌肉促进术（PNF）是一种在被动伸展基础上发展起来的伸展技术。它不但应用了静态伸展中收缩肌因保护性抑制而放松的原理，而且还利用了拮抗肌的交互抑制来放松肌肉。在 PNF 中，首先是目标肌被动伸展至最大伸展位置，然后目标肌进行等长收缩以产生保护性抑制，从而进一步放松肌肉，或目标肌肉的拮抗肌进行向心收缩以产生交互抑制，从而进一步放松目标肌肉。所以，PNF 包括三种类型：即等长 PNF、向心 PNF 和等长—向心 PNF。

5. 振摆伸展

振摆伸展是通过反弹力量摆动肢体达到关节活动范围的极限或不适位置的练习。振摆伸展因肌肉伸展幅度太大和伸展速度太快而易引起软组织损伤，也可能导致延迟性肌肉疼痛，它被认为是一种较危险的伸展活动。

（三）设计伸展练习计划应注意的一些问题

1. 练习时机

伸展活动应该成为准备活动和整理活动的一部分。准备活动应该以动态伸展结束，整理活动应该以静态伸展结束。在损伤后的恢复过程中应尽早进行伸展练习。

2. 练习方法

对大多数人而言，动态伸展与静态伸展是最好的选择。被动伸展和 PNF 通常应用于特殊人群。

可以在伸展练习中将多种方法结合起来进行，如将动态伸展和静态伸展结合起来进行，静态伸展应该紧接在动态伸展之后。

3. 准备活动

伸展练习前应该进行充分的准备活动，通过大肌肉群活动提高体温后再进行伸展练习；在整理活动中进行伸展练习前也应该通过大肌群的活动提高体温。

4. 练习强度

伸展练习的强度应该缓慢增加，没有疼痛或软组织不适。静态伸展时应慢慢地拉伸，并控制在 30%—40% 最大用力范围内。动态伸展应该由低速、中速逐渐过渡到高速。

5. 练习时间

每次伸展练习需要练习多长时间与练习目的、练习方法、重复次数和每次重复的时间有关，如果主要目的是为剧烈的运动做好身体准备，保持主要关节已有的柔韧性，通常安排 10—15 分钟；而整理活动中的伸展活动只需 4—5 分钟。如果要提高关节的柔韧性，每次伸展练习的时间可能需要 15—30 分钟。

每个伸展练习动作的持续时间也与练习目的和练习方法相关。对于准备活动与整理活动以及保持柔韧适能，在静态伸展的最终伸展阶段只需坚持 10 秒，而为了改善柔韧适能，在最终伸展阶段至少要坚持 30 秒。最初可从 15 秒开始，然后逐步过渡到 30 秒。动态伸展的每个练习动作至少应该进行 3 组：低速、中速、高速。

6. 伸展频率

伸展练习的频率也与练习目的有关。为保持柔韧适能，每周要进行 3—5 次伸展练习。要提高柔韧适能，每周要进行 5—7 次伸展练习。对于一些对柔韧适能有特殊要求的项目，动员每周要进行 6—7 天，每天要进行 2—3 次伸展练习。

第五章 体适能之田径运动

第一节 跑步运动

跑是一种通过自身动作使身体迅速移动的技能。虽然不同的赛跑技术都有各自的细节要求，但从基本技术动作结构和技术原理来看却是相同的，从动作技术上分析都是属于一种两脚轮流支撑与腾空交替的周期性运动。

无论是长跑还是短距离跑，无论是在运动场上跑还是在公路上、田野里跑，都要跑得省力，跑得自然、放松，只有这样才能跑得快，跑得长。

跑步时脚着地一定要富有弹性，通常都采用前脚掌着地，并且两脚尽量落在直线上。当然，长距离或超长距离跑时，可采用全脚掌着地的技术。任何距离的跑步都应避免用足跟先着地。两腿轮流支撑用力应力求均衡，发挥踝关节的力量。

跑的速度是由步长大小和两腿交替的快慢决定的。跑步步长大小取决于腿的长度、髋关节灵活性和两腿的柔韧性，以及两腿交换蹬伸地面的力量和两腿交换的快慢（跑步的"频率"）。因此，要想跑得快，必须提高步长和步频。锻炼中应该经常进行柔韧性、力量性练习和关节灵活性练习。当然，跑步动作技术不仅是两条腿的动作，还有两臂的协调摆动和躯干的姿势都会影响整个跑步动作。

一、短跑

短跑属于极限强度工作。生理学、生物化学的理论认为：极限强度工作属于无氧代谢方式供给能量，因此，练习短跑的人会经常缺氧但短跑可以提高人体抗缺氧的能力。

（一）短跑的技术分析

短跑技术要求人的躯干稍前倾，但不能低头弯腰，两臂弯曲在体侧做前后摆动，直臂摆或两臂交叉摆都会影响跑的速度。由此可见，短跑技术是一项要求全身协调配合、反应快、灵活性高、强度大的剧烈运动项目，比较适合青少年参加。

无论是什么距离的赛跑，都要经历起跑、加速跑、途中跑和终点跑四个阶段。

1.起跑

起跑,实际上就是赛跑的起动阶段,或者说是发动阶段。距离愈短、速度愈快的赛跑项目,起跑愈显得重要。由此形成了不同的起跑方式和相应的动作技术要求,蹲踞式起跑就是其中的一种。

(1)蹲踞式起跑,顾名思义,是指在起跑时身体呈蹲踞姿势,这种姿势来源于人类对自然界的观察。自然界中,有些动物在捕食或迅速奔跑前,首先把身体蜷缩起来,然后突然伸展身体,猛扑猎物。动物的这些本能动作对人类有所启发,然后创造了蹲踞式起跑的姿势。

最早的蹲踞式起跑非常原始,两手撑地,躯干弯曲,两腿弯曲在起跑线后,两脚蹬在巨石上。后来,两脚蹬在穴壁上进行起跑。有史料记载,直到1927年人类发明了起跑器,自此,第二次世界大战以后的各届奥运会,起跑器才被普遍采用。现代规范的蹲踞式起跑,是采用起跑器来进行的。

(2)起跑器的安装种类。安装起跑器通常有三种方式:即普通式、接近式与拉长式。归纳起来这三种方式的区别就在于前起跑器抵趾板与起跑线的距离,以及前后起跑器之间距离的不同。普通式安装方法,就是前面抵趾板与起跑线距离约为一个半脚长,前后抵趾板距离也为一个半脚长。接近式安装方法,就是前抵趾板接近起跑线约一个脚长,前后起跑器之间也是一个脚长。拉长式安装方法,则是前面起跑器距起跑线两个脚长,前后之间起跑器的距离为一个脚长。关于两个抵趾板角度,一般前抵趾板的角度约45度左右,后抵趾板角度大些,一般为60—80度。两个起跑器左右的间隔大约15厘米。

采用哪种类型的安装方式,以及起跑器的角度如何调整,应根据每一个人的身高、脚长、力量及习惯而定。总的原则是便于用力,使运动员起跑预备姿势时的身体不过分拘束、紧张。

(3)蹲踞式起跑口令及相应动作。蹲踞式起跑是由"各就位","预备","起动"这三个连贯的动作过程完成的。根据规则要求,短距离赛跑比赛(包括跨栏跑)的蹲踞式起跑,都采用这三个起跑口令。

当运动员听到"各就位"的口令时,首先应调整一下情绪,做几次深呼吸,走到起跑器前,俯身,两手撑地,两脚依次蹬在起跑器的前后抵趾板上(通常要把较有力的腿放置在前面),后腿膝盖跪在地面;两手呈"人"字形撑在起跑线后沿,两臂伸直与肩同宽或稍宽于肩;身体重心处在两手和两脚支撑点中央,整个躯干微微弯曲,但不能蜷缩。此时运动员应集中注意力等待发令员的下一个口令。

听到"预备"口令后,首先要吸一口气,然后从容不迫地抬起臀部,高度稍高于肩。此时重心适当前移(注意不要使两臂支撑的负担太重),身体重量主要落在支撑的两臂与前腿上,以便于支撑腿的起动用力。此时前腿的膝关节角度约90度,后腿的膝关节角度约120度,两只脚都要压紧抵趾板。这种姿势、角度和全身状态,便于起动时蹬摆配合，有利于迅速起动和发挥速度。身体各部位的姿势摆好后，专心听枪声。

2. 加速跑

（1）技术要求。由于短跑的起跑是从蹲踞的姿势开始起动的，身体处于较低的位置，并且躯干前倾程度较大，起跑后的跑姿与途中跑的姿势有很大的差别。因此，短跑起跑后加速跑的技术就有其特点。

短跑起跑后加速跑，应是从起跑第一步着地时开始到步长增加基本稳定、躯干基本过渡到自然伸直、步频基本发挥到最大值时，就完成了起跑后加速跑自然过渡到途中跑了。一般这个距离大约为 30 米左右，通常用 11—13 步跑完。身材矮、力量小的运动员，起跑后加速跑的步数可能多一些。

（2）技术动作要领。两腿积极着地、蹬伸和前摆。用前脚掌着地，两臂在体侧屈肘进行快速、有力、大幅度的摆动，通过积极地增大步幅、提高步频获得速度。随着跑速的提高，躯干逐渐伸直。在加速跑阶段应尽量避免故意压低躯干，或故意用倒小步的方式寻求提高步频。步长、步频及躯干姿势的变化都是顺势完成的。

3. 途中跑

（1）发展历程。短跑的途中跑技术经历了一段较长的发展和演变过程。早在古代奥运会上就有短跑比赛，短跑选手赤裸着健壮的身体参加比赛，多是采用身体前倾很大、高抬大腿并且小腿向前伸出、两臂用力上下摆动的途中跑姿势。

随着科学技术的进步，到 19 世纪出现了"踏步式"跑法。这种"踏步式"途中跑技术，步幅小、频率快、重心高，要求运动员高抬大腿，躯干前倾较大，着地点距离身体重心投影点比较近，因此这种技术比较费力，动作也比较复杂。

20 世纪 60 年代，许多人采用"摆动式"技术，主张大步幅的摆动，特别是塑胶跑道被普遍使用以后，这种大幅度的"摆动式"途中跑技术被广为采用。第 26 届奥运会 100 米冠军、新的世界纪录创造者加拿大选手贝利，就是采用这种姿势，以 9 秒 84 的优异成绩打破了 100 米世界纪录。

（2）摆动式途中跑动作要领。躯干稍前倾，保持身体自然直立姿势。颈部、肩部放松，不可耸肩低头。整个躯干要为两腿的蹬、摆及两臂的有力摆动提供良好的支撑。因此，在途中跑整个过程中，要避免前仰后合、左右摇晃。

两臂的摆动以肩为轴，大小臂弯曲，沿着横轴额状轴进行大幅度、快频率的前后摆动。两腿轮流进行蹬伸与摆动，专业术语称之为两腿的蹬摆配合。一条腿由摆动到脚着地进入支撑状后，另一条腿再折叠前摆。如此重复，形成了跑步的支撑、腾空、再支撑的周期性运动。两腿按顺序依次蹬伸和摆动要明显地表现出步幅开阔、摆臂有力、蹬摆协调的特征。

在两腿的蹬摆配合技术中，有两个细节应引起重视：一是当脚着地后，身体重心继续前移至垂直部位时，膝关节仍需有一个缓冲动作，使身体重心超过支撑点，然后再进行支撑腿的蹬伸动作。这样便于获得较小的蹬地角度和较大的向前推进力。二是摆动腿应以膝领先，大腿带动小腿随惯性向前摆动，摆至身体垂直部位时，大腿与小腿形成较紧的折叠状态，这样有利于缩小腿的摆动半径，提高摆动速度和幅度。

当摆动腿向前摆到最高部位（或称为摆到最前方时），小腿不能主动向前甩出，应以大腿主动下压的方式完成着地动作。

短跑比赛项目中的 200 米和 400 米跑，全程中有一半是在弯道进行的。熟练地掌握正确的弯道跑技术也是至关重要的。根据运动力学的原理，运动的物体只有受到向心力的作用，才能使其做圆周运动。人在弯道上快跑，就应该产生一定的向心力使身体沿着弯道跑进。为了克服向前快跑时直线运动的惯性，运动员的整个身体应向圆心方向（向左）倾斜。脚的着地也发生一些变化，左脚以脚外侧着地，而右脚则以脚内侧着地。两臂的摆动也略有区别，左臂摆动较小，右臂摆动较大，并且做出交叉的动作。另外，右腿向前摆动时，膝关节应稍内扣（旋内），使右脚内侧着地更方便。当运动员由弯道跑进直道时，整个身体姿势、两腿动作及着地部位，恢复到直道跑时的技术动作。

4. 终点跑

各种距离的赛跑都有一段跑程向终点跑去，这段努力冲向终点的跑程被称为终点跑。终点跑的任务就是尽量保持途中跑的速度并进行冲刺，在高速跑到达终点的瞬间用躯干的对加动作，争取身体躯干的任何一个部位尽早地通过终点线的垂直面，以此争得较好的名次。冲刺动作是当运动员距离终点 1—2 步时，加大躯干前倾幅度，到终点线的垂直面时，躯干前倾达到最大的程度，同时两臂后伸，摆动腿高抬来维持身体平衡。

（二）短跑的练习方法

短跑应以途中跑作为重点，因为途中跑是运动员取得良好成绩和锻炼者取得良好锻炼效果的主要阶段。在直道途中跑技术掌握到一定程度之后，再进行起跑、加速跑、终点跑和弯道跑的练习。

1. 直道途中跑

（1）中速跑 60—80 米。利用中等速度的匀速跑反复练习，体会和初步掌握途中跑技术。练习时，要求跑得轻松、自然，步幅开阔，富有弹性，腿部动作、躯干姿势和摆臂动作基本正确。

（2）加速跑 50—80 米。加速跑是在学习中速跑的基础上进行的。练习时，要求逐渐或均匀加速（在 40 米处达到较高速度），并把在中速跑练习中掌握的技术贯彻到逐渐加速的快跑中去。

（3）行进间跑 30—50 米。行进间跑是通过较短距离（25 米左右）的加速跑后，使跑速达到个人的最高速度，然后保持高速度跑完规定距离的跑法。它是巩固技术、发展和检测速度素质的手段，通常采用秒表计时。

2. 蹲踞式起跑和起跑后加速跑

（1）学习安装起跑器或挖起跑穴的方法（以普通式为主）。

（2）学习"各就位"、"预备"动作。

（3）蹲踞式起跑10米、20米、30米。在口令下成组进行练习。要养成不抢跑的习惯。

（4）蹲踞式起跑30—50米。改进和完善起跑和起跑后加速跑技术，体会和掌握起跑后加速跑与途中跑相衔接的技术。

3. 终点跑

（1）在走和慢跑中，当离终点线一步时，做双臂后摆、上体前倾撞线动作。分成小组，每组一根终点带，逐个练习。

（2）中速跑和快速跑30—40米，在终点线前一步，双臂后摆，上体迅速前倾做撞线动作。做这个练习时，开始先个别练习，然后成组进行撞线练习。

4. 弯道跑

（1）在一个半径10—15米的圆圈上，用慢速、中速、快速等不同速度的跑，来体会和学习弯道跑技术。

（2）弯道上用中速、加速、快速跑60—80米，体会和掌握弯道跑技术。

（3）直道进入弯道跑。先在直道上跑20—30米，进入弯道再跑20—30米。

（4）从弯道转入直道跑。先在弯道上跑20—30米，转入直道后再跑20—30米。体会和掌握弯道转入直道的衔接技术。

（5）弯道起跑20—30米。按起跑器安装方法安装起跑器，然后听口令做弯道起跑练习。

二、中长跑

（一）中长跑的技术分析

中长跑的技术动作和短跑技术动作很相似。主要区别在于跑步的频率、步幅、用力程度、紧张程度以及两臂的摆动幅度和摆动速度都要比短跑低一些，躯干姿势更接近于身体自然直立姿势。总的来说是自然、省力，重在持久。

1. 起跑

（1）技术要求。参加中长跑锻炼时，在技术上有一个特别要求，就是要掌握好跑步时的呼吸节奏，运用好正确的呼吸方法。正确的呼吸方法应该是口与鼻共同完成的，通常是采用微张口与鼻同时吸气，用口来呼气。在寒冷的季节里，为了避免冷空气直接从口腔进入体内，可采用卷起舌尖抵住上腭的口腔吸气方法。

呼吸的节奏应和跑步的节奏相配合。通常在慢速跑时，可采用三步一呼、三步一吸的方式；跑速加快时，可采用两步一呼、两步一吸的方式；跑速比较快，或感到有些疲劳时，可用一步一呼吸的方式。跑步中的呼吸应尤其注意吸气的深度，呼气时应用力，尽量把气呼净，这样便于更好地吸入空气，供给跑步时必要的氧气，使参加者能坚持更长的时间。

（2）站立式起跑。800米和800米以上距离的赛跑项目，起跑时发令员是按"各就位"、"鸣枪"两个口令进行的。因此，中长跑运动员采用站立式起跑方式。

由于中长跑的起跑技术要求有自己的特点，这就要求运动员在起跑和起跑后加速跑阶段，应根据自身和对手的情况，占据一个适合自己的位置。由此看来，虽然中长跑的起跑技术与短跑蹲踞式起跑技术各有不同，但同样对取得优良成绩有重要作用。

当发令员发出"各就位"口令后，运动员先做一两次深呼吸，走到起跑线后，有力的脚在前，站在起跑线后沿，另一只脚向后站立，两脚前后距离约一个脚掌。两腿弯曲，重心前移，上体（躯干）顺势前倾，此时体重大部分落在前腿上。但要特别注意，一定要保持重心稳定。两臂的动作有两种姿势：一种是两臂在体侧自然下垂；另一种是前脚的异侧臂放在体前，另一臂自然后伸。大多数选手都采用第二种姿势。此时的注意力应集中在听枪声或"跑"的口令上。

听到发令员枪响后，两腿迅速并行蹬伸，后面的腿积极屈膝前摆，两臂则配合两腿的蹬摆动作进行屈臂前后摆动，整个身体向前俯冲，完成起动动作，为起跑后加速跑获得预先初速。

2.起跑后加速跑

中长跑不能像短跑那样从起动开始，就要发挥最高跑速。因此，中长跑起跑后加速的技术动作与短跑有很大区别，主要表现在躯干前倾程度不应太大，步频不必太快，速度不应过猛。

由于中长跑比赛项目大多不分跑道，人数较多，而且大多数项目是从弯道出发，运动员起跑以后必须迅速占据有利位置，使自己能沿着第一道并靠近跑道内侧跑，这对比赛有重要影响。因此，中长跑起跑后加速跑的技术应紧紧围绕这一任务来提高技术要求。为此，起跑后加速跑的特点之一就是要使自己迅速过渡到途中跑。起跑后加速跑的距离以及对跑速的要求应根据每个人的体力、对手情况、临场的变化情况和自己的战术方案进行自我调整。

3.途中跑

各项中长跑比赛，由于距离不同，在某些技术要求上也各具特色。但总体上要求中长跑的途中跑技术应本着轻快、省力、高效、耐久的原则不断完善其动作结构。

由于中长跑的全过程身体会出现缺氧现象，因此在中长跑比赛途中，特别要学会有节奏的呼吸，努力增加呼吸的深度，保证身体对氧的需求。通常中长跑的途中跑采用三步一呼、三步一吸的节奏，速度加快时也可采用两步一呼吸的节奏。

中长跑比赛运动员的能量消耗较大，因此保持途中跑的技术不变形、不出现多余动作非常重要，并且要学会利用跑步动作周期中的腾空阶段，进行短暂的肌肉休息，这对增进运动员的速度耐力也非常重要。途中跑时要保持躯干的自然伸直，不必过分前倾，躯干的过度前倾也会使肌肉紧张，增加能量消耗。摆臂动作也应力求经济省力。

总的来说，中长跑途中跑技术介于短跑与长跑之间，既不能像短跑那样激烈、紧张，又不能像长跑那样在用力程度、动作速度和幅度方面过于放松和节省。

中长跑途中跑多采用步长相对比较小、步频比较高的跑法。第 26 届亚特兰大奥运会女子 5000 米冠军王军霞采用的就是这种高频率、小步幅的途中跑技术。具体表现为步频较高，每秒 3.7 步，腾空时间比较短，大腿不是抬得很高，身体起伏很小等。

4. 终点跑

由于中长跑的终点跑技术与短跑终点跑技术基本相同，因此部分不再叙述。

（二）中长跑的练习方法

在中长跑中，前提是把掌握技术和提高心肺功能与发展耐力素质结合起来，要在一系列跑的练习中掌握中长跑技术和提高耐久跑的能力。因此，中长跑要以途中跑为主。

1. 途中跑

（1）中等以下速度匀速跑 80—100 米，中等以下速度到中等以上速度加速跑 80—100 米。

（2）通过反复做上述练习，切身体会和初步掌握中长跑途中跑的腿部动作、躯干姿势和摆臂动作。

（3）定时（或定距）跑。男生跑 6—8 分钟（1000—1500 米），女生跑 3—5 分钟（500—1000 米）。可用中等或中等以下速度在田径场或公路上跑。跑时除了继续注意掌握正确的腿部动作、躯干姿势和摆臂动作外，还应特别注意呼吸和步伐的配合，掌握中长跑的呼吸方法。

（4）变速跑（或走跑交替），100 米中速跑 +100 米慢跑（或走），200 米中速跑 +100—200 米慢跑（或走），300 米中速跑 +100—200 米慢跑（或走）。变速跑的总距离：男生 1500—2000 米，女生 800—1000 米。跑时要控制好跑速，注意跑的动作和呼吸方法的正确性。

2. 站立式起跑、起跑后的加速跑

（1）以组为单位，在起跑线后的集合线站好，然后在"各就位"和"跑"的口令下，按站立式起跑和起跑后加速跑的方法和要领做站立式起跑 30—80 米。

（2）中等速度重复跑 200 米、300 米或 400 米。

由站立式起跑出发进行中等速度的重复跑，要求起跑动作正确，跑时动作轻松、自然，跑速均匀，呼吸和步伐配合协调，并注意培养速度感觉。跑的总距离：男生 1200—1500 米，女生 600—800 米。

3.终点跑和全程跑

（1）按水平分组，由站立式起跑出发，进行 200 米、400 米或 600 米的中等速度重复跑，在最后 50—150 米处开始适当加速，终点跑跑过终点。跑的总距离：男生 1200—1500 米，女生 600—800 米。

（2）按水平分组，由站立式起跑出发，进行男生 1200 米或女生 600 米的中等速度匀速跑，在最后 100—200 米处开始适当加速，终点跑跑过终点。

（3）按个人体力分组，男生 1200—1500 米，女生 600—800 米。

三、接力跑

（一）接力跑技术分析

接力跑成绩的好与坏，不仅取决于每个队员跑的成绩，在很大程度上取决于队员之间的密切配合和传接棒技术的好坏。接力跑时，跑的技术与途中跑技术基本相同，此处不再叙述。现将田径场进行的接力跑项目的有关技术与方法和接力跑典型项目叙述于下：

1.起跑

（1）持棒起跑。第 1 棒运动员采用蹲踞式起跑，通常用右手持棒，以中指、无名指和小指握住棒的末端，用大拇指和食指分开撑地，但接力棒不得触及起跑线或起跑线前面地面。其起跑技术与短跑的起跑技术基本相同。

（2）接棒人起跑。第 2、3、4 棒运动员在预跑线以内自己确定的起跑位置上，用站立式或一手撑地的半蹲踞式起跑。第 2、4 棒运动员应站在各自分道中线外侧用左手准备接棒，第 3 棒运动员站在自己分道中线内侧用右手准备接棒。采用半蹲踞式起跑时，第 2、4 棒运动员左腿在前（也可右腿在前），右手撑地，身体重心稍偏右边，头向左转，目视跑来的本队传棒队员和自己的起动标志。当传棒人跑到起动标志时，接棒人便迅速起跑。第 3 棒运动员的身体姿势与第 2、4 棒运动员相反。

2.传棒方法

传接棒的方法有上挑式和下压式两种：

（1）上挑式。接棒人的手臂自然向后伸出，掌心向后，虎口张开朝下，传棒人将棒由下向上传入接棒人的手中。

这种传棒方法的优点是传棒运动员的手臂动作比较自然，因而传接棒速度快，并容易掌握。缺点是接棒运动员接棒后，手已握在接力棒的中段或前段，不利于下一棒的传接并且容易造成掉棒。

（2）下压式。接棒人的手臂后伸，掌心向上，虎口张开朝后，拇指向内，其余四指并拢向外，传棒人将棒的前端由上向前下方传入接棒人手中。

这种传接棒方法的优点是接棒人接棒时握住棒的一端，在下一次传棒时就把棒的另端送到接棒人手中，能够充分利用接力棒的长度和接棒运动员手臂的长度。缺点是传棒与接棒运动员的手臂动作都比较紧张、不自然，从而影响传接棒的速度。

3.4×400米接力跑的技术

在4×400米接力跑中，运动员跑速相对较慢，而且每名运动员跑到最后时速度还会下降。因此，对传接棒技术的要求相对降低。

第1棒运动员用蹲踞式起跑，第2、3、4棒运动员用站立式起跑。传棒方法可采用上挑式，也可以采用下压式，但都是右手传棒，左手接棒。因此，第2、3棒运动员在途中跑时，应将接力棒由左手换到右手。

接棒运动员接棒前，头转向后方，密切注意本队运动员的跑进情况。如果传棒运动员最后仍保持一定的跑速，则起动应该早些；如果传棒运动员跑速较慢，则起动应该晚些，甚至等待接棒。传棒运动员将棒传出后，应在不影响其他运动员跑进的情况下离开跑道。

（二）接力跑的练习方法

1.“上挑式”或“下压式”传棒技术

（1）原地做“上挑式”或“下压式”传接棒练习。

（2）走动中和慢跑中听传棒人信号做“上挑式”或“下压式”传接棒练习。

（3）快跑中听信号做“上挑式”或“下压式”传接棒练习。

做这个练习时，应注意把速度相近的学生分在一起。接棒人应注意判断和调整好起动标志。

2.各棒起跑技术

（1）右手持接力棒，做弯道蹲踞式起跑练习。

（2）在直道上做左臂支撑地面的半蹲踞式起跑练习。

（3）在直道上做右臂支撑地面的半蹲踞式起跑练习。

在练习（2）（3）时，开始先单独做，然后再两人1组共同做传接棒练习。速度先慢些，接棒人应特别注意判断和调整好起动标志。

3.在接力区内高速跑进中的传接棒技术以及全程跑

（1）组织接力队，在接力区内高速跑进中进行传接棒练习。

（2）进行全程接力跑的练习和比赛。

为了节省体力，增加高速跑进中传接棒练习的次数，在全程接力跑的练习和比赛中，可将每人跑的距离缩短为50米。

第二节　跳跃运动

人类必须掌握各种基本活动类型，才能在社会与自然界中生存。即使在现代科学技术高速发展时期，人类虽然拥有了各种现代化工具或机械，但最基本的活动技能，如走、跑、跳跃、投掷、攀登等仍然不能抛弃田径运动中的跳跃包括男女跳远、跳高、撑竿跳高、三级跳远四个项目，其技术上都可以划分为助跑、起跳、空中动作（也叫腾空动作）和落地四个技术阶段。每个阶段都有其独特的方法和技术要求。

下面以跳高、跳远为例进行介绍：

一、跳高

跳高是一项历史悠久的田径运动，跳高比赛最早出现在英国。1896 年第 1 届现代奥运会列入了男子跳高项目，女子跳高被列入国际比赛是在 1928 年第 9 届奥运会上。

（一）跨越式和背越式跳高的技术分析

跳高是一个技术性很强、技术发展变化较快的田径运动项目。跳高的雏形是在草地上的两根柱子之间拉上一根绳子，竞赛者面对绳子，正面跑过去然后屈腿跳过绳子，看谁跳得高，没有正规的姿势要求，后来就出现了跨越式、剪式、滚式和俯卧式跳高技术。1968 年开始出现背越式跳高技术，这种过杆技术逐渐被世人接受并普及。时至今日，在田径大赛中，跳高运动员大都采用这种过杆技术。

1.跨越式跳高

跨越式跳高是采用直线助跑，助跑的距离一般是 6—8 步，助跑的方向和横杆垂直面的角度大约为 30—60 度。左脚起跳者，从横杆右侧助跑；右脚起跳者，从横杆左侧助跑。

（1）助跑和起跳。助跑开始时，上体稍前倾，步幅要小，随着助跑速度的增加，上体逐渐抬起并加大步幅，但助跑动作始终轻松自然、节奏清楚、富有弹性。跳高的助跑是以前脚掌着地，但是最后两步先用脚跟着地并迅速滚动到前脚掌。助跑的倒数第二步的步幅要大，最后一步速度要快。

助跑最后一步是以摆动腿（与起跳腿相对，通常是有力的腿，即最后用力蹬地、使人腾空的腿称为起跳腿，另一条腿则为摆动腿）支撑地面，两臂后摆；摆动腿以大腿带动小腿沿地面向前迈伸，当摆动腿以脚跟着地并向前脚掌滚动时，随着身体重心的前移，摆动腿屈腿迅速向前上方摆起，同时起跳腿用力蹬伸，当摆动腿摆到最高点时，起跳腿充分蹬伸，使髋、膝、踝三关节成一条直线。同时，两臂配合腿部的起跳动作及时上摆，最后以脚尖离地腾起，完成起跳动作。

（2）空中动作和落地。起跳腾空后，身体仍保持向上腾起姿势。当摆动腿摆动越横杆时，上体前倾，脚尖内旋下压；起跳腿积极向上高抬，使大腿靠近胸部，起跳腿方向扭转，两臂上摆，使臀部和起跳腿迅速移过横杆，过杆后，摆动腿着地，缓冲支撑，起跳腿相继落地。

跨越式跳高的方法比较简单，同时也会因为这种方法使身体重心远离横杆，因此用同样的助跑和起跳，却比其他方法跳得低。有的人认为这是一种落后的方法，可以不必学习。但是，正是因为它的技术较简单，所以初学者容易掌握，更能发挥弹跳力。

2，背越式跳高

（1）助跑。背越式跳高的助跑是弧线助跑，一般用8—12步完成。全程助跑可以分为两段，其中后段助跑的弧度较为重要，通常跑4—6步。

弧线助跑的曲率（弧度）应是由小到大，前段助跑比较平直，便于发挥速度，后段助跑的弧度较大，便于起跳。全程助跑应是逐渐加速的，并且有较强的节奏感。

弧线助跑的步点及助跑路线，通常采用比较简单的"走步文量"法确定。首先，确定起跳点，其次从起跳点朝助跑一侧的方向，沿横杆平行地向前自然走4步；然后，向助跑的起点方向，即垂直于横杆的方向走6步，画一个标记，这个标记就是直线与弧线助跑的交界点，从这个标记点再继续向前走7步画一个标记，即助跑的起跑点；最后，从直弧交界点到起跳点画一个曲率不太大的弧线，与前面的直线助跑相连，则构成了背越式跳高的弧线助跑路线。

画好助跑线后，要经过反复练习才能最后确定。练习时，前面直线助跑要跑4步，后面弧线助跑也跑4步。

背越式跳高助跑的方式具有自身的特点，前段的直线助跑基本上采用普通的加速跑，但运动员心理上应有向弧线过渡的准备。转入弧线助跑时，身体应向圆心方向倾斜，类似于弯道跑技术，重心不应起伏太大。此时，应注意大腿高抬，以膝领先并带动摆动腿的同侧髋积极向前迈步。最后一段的弧线助跑对起跳效果较为重要，不仅要体现助跑的加速性，还要体现节奏性，整个助跑过程要用前脚掌着地，并富有弹性，这种助跑的方式便于背越式跳高的起跳。

（2）起跳。在所有跳跃项目中，起跳技术是关键环节。起跳的任务是通过一系列的起跳动作，使身体获得最大的垂直速度和适宜的起跳角度，使身体顺利地越过横杆。

通常，背越式跳高的起跳点距离横杆的垂直面约60—100厘米。起跳脚由脚跟先着地，然后很快地由外侧过渡到全脚掌，起跳腿因惯性被迫弯曲，躯干由稍内倾转为垂直。最后一步的步幅比倒数第二步略短10—15厘米，由此形成了起跳腿同侧骨盆的前移速度超过了躯干的姿势，便于起跳时使整个躯干腾起。

起跳动作是通过弯曲着的起跳腿蹬伸和摆动腿的屈腿摆动同时协作来实现的，这个过程是起跳腿由弯曲开始蹬伸，与此同时来回摆动腿屈膝向前上方摆动，以髋发力带着摆动大腿，摆动腿小腿顺惯性与大腿折叠（形成屈腿摆动），当膝部摆至水平部位时应立即制动，但仍随惯性上摆，带动同侧髋上摆。

与起跳腿、摆动腿相协同的两臂与肩部动作，要求肩上提，两臂同时或采用单臂交叉的动作向横杆后上方摆出，帮助整个身体向上腾越，并且为整个身体沿额状轴（横贯身体，垂直通过矢状面的轴）旋转创造前提条件。

由于背越式跳高技术的空中动作是背向横杆，这种特定姿势要求运动员的身体充分伸展，拉长背部、腰部的肌群。因此，在做起跳动作时应注意起跳腿充分蹬伸、提肩、提髋。

（3）空中动作和落地。在起跳动作中，借助于起跳腿蹬伸和摆动腿摆动的力量，使身体处于背向横杆的腾越姿势。当肩向上腾越超过横杆时，后仰、倒肩，顺惯性沿横杆腾越，整个身体呈反弓形。待髋部超越横杆后，收腹、含胸，以髋发力带动大腿向上，并且小腿甩动，使整个身体越过横杆，顺势以背部落在海绵垫上。

由于背越式跳高是由背部落地，因此，落地处应设有海绵垫、气垫、橡皮网或松软的草堆，以防落地时发生运动性损伤。

（二）跳高的练习方法

1.背越式跳高

（1）起跳

现在国内外的正规田径比赛，运动员几乎都采用背越式，要想跳得高，必须要学习好助跑和起跳相结合的技术，同时要重视起跳的基本技术。

①原地起跳模仿练习。预备姿势为起跳腿在前，摆动腿在后，两臂屈肘引向体后，身体稍后倾。原地起跳时，摆动腿积极蹬地，使身体重心快速移向起跳点上方，并注意以髋带腿，大小腿折叠，屈腿向上摆起，同时两臂由后向上摆起，摆腿结束时，带出同侧髋，提起身体重心，摆臂练习时，提高两肩，使摆动腿一侧肩高于起跳腿一侧肩，躯干快速伸展，起跳腿充分蹬直。

②上一步起跳练习。摆动腿在前，起跳腿向前踏上起跳点，摆动腿积极蹬离地面起摆，完成起跳动作，并用力向上跳起。

③3步助跑起跳练习。摆动腿在前，起跳腿向前跨出着地支撑，使身体重心迅速前移，并积极后蹬，接着摆动腿向前跨出，用前脚掌或平脚掌落地积极过渡到后蹬，同时起跳腿一侧手臂摆向前面，随着迈步放起跳腿，摆动腿一侧手臂留在体侧，而起跳腿一侧手臂拉向身后，然后，两臂与摆动腿一起向上摆起，同时积极蹬伸起跳腿向上跳起。

（2）助跑与起跳相结合

①沿着直径约15米左右的圆圈，进行助跑练习，体会向内倾斜的身体感觉。

②练习直线进入圆圈跑，体会身体由正直逐渐转入向内倾斜。

③沿圆圈做 3 步或 5 步的起跳练习。在助跑时，身体向内倾斜，后两步加快节奏，做好起跳动作，积极向上跳起，腾空后，身体自然沿纵轴旋转。

④3 步或 5 步助跑起跳，用头或摆动腿的膝部触高物，会紧随着技术的熟练和能力的提高，逐渐提升高物的高度。

⑤3 步或 5 步助跑起跳，用摆动腿同侧手摸高物。

⑥3 步或 5 步助跑起跳，腾起后仰卧在高器械上。

（3）空中动作

①对着齐腰高的海绵包，呈起跳结束姿势，然后随着身体转向背对海绵包，同时做摆动腿下放、倒肩、展体、挺髋，最后用肩背落在海绵包上，呈过杆时的背弓姿势。

②3—5 步助跑起跳，背卧上较高的海绵包，完成背弓姿势，两小腿自然下垂。

③背对海绵包站立，原地双脚起跳，做挺髋、过杆模仿练习，注意收腹和上踢小腿协调配合。

④3—5 步助跑背越式越过较低高度的横杆，反复练习，待技术熟练后逐步提升高度。

（4）全程助跑跳后过杆

①全程助跑（8 步）对着高横杆做起跳练习

②全程助跑起跳，背卧上高海绵。

③全程助跑起跳后背越式过杆，

2. 跨越式跳高

跨越式跳高练习时，要确定合适的助跑角度和起跳点，掌握合理的助跑速度和助跑节奏。速度过快，助力过大，导致起跳点不易准确，反而跳不高。

（1）助跑与起跳相结合

①上一步做起跳放脚与摆腿、摆臂相结合的练习。

②上一步起跳练习。注意有力起跳及上、下肢动作的协调配合。

③助跑 3—4 步起跳或起跳后用头或摆动腿的脚踢高悬物。注意助跑节奏，平稳降低身体重心，摆动腿和两臂的摆动与起跳动作协调配合，起跳后上体要保持正直，高悬物的高度要适宜。

（2）空中动作

①上一步跨越式跳高。起跳动作有力，过杆落地技术合理，横杆高度适宜。

②助跑 3—4 步跨越式跳高。

③助跑 5—8 步跨越式跳高。

做②③练习时，助跑速度要适中，起跳时身体要充分向上腾起，做好摆动腿、起跳腿的过杆动作和上体、两臂的配合动作，横杆高度要适宜。

二、跳远

田径运动中的跳远是一项普及面很广的体育项目，其深受群众的喜爱。

（一）跳远技术分析

跳远技术比较简单，人们容易掌握。但要跳得很远，取得优异成绩并不是件容易的事，它不仅需要良好的速度和弹跳力，还需要有很好的协调和平衡能力。跳远的最终目的是要通过自身的能力，运用助跑和起跳，把整个身体"抛射"到最远的水平距离，并且要平稳地落在所规定的沙坑里。这就要求必须掌握正确的技术，完成一系列的技术要求。跳远技术有蹲踞式跳远、挺身式跳远和走步式跳远三种。初学者可以从蹲踞式跳远入门，而优秀运动员大多采用走步式跳远技术。走步式跳远技术是和起跳衔接最紧密的，空中动作最自然流畅。

同其他跳跃运动一样，跳远也必须由助跑、起跳、腾空与落地四个技术环节组成。

1. 助跑

参加跳远比赛或锻炼，首先要学会并且掌握正确的助跑技术。助跑的距离长短、步数多少和速度快慢都要根据每个人的具体情况而定，但总的要求是助跑要平稳、准确、加速、富有节奏并且要和起跳有机地结合起来。下面分别叙述有关助跑中的几项具体技术要求：

（1）助跑的距离和步数。运动员通常都采用偶数步数助跑，它可加强助跑的节奏感。男子一般用 18—24 步，大约 36—48 米；女子用 16—22 步，大约 32—44 米。距离的长短与步数的多少是根据运动员的水平和技术特点决定的。

（2）全程助跑距离的确定与丈量。先在跑道上反复练习 36—50 米的加速跑，用站立式起跑或行进间跑起动。助跑时用自己比较能发挥速度的跑法做加速跑，从中找出适合自己特点而又能发挥较高跑速，且能在快跑中完成起跳动作的距离和步数。

为了确保助跑的准确性和保证助跑的全程节奏，通常在全程助跑中设两个标记：第一个标记是助跑起跑或起动的标记，也就是从这个标记开始正式跳远助跑；第二个标记是起跳前的助跑段标记，一般离起跳板 6 步或 8 步，以便于掌握起跳前最后几步助跑的节奏。这两个标记的设置也是根据个人的助跑情况而定。

（3）开始助跑的姿势。根据每个人的情况不同可采用不同的开始姿势。参加跳远的人不外乎采用两种姿势开始助跑：一种是站立式起跑，另一种是蹲踞式起跑。

（4）跳远全程助跑的加速方法。由于跳远需要在快速助跑中完成起跳，因此对助跑的速度有特定要求。由于跳远助跑的距离较长，步数较多，在全程助跑中应很好地把握节奏和速度，因此要求掌握好助跑的加速方法。全程助跑的加速方法有两种：第一种是逐渐加速，从开始助跑就逐渐加大步长、加快步频、提高跑速，到第二标记时，助跑速度基本发挥到最大，然后跑好最后几步的加速节奏；第二种类型是从助跑开始就积极地增加跑速，并很快地把步长与步频提高到应有的程度，这对提高助跑速度是有利的。第一种类型适合于初学者，采用逐渐加速的方法比较稳定和准确，但优秀运动员多采用第二种类型的加速方式。

2. 起跳

起跳是所有跳跃项目中最关键的技术环节。助跑与起跳的结合、起跳腿的蹬伸与摆动腿的摆动以及两腿之间的蹬摆配合等，又是跳远起跳技术的关键所在。这一系列的技术动作，就是要把运动员助跑时所获得的水平速度，通过起跳动作，转换成必要的腾空速度，将身体抛射空中，使整个身体能够腾越较长的距离。

起跳是一个非常快速、完整的技术动作，但为了叙述方便，可以把它划分为三个技术阶段：

（1）起跳脚上板起跳。助跑最后一步，摆动腿的脚着地后，起跳脚就准备上板。由于速度很快，下肢的运动速度略快于躯干，因此上体基本保持直立或稍后仰。两臂在体侧前后摆动，起跳脚用全脚掌踏板，摆动腿屈腿前摆。

踏板一刹那，起跳腿前伸，与地面形成一个约 65—70 度的夹角，起跳脚与身体重心投影点之间的距离大约为 30—40 厘米，身体重心在支撑点的后面。这种姿势形成了一定的"制动"，便于使水平速度向垂直速度转换，也便于使身体向腾空状态转换。但应注意，起跳脚前伸过大或身体重心距起跳脚支撑点过远，都会影响起跳效果。

（2）起跳腿的支撑缓冲。起跳脚踏板以后，身体随快速助跑的向前惯性及身体重力作用，迫使起跳腿的髋、膝、踝关节被动弯曲。起跳脚用全脚掌支撑既可保持身体的平衡和稳定，又可以抵御这种巨大的压力。此时，整个身体也由原来的直立或稍后仰变为稍前倾，摆动腿也随着惯性向前运动，大小腿折叠后向起跳腿靠拢，这种姿势为最后起跳、蹬摆做好了准备。

（3）起跳的蹬摆配合。起跳腿在踏上起跳板的瞬间，身体始终是随惯性向前运动着的，当身体重心移到起跳脚支撑点上方时，起跳腿应及时蹬伸，充分伸展髋、膝、踝三关节，与此同时摆动腿以膝领先，屈腿向前上方摆动至大腿呈水平部位，两臂配合两腿在体侧摆动，躯干伸展，头向前上方顶出，完成起跳的蹬摆配合动作，这时起跳腿与地面约呈 70—80 度夹角。

应该强调，在完成蹬摆配合的起跳动作时，四肢的协调配合，对身体获得适宜的腾起高度、维持身体平衡以及对加快起跳速度都起着决定作用。起跳腿充分蹬伸后，还有一个全身的制动动作，这是由摆动腿摆到大腿水平部位和两臂摆动时的突然停顿完成的。这个制动动作，为增加身体向上腾起、防止身体产生翻转、维持全身平衡都起到重要作用。

3. 腾空（空中动作）

如前所述，跳远有三种空中姿势，即蹲踞式、挺身式和走步式。这三种空中技术各有特点。因走步式跳远的空中腾空技术比较难，一般是专业运动员才使用的跳远技术，不太适宜大学生日常训练，故下面只详细阐述蹲踞式和挺身式的技术。

（1）蹲踞式。蹲踞式的空中动作最简单，易于学习掌握，初学者通常从掌握蹲踞式跳远入门。

当运动员完成起跳、蹬摆动作后，即进入腾空步，上体保持直立，摆动腿的大腿由水平位置继续上摆，逐渐靠近胸部，起跳腿也从身体后方开始屈腿前摆与摆动腿主动靠拢，两条腿继续向胸部靠拢，两臂在体侧向上举，然后向体后划动。当身体快要下落时，躯干前倾，向前伸两腿的小腿，同时两臂向后伸，以维持身体平衡。

蹲踞式跳远虽然简单易学，但由于身体在空中呈团身状态，容易产生前旋，且由于近落地的这一阶段躯干前倾过大，会妨碍两腿充分前伸，对取得好的成绩有一定的影响。

（2）挺身式。挺身式跳远的空中姿势比较舒展，当起跳呈腾空步之后，处在体前的摆动腿伸展膝关节，小腿随之向前、向下、向后呈弧形划动，且两臂也随之向下、向后，再向前大幅度地划动；与此同时，处在身体后面的起跳腿与正在向后划动的摆动腿靠拢，挺身，展髋，头稍后仰，充分拉开躯干前面的肌肉，整个身体充分地展开成挺身姿势。当身体即将落地时，两臂向后摆动，躯干前倾，迅速收腹举腿，小腿尽量向前伸出，用足跟落地。

这种挺身式跳远空中技术能使身体充分伸展。由于躯干前面肌肉已充分拉开，为落地前的收腹、举腿和小腿的前伸做了很好的准备，为取得较好成绩创造了条件。

挺身式跳远空中动作的难度在于维持身体平衡，因此要经常训练身体的协调和维持平衡的能力。

4.落地

当双脚即将着地时，应保持上体稍前倾，高抬大腿，前伸小腿，当脚触地的一瞬间，迅速向前屈膝缓冲，髋部前移，两臂屈胸前摆，向前或向后侧倒，避免后坐，使身体尽量移过双脚的落地点。

（二）跳远技术的练习方法

1.助跑与起跳相结合

（1）上一步起跳练习。两腿前后开立，摆动腿在前。练习开始后起跳腿屈膝前摆，大腿积极下压，并以脚跟迅速滚动到全脚掌着地。接着起跳腿用力蹬伸，摆动腿屈膝上摆，两臂也配合在体侧向前上和后上摆动，向前上方跳起。练习时可以连续做，每组6—8次。

（2）在跑道或平坦的草地上，做跑3步起跳成腾空步的练习。摆动腿在前，由起跳腿开始跑3步做起跳，在空中做腾空步，然后用摆动腿落地继续前跑。练习时注意最后一步要适当缩短步长，使助跑与起跳密切结合。这个练习可以连续做，每组做4—6次。

（3）助跑6—10步，在起跳板（或起跳区）起跳，在空中做腾空步，然后以摆动腿落于沙坑，继续向前跑出。

（4）助跑6—10步，在起跳板（或起跳区）起跳，在空中经腾空步后做蹲踞式或挺身式跳远练习。

（5）做（3）、（4）练习时，要特别注意助跑点的准确性和稳定性，事先要丈量和调整好助跑点，使助跑与起跳能够密切结合。

2. 空中动作

（1）蹲踞式

①助跑6—8步，并在起跳后做腾空步练习。在做这个练习时，起跳腾空要有一定高度。可在起跳板前约跳远距离的1/3处放置一根高30—50厘米的横杆，采用条件限制的方法，保证跳起腾空的高度。

②助跑6—8步，在起跳成腾空步后，将起跳腿向前上提举并与摆动腿靠拢（形成空中蹲踞动作），然后两腿前伸落于沙坑。做这个练习时，一定要在"腾空步"做得充分的基础上，再做起跳腿向前上提举的动作。

③逐渐加长助跑距离，做完整的蹲踞式跳远练习。根据个人情况，进一步改进和完善动作。

（2）挺身式

①原地或站在50厘米左右的高处，向前上方跳起，做挺身式跳远空中动作模仿练习。

②助跑6—8步，起跳后做腾空步练习。

③助跑6—8步，起跳成腾空步后，摆动腿向下、向后摆动，起跳腿屈膝向摆动腿靠拢，两臂配合摆动，髋部前送，挺胸展体成挺身姿势，然后收腹举腿，并将两腿前伸落于沙坑。

④逐渐加长助跑距离，做完整的挺身式跳远练习。

做②—④练习时，要做到起跳腾空有一定高度，腾空步做得充分。做③—④练习时，要注意掌握好下放摆动腿和挺身送髋的时机。

3. 下落着地

（1）原地向高跳起，在空中做收腹举腿练习。练习时，要求大腿向胸部靠近，几乎触及胸部。

（2）立定跳远练习。在沙坑边沿站立做立定跳远，落地前提举大腿，两臂后摆，然后两腿伸出，用脚跟先落于沙坑，接着迅速屈膝，两臂迅速前摆，使身体重心移过落点。

（3）在沙坑内接近个人落地点附近放置标志物（如白色布带），用条件限制法来进行跳远练习，在下落前两腿向前提举，然后小腿前伸，两脚跟在标志物前着地。

第三节　投掷运动

当今，在国际上进行正式比赛的投掷项目有推铅球、掷铁饼、掷标枪和掷链球四个项目。这些投掷项目对增强人体的力量、速度素质，提高身体的协调性、柔韧性以及培养人们顽强、勇敢等心理品质都具有积极意义。这四个投掷项目都具有同样的特征，即通过运动员采用滑步、助跑或旋转的方式，首先使器械获得预先的加速度，然后再通过人体各部位的协调用力，给器械一个关键的最后用力，使器械（投掷物）向最远的距离飞行，从而取得较好的运动成绩。

由于这四种投掷器械形状、重量及投掷方式各不相同，所以其具体完成投出或掷出的技术也各有特点。我们这里重点介绍有关推铅球的技术和推铅球的练习方法。

一、推铅球技术分析

推铅球这项运动，经历了三个大的历史演变阶段。最早是推石块，然后是在 14 世纪时欧洲人推炮弹（当时炮弹是圆形大铁球），后来才演变为推铅球。

最初推铅球比赛方法很简单，无论采用什么姿势，助跑只需要画条直线，人们站在线后推球就行了，或不助跑，规则是不过线将球推出。后来规定改为在一个方块形区域里推球，最后定为在直径 2.135 米的圆圈里推球，并且铅球必须落在 90 度角的扇形区里方为有效，且这种方法一直沿用至今。

（一）侧向滑步推铅球技术

1. 持球（以右手持球为例）

将五指自然分开，铅球的重量主要由食指、中指、无名指三个手指的根部托住，拇指和小指在铅球两侧扶住以免滑落，手腕后翻。握住球以后，将铅球放在右侧锁骨窝处，紧贴脖颈，将球和身体固定在一起，以便于完成下面一系列的动作。

2. 预备姿势

侧对投掷方向站立，两脚左右开立，右腿弯曲，上体向右侧倾斜，重心落于右腿上，左臂微屈于胸前。

3. 滑步动作

左腿向投掷方向做 1—2 次预摆，最后一次预摆回摆时，右腿弯曲，降低重心。左腿以小腿带动大腿向投掷方向摆出，同时右脚用力蹬地，使身体向左运动。右腿充分蹬伸后快收小腿，沿地面向左滑动至投掷圈中心附近，同时左脚积极下放以前脚掌内侧着地，上体保持向右倾斜，身体重心偏于右腿。

4.最后用力

用力顺序是蹬腿、转送右髋、上体边转边起，转头、挺胸、送肩、右臂推球，右手推球，左臂不后撤。蹬转应以身体左侧为转动轴，左膝和髋要撑住，眼看前上方。

5.维持平衡

球出手后，屈腿弯腰，或换步屈腿弯腰，降低重心，以缓冲身体前冲力，维持身体平衡，防止出圈犯规。

（二）背向滑步推铅球技术

1.滑步前的准备动作

滑步在推铅球运动项目中起助跑的作用。通过滑步可使运动员携带的铅球得到推出前的预先加速，为推铅球的最后用力创造一个良好有力的身体姿势。

在滑步之前，运动员应该有一个较好的准备动作，为滑步创造有利条件。由于每个人的习惯不同，滑步前的准备动作也各有差异。通常大多数人在滑步前采取背对投掷方向，持球以后，站在投掷圆圈的后沿，两腿前后开立，右手投掷者右脚在前，脚尖靠近投掷圈，左脚在后，左腿稍弯曲，整个重心落在右脚上。这时上体保持直立，左臂举起伸展，将左侧身体拉开，以此姿势准备进行滑步；也有的运动员做准备滑步时，采取上体前倾较大，右腿弯曲承担身体重量，左腿后伸，左脚尖大约插入圆心部位，左臂向前下方伸出，使左侧身体拉长的准备动作，以便于滑步。

2.滑步的具体步骤

推铅球的滑步技术可以分为预摆，屈膝团身，左腿摆和右腿蹬的摆蹬配合，右腿收拢、左腿着地支撑完成最后用力地预备动作以及最后用力和维持身体平衡这样几个动作阶段。

（1）预摆。采用高姿站立准备姿势时，首先上体探出投掷圈外，左腿随之离地向上抬起；采用低姿准备姿势时，右腿弯曲程度加大，同时左腿轻轻点地，或开始抬起左腿准备滑步。也有的运动员不进行预摆，持球以后，站立在投掷圈后沿，开始就屈腿、团身直接做滑步动作。

无论采用何种方式，只要是能轻快、自如、省力、连贯地进行滑步，达到预期目的就可以，不必强求。

（2）屈膝团身。预摆完成以后，及时收回左腿，左膝要向支撑的右腿小腿靠拢，支撑的右腿加大弯曲程度准备蹬伸发力。此时，上体加大前倾度并与地面几乎平行，躯干蜷起类似团身状态。左臂下垂放松，右手握球紧贴脖颈。身体重心仍然放在支撑着的右腿上。仔细分析其姿势就会发现，这时的铅球，实际上是在投掷圈后沿以外，并且铅球是处在一个较低的位置。这种状态，能使铅球从较低的位置、较长的距离获得更多的加速运动；同时这种姿势使运动员背部肌肉被拉长，最后用力时有利于发挥腰背力量，还有利于右腿的蹬伸和左腿的摆动，以提高滑步的速度和效果。

（3）左腿摆和右腿蹬的摆蹬配合。在完成屈膝团身动作以后，紧接着左腿积极有力地向抵趾板方向摆动，并带动右腿及整个身体向投掷方向移动。当支撑的右腿小腿基本上处在垂直状态时，右腿蹬伸，用右脚跟蹬离地面，并且使躯干仍然滞留在后面。这实际上是滑步动作的前一半技术。应强调指出，推铅球滑步的摆蹬配合，是由摆动腿的摆出做先导，蹬伸动作是在左腿摆动之后。这个动作过程，既保证了身体的向前投掷方向运动，又能保持身体平衡，直线向投掷方向滑动，不至于因为右腿蹬伸发力过早而导致身体重心的上下起伏。在完成上述前半段滑步动作时，身体仍然前俯，左臂向投掷反方向伸展，并拉长整个背部肌肉。

（4）右腿收拢、左腿积极着地完成最后用力地预备动作。当左腿摆、右腿蹬伸、右脚即将离地的瞬间，积极地把右腿向身体重心投影点处回收。先收小腿，脚跟紧擦地面，接着是一个非常短促且比较平稳的腾空，随之迅速着地。在这个回收、腾空的短促阶段，右腿还要有一个旋内的动作，使右脚落地时，与投掷方向呈 90 度角，左脚也迅速着地，形成稳固有力的支撑，左脚掌与投掷方向约呈 45 度角。这时，上体仍然保持背向投掷方向，肩轴与髋轴形成扭紧状态，整个身体重量仍然由右腿负担。

这一连串的动作特别要注意滑步时不能跳动，以力求平稳迅速；上体尽量保持原来背向姿势，不要过早抬起；滑步结束后一定保证身体重量仍然落在右腿上；铅球保持远离右脚支撑点投影线，这种姿势使形成了较好的"超越器械"的姿态，便于最后用力时发挥最大的身体力量。应该特别强调的是，右腿的滑步和左腿摆动后支撑，两腿动作不仅迅速，而且要求两脚前面着地时间短促、连贯。

（5）最后用力和维持身体平衡。在完整的推铅球技术中，最后用力是最重要的技术环节，是一个非常迅速的技术过程。这一技术完成得优劣，直接影响着滑步与出手的衔接，滑步时所获得的水平速度能否最后作用到铅球上，也关系到铅球的出手速度、出手高度及出手角度，从而直接影响最后的成绩。

最后用力是从左腿摆动着地的刹那就开始了。首先是处在后面的右腿、髋、膝、踝协同用力，边蹬边转边向前（即向投掷方向），左臂带引躯干向左侧有力、迅速地摆振，充分展开上体，但肩和髋继续保持扭紧状态。在完成以上动作中一定要保证下肢动作要比上体动作更迅速，在用力出手之前，仍然保持一种"弓拉满、箭上弦"的状态，推铅球是以最后快速把铅球推出手为结束动作，这个最后出手动作不单是右侧一只手臂来完成的，首先是胸部向投掷方向的转动及左侧身体的有力支撑；其次是两条腿的用力蹬伸从而将身体重心升起，并产生由下而上且向前的动力；最后是投掷臂的充分伸直和躯干向前的动作，共同协同完成最后铅球出手。在这里，左腿的有力支撑，对完成最后用力和出手技术起着至关重要的作用。在所有的投掷技术中，常常提到的左侧支撑，就是指这一动作。

由于运动惯性，在铅球出手之后，整个身体仍会继续向投掷方向跟进以维持身体平衡，但应避免出圈犯规和出现跌倒现象，同时这也是在最后用力和铅球出手动作时必须注意的。维持身体平衡时是靠两条腿的及时换腿、降低身体重心和左腿积极后撤等一系列动作来实现的。

二、推铅球的练习及其改进方法

（一）侧向滑步推铅球的练习方法

1.持铅球滑步。要控制好铅球，逐渐加长右脚的滑行距离。

2.沿地上画出的直线连续滑步3—4次。右脚在直线上滑行，左脚落在直线稍后处。

3.由同伴拉住练习者的左手（臂）滑步。滑步开始时，同伴的拉力要小些，便于进行滑步动作；滑步结束瞬间，同伴的拉力稍加大一些。

4.在投掷圈内滑步。

（二）改进和完善侧向滑步推铅球技术

1.做出最后用力预备姿势，然后左脚稍提离地面，并随左腿积极下压和左脚着地支撑，右腿立即蹬转用力。左脚提离地面不宜过高，左脚着地与右腿蹬转要连贯。

2.两脚左右大开立，拉收右小腿至身体重心下方，接做右腿快速蹬转用力动作。拉收右小腿时防止上体抬起，右腿的拉收、着地和蹬转等动作要协调连贯。

3.垫步推铅球，侧对投掷方向，两脚左右开立，右腿蹬地，右脚滑移至左脚处着地，右腿弯曲，同时左腿向左侧摆插着地成最后用力预备姿势，然后连贯将铅球推出。垫步后上体要向右倾斜，并与最后用力紧密衔接。

4.持球滑步，接做蹬伸右腿、转送右髋和抬起上体的用力练习。要在完成滑步动作和形成超越器械的基础上，连贯进行右腿蹬转等动作。持球练习时要防止铅球脱手。

5.侧向滑步推铅球。可以先做高姿势短滑步轻推球和利用滑步速度轻推球的练习，然后逐步加长滑步距离和加快动作速度。

6.侧向滑步推铅球过一定高度的标志物（橡皮筋或横杆），标志物设置在练习者投掷正前方约2—3米处，高度约2—5米。铅球出手时要充分伸展身体，并积极向标志物挺胸送肩和伸臂推球。

7.在投掷圈内反复练习侧向滑步推铅球，采用多种方法与手段全面改进、提高完整技术。铅球出手后，要维持身体平衡。

（三）背向滑步推铅球的练习方法

1.徒手或持球做背向滑步的模仿练习（滑步前先做1—2次预摆）。

2.在投掷圈外和投掷圈内做背向滑步推铅球练习。

（四）改进和完善背向滑步推铅球

1. 背对投掷方向，做左腿不摆动的右腿蹬地滑步练习。主要强调右腿快速蹬伸在滑步过程中所起到的主导作用，此练习可以连续做 1—2 次。

2. 背对投掷方向，做左腿摆、右腿蹬的滑步练习。右腿蹬地方式同练习 1，练习时，强调先摆后蹬，摆蹬结合。

3. 同上练习，加强右小腿快速收拉和左腿快速落地的动作。此练习主要体会两腿动作的协调配合及动作速度。左腿摆幅可逐渐增大，在此基础上强调快摆要积极下落，右腿要低滑快落。

4. 在投掷圈外和投掷圈内做背向滑步推铅球练习。开始可采用重量较轻的铅球进行练习，强调动作的正确性，不要追求投掷远度，着重改进滑步、滑步与最后用力地衔接和最后用力技术，在不断改进和完善技术的基础上，逐渐加快动作的速度与幅度。

第六章 体适能之球类运动

第一节 足球运动

一、足球运动概述

19世纪初叶，足球运动在当时欧洲及拉美一些国家特别是在资本主义的英国已经相当盛行。然而众多的资料表明，中国古代足球的出现比欧洲更早，其历史也更为悠久。我国古代足球称为"蹴鞠"或"蹋鞠"，"蹴"就是踢的意思，"鞠"是球名。"蹴鞠"一词最早记载在《史记·苏秦列传》里，汉代刘向《别录》和唐人颜师曾《汉书·枚乘传》均有记载。到了唐宋时期，"赋鞠"活动已十分盛行，成为宫廷中的高雅活动。1985年7月，国际足联主席阿维兰热博士来中国时曾表示：足球起源于中国。

从17世纪中后期开始，足球运动逐步从欧美传入世界各国，尤其是在一些文化发达的国家更为盛行。越来越多的人走向球场，投身到这一富有刺激性和畅快感的运动中去。在这种情形下，英国人率先为足球运动的发展做出了重要贡献。1863年10月26日，英国人在伦敦皇后大街弗里马森旅馆成立了世界第一个足球协会—英格兰足球协会。会上除了宣布英格兰足协正式成立之外，还制定和通过了世界第一部较为统一的足球竞赛规则，并将其以文字形式记载下来。英格兰足球协会的诞生，标志着足球运动的发展进入了一个崭新的阶段，因此，人们公认1863年10月26日，即英格兰足球协会成立之日为现代足球的诞生日。英格兰足协的成立带动了欧洲和拉美一些国家足球运动的蓬勃发展。1872年英格兰和苏格兰之间进行了历史上第一次协会间的比赛。1890年奥地利开始举办足球锦标赛。1889年荷兰和阿根廷出现了若干个足球组织。1900年西班牙巴塞罗那成立了"加泰罗尼亚"足球协会。这些发展为创建国际性的足球组织创造了条件。1904年5月21日，国际足球协会联合会（简称国际足联，英文缩写为FIFA）在法国巴黎圣奥诺雷街229号法国体育运动协会联盟驻地的后楼正式成立，法国等7个国家的代表和代理人在有关文件上签了字。1904年5月23日，国际足联召开了第1届全体代表大会，法国的罗伯特·盖林被推选为第一任主席。1905 年 4 月 14 日，英格兰足协加入国际足球联合会。国际足联的宗旨是促进国际足球运动的发展和各国足协之间的友好关系。

足球，有着"世界第一运动"的美誉，也是全球体育界最具影响力的单项体育运动。标准的足球比赛由两队各派 10 名球员与 1 名守门员共 11 人，在长方形的草地球场上对抗、进攻。比赛目的是尽量将足球射入对方的球门内，每射入一球就可以得到一分，当比赛完毕后，得分最多的一队则胜出。如果在比赛规定时间内得分相同，则须看比赛章则而定，可以抽签、加时再赛或互射点球（十二码）等形式比赛分高下。足球比赛中除了守门员可以在己方禁区内利用手部接触足球外，球场上每名球员只可以利用除手以外的身体其他部分控制足球（开界外球例外）。

二、足球基本技术

（一）运球及运球过人

运球是指运动员在跑动中为将球控制在自身范围内，用脚部进行的推拨球动作。采用此类方法突破防守队员时，称为运球过人。

运球及运球过人是运动员控球与进攻能力的具体表现形式，熟练掌握与合理运用运球及运球突破技术，对调控比赛节奏、丰富战术变化、破解密集防守、创造射门机会都具有实际的意义。

1. 运球动作方法

直线运球时，应自然跑动，步幅偏小，上体稍前倾，两臂协调摆动。运球脚屈膝提起并前摆，脚趾稍内转斜下指，摆至球体上方时，用脚推拨球的后中部，重心随球跟进。

曲线运球时，触球作用力方向应偏离球心，使球呈弧线运行。

变向运球时，应根据变向角度的大小，调整支撑脚的位置、触球部位及运球脚用力方向，以保证蹬脚用力与推拨触球动作协调一致。

2. 运球过人

运球过人从动作方法上可大致分为强行突破、假动作突破、变向突破、交叉突破和人球分离突破几类。

（1）强行突破。指利用速度优势，以突然快速的推拨和爆发式的起动，加速超越防守队员的动作方法。实施强行突破时，通常要求防守队员身后有较大的纵深距离，从而使速度优势能够得到充分发挥。

（2）假动作突破。指运动员利用各种虚晃动作迷惑对手，如假射、假传、假停等。使其不知所措或贸然盲动失去重心，并乘机突破的动作方法。实施假动作突破时，要真真假假，真假结合，假动作要带真，真动作要快捷，在控好球的同时，能够有效调动对手，利用其重心错位进行突破。

（3）变向突破。指队员利用灵活的步法和娴熟的运球技术，不断改变球路，使对手防守重心出现错位，并利用出现的位置差乘机突破的动作方法。实施变向突破时，运球队员脚下运球要娴熟，步法要灵活，重心变幻随心所欲，变向动作要突然，变向角度要合理。

（4）变速突破。指队员通过速度的变化，打乱对手的速度节奏，并利用产生的时间差乘机突破的动作方法。实施变速突破时，节奏变化要鲜明，要做到骤停疾起，要充分利用攻方的先决优势去支配和调动对方，从而真正做到你快我慢，你停我走，使对手无从适应。

（5）人球分离突破。指运球队员利用对手站位过死或重心移动过猛时，突然推球从其胯下或体侧越过，自己却迅速从另一侧超越对手实现突破的动作方法。实施人球分离突破时，运球队员要能够有效地把握和利用对方的重心变化，并能够利用其身后的空间，推拨球动作要快速隐蔽，跑进路线要合理。

运球突破时用于控制和支配球的基本动作有以下几种：

①拨球。指利用脚踝的动作，以脚背内侧或外侧触拨球的动作方法。用脚背内侧的拨球称"里拨"，用脚背外侧的拨球称"外拨"。

②拉球。指用前脚掌触压球，并向某一方向拉动的动作方法。在拉球到位后，通常要连接一个推拨动作使球离开原地。

③扣球。指通过快速转体和脚踝的急转扣压，从而实现将球控制至反方向的一种动作方法。用脚背内侧的扣球称"里扣"，用脚背外侧的扣球称"外扣"。

④挑球。指利用脚背或脚尖将球向上撩挑，使其从空中改变方向或超越防守的动作方法。

拨、拉、扣、跳、推既是运球过人的基本动作方法，又是技术教学中用作熟悉球性的行之有效的练习方法。在比赛中，这些动作既可单独运用，也可有机地组合使用，但切忌僵化地套用概念模式，而应视比赛需要，以娴熟的球性为纽带，通过合理有效的技术组合，从而使技术发挥更大的效力。

（二）踢球

踢球是指运动员有目的地用脚将球击向预定目标的动作方法。踢球是运动员进行比赛活动的主要技术手段，它在比赛中的主要用途是传球和射门。

踢球动作接触击球时脚的部位可分为脚内侧、脚背外侧、脚背内侧、脚背正面、脚尖和脚跟踢球几种方法，下面简述四种：

1.脚内侧踢球

脚内侧踢球的动作特点是触球面积大，可控性强，出球平衡准确，是短距离传球和射门常用的脚法。

动作方法：

踢定位球时，直线助跑，支撑脚踏在球侧约15厘米处，膝微屈，脚趾指向出球方向，踢球腿以髋关节为轴由后向前摆，膝踝外展，脚尖稍翘，以脚内侧部位对准来球，当膝关节接近球体上方时，小腿加速前摆，在击球刹那，脚跟前顶，脚型固定，用脚内侧部位来击中球的后中部。

踢地滚球时，要根据来球速度，方向以及摆腿的时间，确定支撑脚的选位，保证踢球能充分地摆踢发力。

进行蹭踢球时，大腿要抬起，小腿应拖后，利用小腿的加速前摆击球，抬腿的高度要与来球高度相适应，摆腿的时间应与来球速度相对应，并根据出球的目标调整击球的部位。

2. 脚背正面踢球

脚背正面踢球的动作特点是踢摆幅度大，动作顺畅，以便于发力。但出球路线及性能缺乏变化，一般只适用于远距离的传球和大力射门。

动作方法：

踢定位球时，直线助跑，支撑脚踏在球侧约15厘米处，脚趾指向出球方向，膝微屈，眼睛注视球。在支撑脚前跨的同时，踢球腿大腿顺势后摆，小腿后屈。前摆时，大腿以髋关节为轴带动小腿前摆，当膝关节摆近球体上方时，小腿加速前摆，脚背绷直，脚趾扣紧，以脚背正面击球的后中部。击球后，踢球腿顺势前摆落地。

踢反弹球时，要准确判断球的落点、反弹时间和角度，还要选好支撑脚的位置，在球落地的刹那，踢球腿小腿加速前摆击球，并在球反弹离地时击球的后中部。

踢地滚球时，支撑脚应正确选位，踢两侧地滚来球时，脚趾应对准出球方向，击球部位应准确，以保证击球能发上力。对于速度较快的来球，要通过加大摆踢力量和调整出球方向，消除其初速度对出球方向的影响。

踢空中球时，支撑脚的选位要稍远，以踢球腿能顺利踢摆发力为原则，并可根据来球角度或击球目的选用抽击、弹击或摆击等方法。

3. 脚背内侧踢球

脚背内则踢球动作的特点是踢摆动作顺畅，幅度大，脚触球面积大，出球平衡有力，且性能和线路富于变化，是中远距离射门和传球的重要方法。

动作方法：

踢定位球时，斜线助跑，助跑方向与出球方向约成45度，支撑脚踏在球侧后方约25厘米处，膝微屈，脚趾指向出球方向，重心稍微倾向支撑脚一侧。在支撑脚踏地的同时，踢球脚以髋关节为轴，大腿带动小腿由外后向前内略呈现弧线摆动，膝踝关节稍外旋，当膝关节摆至接近球的内侧上方时，小腿加速前摆。在击球时，膝向前顶送、脚背绷直，脚趾扣紧斜下指，以脚背内侧击球的后中下部，击球后踢球腿顺势前摆着地。

踢地滚球时，要注意调整身体与出球方向的角度关系，以便踢球摆踢发力。

搓踢过顶球时，踢球脚背略平，插入球的底部做切踢动作，击球后脚不随球前摆。

转身踢球时，助跑最后一步略带跨跳动作，支撑脚的脚趾和膝关节尽可能转向出球方向，击球点应在球的侧前部，并利用腰的扭转来协助完成摆踢动作。

踢内弧线球时，击球点应在球的后外侧，击球刹那，踝关节内旋发力，脚趾勾翘，使球内旋并呈弧线运行。

4. 脚背外侧踢球

脚背外侧踢球动作的特点是预摆动作小，出脚快，并能利用膝、踝关节的灵活变化改变出球的方向和性质，是实用性较强的技术手段。

动作方法：

脚背外侧踢球的动作方法类似脚背正面踢球，只是摆踢时，脚面绷直，脚趾向内扣紧斜下指，用脚背外侧击球的后中部，击球后，踢球腿顺势前摆着地。

踢地滚球时，踢球脚同侧的来球多用直线助跑，支撑脚在球侧后约25厘米处落位，异侧来球则多用斜线助跑，支撑脚一般距球10—15厘米。其他动作则类似踢定位球。踢外弧线球时，支撑脚踏在球侧后15—20厘米处，踢球腿略显弧形摆踢，作用力方向与出球方向约呈45度，脚型同踢定位球，击球点在球的内侧后部。击球后，踢球脚向支撑侧斜摆，以加大球的外旋力量。

（三）接球

接球是指运动员运用身体的有效部位，将运行中的球有目的的接控在所需位置上的动作方法。它是运动员获得球的主要手段。良好的接控球能力能为球队创造更多的进攻机会，也是保证进攻顺畅的重要因素。

1. 腿部接球

脚部接球的动作方法最多，运用最广，是接球技术的最基本内容。

动作方法：

接地滚球时，身体正对来球，判断来球的速度和方向，选好支撑脚位置，膝关节微屈。接球脚根据球的状态相应提起，膝、踝关节旋外，脚趾稍翘，用脚内侧对准来球，触球刹那，接球部位做相应的引撤或变向接球动作，将球控制在所需要的位置上。

接反弹球时，接球腿小腿应与地面形成一定的夹角，向下做压推动作时，膝要领先，小腿滞留在后面。

接空中球时，接球腿要屈膝提起，也可根据需要采用引撤或切挡动作，并在球落地时立即将球控制住。

2. 胸部接球

胸部接球技术的特点是触球点高，面积宽接球稳定，适用于接胸部以上的高空球。

动作方法：

挺胸式接球，适用于接有一定弧度的高球。接球时，身体正对来球，两腿自然开立，膝微屈，两臂在体侧自然抬起，上体稍后仰与来球形成一定的角度。触球刹那，胸部主动挺送，使球触胸后向前上方弹起后落于体前。

缩胸式接球适用于接齐胸的平直球。缩胸接球与挺胸接球的动作差异在于触球刹那，要靠迅速收腹、缩胸缓冲来球力量，使球直接落于体前。

胸部接球的触球点高，接球后球下落反弹。因此，在做完胸部动作后，需及时跟进将球控制在脚下。如要将球接向两侧时，身体在触球的刹那要向出球方向转动，带动球的变化。

3. 大腿接球

大腿接球技术的特点是接触球部位面积大，且肌肉丰厚有弹性，动作简便易做，适用于接有一定弧度的落降高球。

动作方法：

身体正对来球，选好支撑脚位置并稳固支撑，接球腿屈膝上抬，以大腿中前部对准来球。触球刹那，接球积极引撤下放，接球部位的肌肉保持功能性紧张，以对抗来球冲力，使球触腿后能够落于体前。

接力量较小的来球，还可采用大腿垫接的方法，即接球腿屈膝上抬迎接，触球刹那，大腿相对稳定，接球部肌肉适度紧张，将球向上垫起，用这种方接球，可在球落地前处理球，也可待球落地后将球控在脚下。

（四）头顶球

头顶球是指运动员用额部将球击向预定目标的动作方法。

现代足球比赛是一种立体的攻防战，攻守双方不仅在地面上寸土必争，在空中的对抗也互不相让。头顶球的击球位置高，是争取时间和空间主动的重要技术手段。尤其是在罚球区附近，头球的争夺对攻防双方都有举足轻重的意义，是一种快速简练、适用于进攻和防守的技术手段。

前额正面顶球技术的特点是触球部位平坦；动作发力顺畅，容易控制出球方向，出球平稳有力。

动作方法：

原地顶球时，身体正对来球，两腿自然开立，腿微屈，两眼注视来球。随球临近上体稍后仰，展腹挺胸，两臂自然张开，下颌收紧，身体自下而上地蹬地、收腹、摆体、顶送发力，当头摆至身体垂直部位时，用前额正面顶击球的后中部。

转身顶球时，身体稍侧对来球，出球方向一侧支撑脚靠前站立，以便转体发力。击球刹那，后脚用力向出球方向蹬转来带动身体转动，当身体转向出球方向时加速摆体，并用前额部顶击球。

跳起顶球时，要选好起跳位置，掌握好起跳时机，起跳脚积极蹬跳发力，手臂协调向上提摆，以加强起跳力量。起跳后，展腹挺胸，形成背弓，两眼始终注视来球。跳至最高点时，快速收腹摆体，下颌收紧，前额积极迎球顶送发力，并在顶球后屈膝缓冲落地。

鱼跃顶球时，要准确判断来球，掌握好起跳时机和击球点，利用积极后蹬使身体向前水平跃出，两臂微屈前伸，眼睛注视来球。利用身体的水平冲力将球顶击。出球后，两臂屈肘伸手撑地，随后胸部、腹部、大腿、小腿依次缓冲着地。

（五）抢、断球

抢、断球是指防守队员有目的地运用身体的某一部位，将对手控制下或传递中的球夺过来，并踢出去、破坏掉的技术动作方法。

抢、断球是运动员获得球的主要手段之一，是球队转守为攻的主要途径，也是运动员个人防守能力的综合体现。

抢断球动作方法说明如下：

1. 抢球

正面抢球。在逼近控球队员时，防守队员应控制好身体重心，两膝弯曲，上体略前倾，并注意观察对手的脚下动作，在对手触球的刹那，支撑脚前跨将球控住。如对方双脚触球，则应顺势向上做提拉动作，从而将球从对方脚背上带出。

2. 断球

断球的动作方法从比赛意义上讲是运动员根据防守和进攻的双重需要，合理地选用接球、踢球、顶球和铲球技术方法。如果需直接将球处理或破坏掉，就可选用踢球、顶球或铲球动作来实现，若是为了将球控在脚下，则可选用合理的接球动作来达到目的。动作的关键是判断准、起动快、连接紧。

三、足球基本战术

足球战术是指在足球比赛中，为了战胜对手，根据主客观情况所采取的个人行动和集体配合的方法。

（一）进攻战术

1. 摆脱与跑位

（1）摆脱。摆脱的方法可以采用突然起动、冲刺跑、急停、突然变向、突然变速和假动作等。

（2）跑位。跑位可以起到接应、策动、牵制和突破等作用。跑位的这些作用是随着场上情况的变化而不断互相转化的，因此队员应机动灵活，多谋善变，既要勤于跑位又要善于跑位。

2. 传球

（1）传球的目标。一般分为向脚下传和向空中传两种，但向前、向空位传球是主要的。若遇见有向几个队员同时传球的可能性时，应传球给对对方威胁大的队员。

（2）传球的时机。要掌握好传球的时机，要做到既不早又不晚，这就需要控球队员对本队和对方队员的位置和跑动路线能够有正确的判断。

（3）传球的力量。传球的力量应该适度、准确。在向被对方紧逼的同伴脚下传球时，传球力量要大些，并且将球传向远离防守队员一侧的脚，否则易被防守队员抢断；在向空当传球时，一般要求球到人到，人到球到，但在向有较大纵深距离的空当传球时，若突破接应的队员速度快，补位的防守队员离得也较远，传球的力量就要大些，以利于发挥突破队员的速度。

3. 运球突破

（1）控球队员在无人接应或不利于传球的情况下，要做到有意识地向左、向右运球以摆脱或向前突破对手。

（2）控球队员在对方罚球区或接近对方罚球区，一经运球突破便能获得射门机会时，应采用运球突破战术。

（3）在对方紧逼且队员处在一对一的情况下，一旦突破便可传中或进行传球渗透时，应大胆地采用运球突破战术。

（二）防守战术

1. 个人防守战术

（1）选位。防守队员选择的位置，原则上是站在对手与本方球门中心所构成的一条直线上，与对手的距离可根据场区以及球所处的位置来决定。另外防守者的选位还应使自己能够清楚地观察到场上的情况和球的移动方向，使球和人都能处在自己的视野之内。

（2）盯人。盯人是指防守者本人所处的位置能够限制、看守对手的活动，达到能及时地封堵对手的接球或其传球路线的目的。

2. 区域防守战术

区域防守是指每一个防守队员占据一定的活动区域，当进攻者进入该防区时，区域防守队员应实施积极防守，以限制进攻者在此区域内的活动。

保护与补位是局部地区集体防守的基础，保护是补位的前提，没有保护也就不可能有效地补位。防守队员补同伴在防守中出现的漏洞称为补位，它是防守队员间相互协助的集体防守战术。

3. 全局防守战术

全局防守战术包括盯人防守、区域防守和混合防守三种。

其中，混合防守战术就是盯人防守与区域防守相结合的防守方法。混合防守是目前世界各国所普遍采用的一种防守战术，它集中了盯人防守和区域防守两者的优点，从而在防守中能够根据场上情况进行逼抢、盯人和补位，以达到稳固防守的目的。

延缓对方进攻，快速退位到位，保持防守层次，紧逼盯人，严密封堵球门前30米范围，这是全体队员集体防守的关键。

第二节　篮球运动

一、篮球运动概述

篮球运动是美国詹姆士·奈·史密斯教授在1891年发明的。由于此项运动深受广大青少年学生的喜爱，因此在学校体育运动中占有着重要地位。

篮球运动有进攻和防守两部分。比赛时为了争得场上主动，在规则允许的情况下，双方都各自力求采用有效的技术和战术将球投入对方的球篮，以争取多得分而赢得比赛的胜利。

现代篮球运动的主要特点是高速度、高强度，无论传球、运球还是突破，都要快速、突然、有力，并在激烈对抗中完成技术动作，强调高空技术和高空优势，高度与速度的结合更加完善；要求具有高度的技巧性，传、运、投等技术动作要达到熟练自如、出神入化的地步，攻守对抗异常激烈，对争抢能力要求很高。

经常参加篮球运动，能改善中枢神经系统的机能，使运动分析器、前庭分析器特别是视觉分析器能够得到良好的训练，有利于促进学生完成动作的协调性，提高观察、判断和反应能力，增强循环、呼吸等器官系统的功能。紧张激烈的篮球比赛，还可以培养运动员积极、果断、勇敢、顽强的战斗意志和集体主义精神。

二、篮球基本技术

篮球技术是比赛中为了达到一定目的，所采用的各种专门动作方法的总称。

篮球进攻技术包括传球、接球、运球、投篮和持球突破等；防守技术包括防守对手、抢、打、断球等。无论进攻技术还是防守技术都含有移动和抢篮板球的技术。

（一）移动

1.移动的方法

移动是篮球技术的基础，是比赛中最常用的一项基本动作。进攻中为了摆脱对手，切入接球或合理运用几个动作，防守中为了抢占位置，堵截对手或抢断球，都离不开移动技术。

（1）基本站立姿势。基本站立姿势是运动员在场上既能保持稳定又能保持机动的站立姿势。

动作要领：两脚前后或左右开立，略比肩宽，两膝微屈，重心落在两脚之间，上体稍前倾，脚跟微微提起，两臂弯曲自然放于体侧，抬头含胸，目视前方。

关键环节：屈膝降低重心，保持最大的机动性。

（2）起动。起动是队员改变静止状态的一种办法。

动作要领：起动以后脚或异侧脚的前脚掌短促有力地蹬地，上体迅速前倾或侧转，向跑动方向移动重心，手臂协调摆动，脚快速向跑动方向迈出。起动后的前两三步，要短促而快速，在最短的距离内把速度充分发挥出来。

关键环节：移动重心，蹬地突然起动。

（3）跑。跑是队员在场上改变位置和提高速度的重要方法。

①侧身跑。这是队员观察场上情况，迅速摆脱与超越防守时采用的一种方法。

动作要领。跑动中头和上体自然地向有球方向扭转，脚尖朝向跑的方向，既要保持跑速，又要观察场上情况。

关键环节：上体侧身转肩，脚尖朝向跑的方向。

②变速跑。这是队员在跑动中利用速度的变换来完成攻守任务的一种方法。

动作要领：加速时，用前脚掌短促有力地蹬地，上体稍前倾。减速时上体稍直立，前脚掌用力抵住地面，从而降低跑速。

关键环节：采用身体重心的前移后倒，运用脚的后蹬、前顶来改变速度。

③变向跑。这是队员在跑动中突然改变方向并加快速以求能够摆脱防守的一种方法。

动作要领：从右向左变向时，右脚尖稍内扣，同时右脚前脚掌内侧用力蹬地，随之腰部扭转，上体向左前倾，左脚向左前方跨出一小步，右脚迅速向左腿的侧前方跨出一大步，继续跑动。

关键环节：右脚蹬地，屈膝内扣，转移重心，加速跑动。

④后退跑。这是队员在场上背对跑动方向的一种跑动方法。

动作要领：用两脚的前脚掌交替蹬地向后跑动，同时提踵，身体稍前倾，并保持抬头观察场上情况，两臂协调摆动以保持身体平衡。

关键环节：前脚掌蹬地、提踵，并保持身体平衡。

（4）跳。跳是队员在场上争取高度和远度的一种方法。

①双脚起跳。多用于跳球、投篮、抢篮板球以及抢断球。

动作要领：起跳前两膝弯曲，重心下降，上体稍向前倾，两臂弯曲，肘外张。起跳时，两脚用力蹬地，并用提踵、提腰、摆臂的力量，使身体向上腾起。落地时，前脚掌先着地，屈膝缓冲，保持平衡以便衔接下一个动作。

关键环节：重心下降，用力蹬地，腰臂协调提摆，身体自然伸展。

②单脚起跳。多用于改变方向、接球、投篮和冲抢篮板球。

动作要领：起跳时，最后一步步幅要小，起跳脚用全脚掌着地，屈膝降重心，用力蹬地。另一腿屈膝上抬，同时摆臂提腰帮助起跳，落地时屈膝保持平衡。

关键环节：起跳腿屈膝迅速蹬伸，摆动腿、腰、臂协同向上用力。

（5）急停。急停是队员在起跑中突然制动速度的一种方法。

①跨步急停（两步急停）。跨步急停时注意两拍的节奏。

动作要领：急停时先向前跨出一大步接着在第二步落地的同时，两膝深屈，腰胯用力，重心下降，身体稍向侧转，用前脚掌内侧蹬地，重心在两脚之间。

关键环节：第一步脚掌抵地屈膝，上体侧转移重心；第二步用力抵地体内转，降重心。

②跳步急停（一步急停）。跳步急停时要注意身体平稳。

动作要领：急停时用单脚或双脚起跳，身体稍后仰，两脚同时平行或前后落地，屈膝，重心下降，保持身体平衡。

关键环节：降低重心，保持身体平衡。

（6）转身。转身是队员以一脚为中枢脚和另一脚蹬地向前后跨出来改变站立的位置和方向，以利进攻或防守的一种方法。

①前转身。是指移动脚向中枢脚前面跨步使身体改变方向。

动作要领：向左做前转身时，左脚为中枢脚，左脚提踵，前脚掌用力蹬地，右脚前脚掌内侧蹬地，上体平稳左转，右脚蹬地后迅速跨步落地。

关键环节：中枢脚前脚掌蹬地，转体、跨步要快，身体要保持平稳。

②后转身。是指移动脚向中枢脚后面跨步使身体改变方向。

动作要领：向右做后转身时，左脚为中枢脚，左脚提踵，前脚掌用力蹬地，右脚前脚掌内侧蹬地，同时用力向右后方转胯、转身，右脚蹬地后迅速落地，身体平稳。

关键环节：中枢脚提踵，前脚掌蹬地，同时转胯、转肩要快。

（7）滑步。滑步是防守时堵截对方路线的一种移动方法。

动作要领：向左滑步时，左脚向左跨出，落地的同时右脚滑动跟随左脚移动，左脚又继续跨出。

关键环节：屈膝降低重心，水平滑动。

（8）交叉步。交叉步是为了及时地起步、抢位来变换和保持有利的位置并与其他步法结合的方法。

动作要领：交叉步向右时，左脚用力蹬地迅速从右脚前向右交叉迈出，上体稍右转，左脚落地，右脚迅速向右侧跨步，控制重心。

关键环节：用力蹬地，两脚交叉动作要快。

（9）后撤步。后撤步是变前脚为后脚的一种方法。

动作要领：后撤步时，屈膝，重心降低，用前脚掌内侧着地，同时腰部用力向后转胯，前脚后撤，后脚踞地，然后用力蹬地紧接滑步，然后保持防守位置。

关键环节：前脚用力蹬地，转胯迅速后撤。

（10）攻击步。攻击步是防守队员突然前移，进行抢球、打球或破坏对手接球、传球、投篮等防守行动的一种步法。

动作要领：做攻击步时，后脚猛力蹬地，前脚突然迅速向前跨出逼近对手。落地时重心偏在前脚上，前脚同侧手前伸做干扰和抢截性防守动作。

关键环节：两脚向前蹬跨突然，落地身体重心平稳。

2. 移动练习

（1）基本站立姿势练习。原地进行移动重心的模仿练习。

（2）起动及各种跑的练习。①基本站立姿势或各种不同情况下的听信号或看手势快速起动练习；②每人一球向前抛，球离手后快速起动接住球；③利用场内的圆圈和线做侧身跑；④跑动中听信号做变速跑、变向跑。

（3）跳的练习。①原地双脚起跳练习；②行进间单脚起跳练习。

（4）急停练习。①跑动中听信号做急停练习；②跑至规定的位置做急停练习。

（5转身练习。①原地做跨步、撤步、前转身、后转身练习；②急停后做转身跑的练习。

（6）防守步法练习。①看手势或听信号做各种脚步移动练习；②一对一攻守练习。

（7）滑步和交叉步练习。①原地做滑步和交叉步练习；②跑动中听信号做滑步和交叉步练习。

（8）攻击步练习。①原地练习攻击步伐；②一对一做攻击练习。

（二）传、接球

1. 传、接球方法

传球是篮球比赛中进攻队员之间有目的地转移球的方法，是场上队员之间相互联系和组织进攻的纽带，也是实现战术配合的具体手段。

接球是持球进攻的基础。只有接好球，才能进行传球、投篮、突破或运球等。接球与传球是紧密联系的，接球技术好，可以弥补传球的不足，减少传球失误。接球也是抢篮板球和断球的基础。

（1）传球方法

①双手胸前传球

动作要领：两手五指自然分开，拇指相对呈八字形，用指根以上部位持球的侧后方，手心空出，两肘自然弯曲于体侧，将球置于胸前。肩、臂、腕部肌肉放松，两眼注视传球目标，身体呈基本姿势。传球时，后脚蹬地，身体重心前移，同时两臂前伸，手腕由下向上翻转，同时拇指用力下压，食指、中指用力弹拨，将球传出。出球后手心和拇指向下，其余手指向前。

关键环节：蹬地、伸臂、翻腕、抖腕、拨指动作要协调连贯。

②双手头上传球

动作要领：双手持球于头上，两肘向前。近距离传球时，小臂前摆，手腕前扣并外翻，同时拇指、食指、中指用力向前拨球。传球距离较远时，要求要蹬地，并通过腰腹力量带动上臂发力，小臂前甩，腕、指用力前扣，将球传出。

关键环节：小臂前摆和手腕前扣快速有力，带动手指用力拨球。

③单手肩上传球

动作要领：以右手为例。右手传球时，左脚向传球方向跨出半步，同时双手将球引到右肩侧上方，肘关节外展，手腕后屈，右手持球的后下方，左肩对着传球方向，重心落在右脚上。出球时，右脚蹬地的同时转体带动上臂，肘领先，前臂迅速前甩，手腕前扣，最后通过食指、中指、无名指的弹拨下压动作将球传出。

关键环节：转肩带动送肘，快速向前挥甩前臂，手腕、手指用力拨球。

④反弹传球

动作要领：反弹传球时，向前下方用力，击地点根据防守者的位置决定，一般应在传球者距离接球者2/3的地方。球弹起的高度一般在接球人的腹部为宜。

关键环节：出球要快，击地点适当。

（2）接球方法

①双手接球

动作要领：接球时要伸臂迎球，五指自然分开，肩、臂、腕、指放松。当手指接触到球时，手臂顺势后引缓冲来球的力量，两手持球于胸腹之间。

关键环节：随球的高低移动重心，伸臂迎球，顺势缓冲。

②单手接球

动作要领：以右手为例。右手接球，左脚向来球方向迈出，手臂伸出，五指自然分开，掌心正对来球，腕、指放松。当手指触球时，手臂顺势将球后引，收臂置球于身前或体侧，另一只迅速扶球。

关键环节：伸臂迎球，并在触球后顺势后引，另一只手迅速扶球。

2. 传、接球练习

（1）原地传、接球练习。①原地持球模仿练习；②两人一组一球，对面站立进行传、接球练习。

（2）行进间传、接球练习。①迎面移动中传、接球练习；②两人一组，全场直线跑动传、接球练习；③三人直线跑动传、接球练习。

（三）运球

运球是队员在原地站立或移动中，用单手连续按拍和迎引从地面反弹起来的球。

1. 运球方法

（1）高运球

动作要领：抬头，目视前方，上体稍前倾，以肘关节为轴，用手按拍球的后侧上方，球的落点在身体侧前方，球反弹的高度在腰、胸之间。

关键环节：以肘关节为轴，大小臂协调地上下迎送球。

（2）低运球

动作要领：抬头目视前方，两腿迅速弯曲，降低重心，上体前倾，以身体和靠近防守队员一侧的腿来保护球。同时用手短促地按住球，控制球从地面反弹的高度在膝关节以下，以便摆脱防守继续前进。

关键环节：降低重心，手臂、腕、指协调用力来控制球。

（3）运球急起、急停

动作要领：运球急起时，后脚用力蹬地，同时按拍球的后侧上方，向前运球，以超越对手。运球急停时，手按拍球的前上方，同时两脚做跨步急停，并转入低运球，用臂、身体和腿来保护球。

关键环节：注意触球部位及手型的变化，护球于体侧。

（4）体前变向换手运球

动作要领：在行进中运球，右手按拍球的右上方，使球弹向左侧，右腿迅速向左前方跨步，上体左转，侧肩贴近防守者，左手拍球的右侧，突破防守者。

关键环节：变向的同时，侧肩转体，严格控制球的落点，跨步移动超越对手要快。

2. 运球练习

（1）原地高、低运球。运球手法要正确。体会手指、手腕上下按的动作以及手触球的部位和控制球的要领。

（2）直线运球。运球动作协调，运球过程中，要注意抬头。

（3）运球急起、急停。纵队于端线外，听到信号后，运球急起，到中线时急停，再急起到端线。同样的方法返回。在场内设标志线，听信号后，运球急起，到标志线时，运球急停。重复练习。

（4）换手变向运球。弧线运球：沿罚线圈、中圈做弧形运球到对面的端线，再沿边线做直线运球返回。圆圈运球：沿罚球圈、中圈做圆周运球到对面的端线，再沿边线做直线运球返回。

（四）投篮

1.投篮方法

投篮是指进攻队员为将球投入对方篮筐而采用各种专门动作的总称。

（1）原地双手胸前投篮。动作要领：双手持球于胸前，两肘自然下垂，两脚前后或左右开立，重心落在两脚掌上，目视瞄准点。投篮时，两脚蹬地的同时，腰腹伸展，两臂向前上方伸出，两手腕同时外翻，拇指稍用力压球，使球通过拇指、食指、中指指端投出。投球出手后，脚跟提起，腰、臂随出球方向自然伸展。

关键环节：向上送臂、翻腕、外拨球，肩、肘关节自然放松，全身协调一致发力。

（2）原地单手肩上投篮

动作要领：右手持球于肩上，左手扶球的左侧，右臂屈肘，前臂与地面接近垂直，两腿微屈，右脚在前，重心落在两脚掌上。投篮时，右臂随腿的蹬伸和腰腹的伸展，抬肘向前上方充分伸直，利用手腕前压的动作，使球从食指、中指指端投出。球离手时，手臂要随球自然跟送，脚跟提起。

关键环节：蹬地展体，抬肘伸臂，屈腕弹指协调配合。

（3）行进间单手低手投篮

动作要领：右脚向前跨出时接球，第二步继续加速，向前上方跳起，腾空时臂向上伸展，接近球篮时，用手指上挑的动作，使球向前旋转投向球篮。

关键环节：向上起跳，直臂举球，指腕挑拨。

（4）行进间单手肩上投篮

动作要领：右脚向前跨出时接球，接着左脚迅速起跳，右腿屈膝上抬，同时举球至肩上，左脚蹬地腾空后上体稍后仰。当身体达到最高点时，右手臂伸直，利用手腕前屈和手指力量将球投出

关键环节：向上起跳，举球，腕、指用力。

（5）运球急停跳起投篮

动作要领：快速运球中，最后两步稍减速，利用跨步或跳步急停接球起跳，同时双手持球迅速上举，两脚用力蹬地，身体腾空接近最高点时，伸臂，用腕、指的力量将球投出。

关键环节：急停与起跳衔接连贯。

2. 投篮练习

（1）原地投篮。①徒手投篮模仿练习：听信号做持球—举球—投篮出手的练习；②持球模仿练习：两人一组一球，相距一定距离，对投练习；③正面定点投篮练习：一纵队近距离投篮，投篮后抢篮板球，将球传给后边的人投篮。

（2）行进间投篮。①行进间投篮的基本脚步动作练习：两人一组一球，一人托球，另一人在走动或慢跑中跨右脚同时拿球，然后跨左脚并起跳，做右手肩上投篮练习，然后互换；②一纵队在与球篮呈投篮 45 度角的位置运球投篮：每人一球，运球投篮后，抢篮板球。

（3）跳起投篮。①原地跳起投篮模仿练习：两人一组一球，相距一定距离，做原地跳起投篮练习；②运球急停跳起投篮练习：半场运球，到限制区附近时，急停然后跳起投篮。

（五）持球突破

1. 持球突破方法

持球突破是持球队员运用脚步与运球技术相结合的快速超越对手的一项攻击性很强的进攻技术。它是由蹬转、转体探肩、放球、加速几个技术环节所组成。

（1）交叉步持球突破

动作要领：以防守队员右侧突破为例。两脚左右开立，两膝微屈，持球于胸前，突破前先做瞄篮或其他假动作。突破时，左脚内侧蹬地，并向左前方迈出一大步，上体左转，右肩向前下压，将球引至左侧，在右脚离地前用左手推拍球于迈出脚的前方，同时右脚用力蹬地，加速并超越对手。

关键环节：蹬地、跨步、转体探肩动作连贯，蹬跨第一步要大，紧贴对手，二次加速要快，

（2）同侧步持球突破

动作要领：以防守队员左侧突破为例。准备姿势与交叉步持球突破相同。突破时，用左脚掌内侧用力蹬地，右脚迅速向防守队员的左侧跨出，同时上体稍右转，左肩下压，重心前移，用右手放球于右脚侧前方，左脚迅速跨步抢位，用右手推拍球，加速超越对手。

关键环节：跨步、放球快速连贯，中枢脚离地前球要离手。

（3）跨步急停持球突破

动作要领：当同伴传球时，迅速伸臂迎球，合理急停并接住球。落地后，两腿屈膝，重心降低，保持平衡，保护好球，然后再根据防守队员的位置和情况做交叉步或同侧步以突破防守。

关键环节：摆脱移动，伸臂迎引球和跨步的衔接要协调连贯，接球急停要稳，确定中枢脚，起动要快。

2.持球突破练习

（1）原地持球突破练习。①徒手模仿突破的各种脚步动作。每人一球，面向球篮站立；②做瞄篮动作后，快速向左侧或右侧做跨步突破动作，然后收腿还原，重复练习；③一纵队于罚球圈附近，做原地交叉步和同侧步持球突破练习。

（2）跳步急停持球突破练习。①每人一球，向前抛球，高度在胸腹之间，单脚蹬地并随球向前做一步急停接球，两脚平行落地，再衔接交叉步或同侧步持球突破动作；②每人一球，向左或右侧前方抛球，然后用同侧脚蹬地，单手领球做跨步急停，再做侧步或交叉步持球突破动作；③两人一组，一人传球，另一人跑上一步急停接球，然后用交叉步或同侧步迅速突破上篮。

（六）抢篮板球

1.抢篮板球方法

抢篮板球是投篮不中时，双方争夺控制球权的一项技术。抢篮板球技术是一项联合技术动作，由抢占位置、起跳动作、空中抢球动作和获球后的动作所组成。

（1）双手抢篮板球

动作要领：起跳后，身体在空中充分伸展，以尽量扩大制空范围，两臂同时伸向球的落点方向，当身体和手至最高点时，双手将球握住，腰腹用力，迅速收臂将球持于胸前。

关键环节：身体在空中充分伸展，腰腹用力，收臂。

（2）单手抢篮板球

动作要领：起跳后，身体和手臂充分向球的落点方向伸展。在最高点指端触及球时，用力屈腕、屈指迅速握球，随之屈臂拉球于胸前，另一手护球。

关键环节：屈臂拉球，另一手护球。

2.抢篮板球练习

（1）徒手模仿练习。①原地起跳，双手或单手抢篮板球动作的模仿练习；②助跑单脚起跳触篮板练习；③结合上步、跨步、转身和滑步等脚步动作，做单、双脚起跳抢篮板练习。

（2）判断起跳和抢球练习。①每人一球，抛球击篮板，上步起跳，用双手或单手在空中抢反弹回来的球；②每人一球，在跑动中向不同方向抛球，并在起跳后用双手或单手抢球。

（3）对抗情况下的抢篮板球动作练习。①一对一的攻防训练。一队员防守，另一人进攻。进攻队员投篮后，摆脱防守冲抢篮板球，防守者积极跟进。②二对二攻防训练。攻方两人投篮后，设法摆脱防守，冲抢篮板球，防守者迅速跟进。③三对三攻防训练。攻方三人经配合后投篮，并摆脱防守者冲抢篮板球，防守者及时调整防守位置，始终保持正确防守姿势。

（七）防守对手

1. 防守方法

防守对手是防守队员合理地运用脚步移动和手臂动作，并积极主动地抢占有利位置，以阻挠和破坏对手进攻的行动。

（1）防守无球的对手

动作要领：防守无球的对手时，根据球和对手所处的位置确定和调整自己的防守位置。当对手处在强侧（有球侧）时，应采取错位防守，即站在球与对手的传球路线的内侧位置，面向人、侧向球的站法，不断逼近对手。当对手处于弱侧（无球侧）时，应向球和球篮方向靠拢，做侧向人、面向球的站法，松动防守。移动的同时，应借助手臂的动作，来扩大防守面。

关键环节：抢占位置，积极移动。

（2）防守有球的对手

动作要领：在防守过程中，一旦自己所防的对手接到球，防守者要及时调整与对手的位置和距离，应做到球到手，人到位。在占据了对手与球篮之间的有利位置的基础上，与对手保持适当距离。离篮远则远，离篮近则近，根据有球对手的意图及球篮的距离，采用平步或斜步防守，并合理运用抢球、打球、断球等技术。

关键环节：判断准确，动作突然，保持身体平衡。

2. 防守练习

（1）防守无球对手的练习。①防守移动步法的练习，见移动部分；②半场或全场的一攻一防练习。

（2）防守有球对手的练习。①两人一组，一攻二防，进攻队员做投、切动作，防守队员抢、打球；②三人一组，两人传球，一人做横断或纵断球练习。

三、篮球运动基本战术

篮球运动战术是指在篮球比赛时，根据篮球运动的特点和具体对象，所确定的攻、防集体配合及全队协调行动的特定组织形式和方法。

（一）快攻与防守快攻

1. 快攻

快攻是由防守转入进攻时，以最快的速度，在对方尚未部署好防守之前，以时间、人数和位置上的优势，果断而合理地进行攻击的一种快速进攻战术。

快速进攻战术的组织形式有长传快攻、短传快攻和结合运球突破快攻。快攻战术的组织结构是由发动、接应、推动、结束四个阶段组成的。

发动快攻的时机：抢获后场篮板球、抢或断得球后、掷界外球、跳球获球后。

快攻战术练习方法包括三点：

（1）发动与接应的练习。先练抢获篮板球发动快攻与固定接应，再增加难度练习。

（2）快攻推进阶段的练习。先练中路推进，再练边线推进，最后中、边结合。

（3）快攻结束阶段的练习。

要求：一传要快，接应队员主动选位。

2. 防守快攻

防守快攻是有组织地制约对方速度和破坏快攻路线的配合方法。

防守快攻的方法有：拼抢进攻篮板球、封堵第一传和接应、封堵推进。

防守快攻的练习方法包括三点：

（1）封堵第一传和接应。二攻二守或三防三夹击第一传以封堵接应队员。

（2）以少防多的练习。一防二或二防三练习。

（3）全场综合防守快攻的练习。二防二、三防三、五防五练习。

（二）人盯人防守与进攻人盯人防守

1. 人盯人防守

人盯人防守战术是指每个防守队员在盯住自己对手的同时，进行集体防守的战术。包括半场缩小（松动）人盯人和半场扩大（紧逼）人盯人及全场紧逼人盯人。

人盯人防守的练习方法包括五点：

（1）个人防守能力的训练。

（2）在进攻队员球动人不动的条件下的防守队员选位练习。

（3）在进攻队员人动球动条件下的防守练习，

（4）半场攻守练习。

（5）全场紧逼人盯人练习。

2. 进攻人盯人防守

进攻人盯人防守是根据人盯人防守特点，综合运用传球、投篮、运球、突破等个人技术动作和传切、掩护、策应等几个人之间的战术基础配合所组成的全队进攻战术。

进攻人盯人防守的练习方法包括四点：

（1）战术分段、分位练习。

（2）在消极防守情况下的全队战术练习。

（3）半场攻防对抗情况下的战术练习。

（4）进攻全场紧逼人盯人防守的练习。

（三）区域联防与进攻区域联防

1. 区域联防

区域联防是防守队员由攻转守并迅速退回半场后，每个人分工负责防守一定的区域，严密防守进入该区域的球和进攻队员，并与同伴协同防守而构成的一种集体防守战术。

区域联防的练习方法包括以下四点：

（1）基本落位队形的练习。

（2）分解练习：一防二、二防三、防溜底线、防背切、防中锋等的练习。

（3）消极进攻情况下的五对五完整练习。

（4）积极进攻对抗情况下的完整练习。

2. 进攻区域联防

进攻区域联防是在了解和掌握区域联防的特点和规律的基础上，尽量避免造成一对一阵形，针对其薄弱环节，并结合本队具体情况，确定进攻重点，所组织的具体且有针对性的进攻战术配合。

进攻区域联防的练习步骤与方法包括三个方面：

（1）全队战术的跑位练习。先按规定的落位和进攻方法练习。

（2）分解练习。中锋策应、局部配合。

（3）对抗情况下的练习。半场五对五的全队完整战术练习。

第三节　排球运动

一、排球运动概述

排球运动是1895年由美国马萨诸塞州霍利奥克基督教青年会干事摩根先生发明的。最初的排球是根据网球的打法发展而来的。1905年这种运动传到中国，当时中国的打法是每队16人出场比赛，分站4排，每排4人，故名"排球"。1947年，国际排球联合会成立，并决定世界性的排球比赛采用美式6人制。

目前世界性的排球比赛有世界锦标赛、奥运会和世界杯赛。1949年举行了首届男子排球世界锦标赛，1952年举行了首届女子排球世界锦标赛。1964年在第18届奥运会上排球被列为正式比赛项目，1965年又成功举办了第1届男子世界杯赛，1973年举办了第1届女子世界杯赛。以上三大排球比赛均是每四年举行一次，其比赛顺序为：奥运会的第二年是世界杯赛，第三年为世界锦标赛。规模最大的赛事为世界锦标赛。

当前排球运动的发展趋势是"全、高、快、变"，尤其是网上争夺与对抗日趋激烈化，着重表现在网上的突破与反突破、限制与反限制更为激烈，扣球技术水平的高低已成为能否在世界大赛夺魁的关键。

排球运动既可作为一项竞争激烈的竞技项目，也可作为一种余暇型的体育活动内容。经常参加排球运动不仅能提高人们的力量、速度、反应、灵敏、耐力等身体素质，还能培养人们机智、果断、冷静等品质，它对人体的身心发展具有良好的促进作用。

二、排球基本技术

（一）准备姿势与移动

准备姿势的目的是为了便于做好下一个动作，而移动的目的则是要迅速地接近球，站好位。它们是完成各项技术的重要条件。

1. 准备姿势

（1）两脚左右开立（略宽于肩），站左半场的队员左脚稍前，站右半场的队员右脚稍前，站场中的队员左右平行开立。

（2）两眼注视来球，两膝弯曲并内扣（膝部的垂直面超过脚尖），脚跟提起，上体前倾，含胸收腹，两肩的垂直面超过膝部。

（3）两臂自然弯曲，置于胸腹之间，两手掌心相对，手指自然张开。

2. 移动

（1）并步。移动时，前脚先向前（或左、右）迈出一步，同时后脚用力蹬地，在前脚落地后，后脚立即并上成准备姿势。

（2）滑步。在并步的基础上，连续滑动。

（3）交叉步。向右侧移动时，身体稍向右转，左脚从右脚前面向右交叉跨出。

（4）跨步。移动时，一脚支撑并蹬地，另一脚向来球方向跨出一大步，上体前倾，重心自然移至跨出腿上，后脚蹬地随着重心移出而跟着上步成准备姿势。

（5）跑步。两脚用力蹬地，迅速起动，两臂用力摆动，加快步伐，争取跑到球的落点位置，并逐步降低身体重心，并保持好击球的准备姿势。

（6）后退步。移动时，身体保持稍低的姿势，两脚交替快速向后退步，重心应保持在前面。

3. 准备姿势与移动练习

（1）原地做准备姿势。

（2）慢跑中，听教师信号做准备姿势。

（3）学生在准备姿势的基础上，通过看教师的手势来做向前后左右的移动。

（4）两人一组，一人抛球，一人按步法要求移动接球。

（5）利用排球场内各条线，做各种移动步法练习或接力赛。

（二）传球

1. 传球方法

传球是接应一传或防守后，把球传给扣球手的以进攻为主的技术，是进行比赛与组织战斗的基础。传球技术包括正面传球、背向传球和体侧传球等。

下面以正面传球为例进行介绍：

（1）准备姿势。两脚前后站立，后脚跟稍提起，两膝微屈，上体稍前倾，双手由下提起置于胸前，两肘自然下垂。

（2）击球点。击球点一般在脸前，当来球距脸前约一个球左右的距离时，便要做击球动作。如果来球较平，击球点可稍低一些；如果来球弧度高或向上、向后传球，击球点可调整稍高一些。

（3）传球手形。当手触球时，其手型应该是手腕稍后仰，小拇指斜对前方，拇指相对成一字形，手指自然微屈成半球形与球体吻合。

（4)击球的用力。传球时，要利用蹬地伸膝向上展体和伸臂的动作，协调用力迎击球，并以拇指、食指和中指负担球的压力，无名指和小拇指帮助控制球；球触手的瞬间，手指和手腕应保持一定的紧张程度，利用手指的弹力和手腕、手臂与身体协调的力量将球传出。

（5）手感。手感是控制球的核心，主要靠手指、手腕主动而细微的动作来进行这种调整。

2. 传球练习

（1）原地徒手模仿传球。

（2）两人一组，一人抛球，一人接球（体会击球点与手型的动作）。

（3）两人一组，一抛一传。

（4）两人对传球，先自传一次，再传给对方。

（5）两人一组，隔网对传。

（6）三人一组，三角传球。

（7）两纵队相向跑动传球。

（三）垫球

1.垫球方法

垫球是接发球和后排防守的主要技术动作，是组织进攻和反攻战术的基础。垫球技术包括正面双手垫球、体侧垫球、背垫、正面低姿势垫球、跨步垫球、滚动垫球、鱼跃垫球以及挡球等。

下面以正面双手垫球为例进行介绍：

（1）垫球前。正面对准来球，两脚前后开立，身体稍前倾，大小腿自然弯曲，两臂插入球下。

（2）手型。双手自然叠掌互握，两臂夹紧，手腕下压成直臂。

（3）触球部位。触球部位在腕关节以上10厘米左右桡骨内侧平面。

（4）击球点。击球点在腹前一臂距离左右。

（5）击球用力。伴随着蹬地、提腰、抬臂，以肩关节为轴击球的后中下部。垫球的用力大小与来球的力量成反比，与垫出球的距离成正比。

2.垫球练习

（1）原地徒手模仿练习。

（2）两人一组，一抛一垫（先原地、后移动）。

（3）自垫。

（4）两人一组对垫球。

（5）三人一组，三角形连续垫球。

（6）两人一组，一发一垫（距离由近至远）。

（7）隔网一发一垫。

（8）两人一组，一扣一防。

（四）发球

1.发球方法

发球是比赛的开始，也是进攻的开始。发球的目的在于直接得分或破坏对方的进攻战术，以减轻防守负担，并创造反攻的有利条件。发球技术包括：正、侧面的上手发球，正面下手发球，正面上手飘球，侧面勾手飘球和跳发球等。

下面以侧面上手发球、正面上手发球和正面下手发球为例进行介绍：

（1）侧面上手发球

①准备姿势。左肩对网站立，两脚左右开立，与肩同宽，两膝微屈，上体稍前倾，重心落在两脚间或稍偏右脚，左手持球于腹前。

②抛球。左手将球抛至左上方1米左右，约离身体一臂远。

③击球。在抛球的同时，右臂摆至右侧后下方，手指微屈而紧张，利用右脚蹬地和向左转体的力量，带动右臂向前摆动，在左前上方用大拇指根用力击球的后中下部，以小幅仰角将球击出。击球时，手臂要伸直，眼睛要看球。

（2）正面上手发球

①准备姿势。正面对网，两脚前后开立（右手发球，左脚在前），左手持球置于胸前。

②抛球。左手将球垂直平稳地抛起到右肩的前上方，高度在击球点上方约1—2球的位置。

③击球点。略高于头部的右前上方。

④击球。在抛球的同时，右臂屈肘后引（肘部与肩部齐平），手掌置于头的右后方，上体略向右侧移动，抬头、挺胸，身体重心移至右脚。击球时，身体重心前移，利用收腹动作带动右臂迅速向前上方挥动，伸直手臂，在最高点用全手掌击球的后中下部，在手触球的一刹那，手腕适当地向前推压。

（3）正面下手发球

①准备姿势。正对球网，左脚在前，右脚在后，两膝微屈，左手持球置于腹前，右臂自然下垂。

②抛球。左手将球在体前右侧抛起，离手约20—30厘米。

③击球。右脚踏地，身体重心前移，右臂伸直，以肩为轴，向前摆动到腹前，用虎口掌根或手掌击球的后下部。

2. 发球练习

（1）分组发球对抗。两组完成同样的发球数，统计失误数并查找失误原因。

（2）定线、定区交替发球。如指定第一个发球发直线，第二个球必须发斜线；第一个球是前场，第二个球必须是后场等。要求线路清楚、落点准确。

（3）分组对抗性练习。两人一组完成相同数量的发球，谁先失误，谁便要受罚。

（五）扣球

1. 扣球方法

扣球是最积极、有效的进攻方法，是进攻中最有力的武器，也是一个队实力强弱的重要标志。扣球技术包括正面扣球、勾手扣球、快球、单脚起跳扣球和调整扣球等。扣球技术比较复杂，它的技术结构包括准备姿势、判断、助跑、起跳、空中击球和落地几个相衔接的动作部分，整个动作必须协调、连贯，具有鲜明的节奏和独特的时间和空间概念。

下面以正面扣球为例进行介绍：

（1）准备姿势。两脚自然开立，一脚稍前，两膝稍屈，身体稍前倾，眼睛注视来球，并随时准备向各方向助跑。

（2）判断。首先是对一传的判断，然后根据二传手传出球的飞行方向、弧度和速度，判断好球的落地，以选好起跳点和起跳时机。

（3）助跑。以两步助跑为例，左脚先迈出第一步（决定方向），紧接着右脚跨出一大步（选择起跳点），支撑点在身体重心之前，并以脚跟先着地过渡到全脚掌着地，同时左脚随即在右脚稍前的地方着地，身体重心降低，两膝弯曲并内扣，两臂经体侧摆至体后下方，准备起跳。

（4）起跳。起跳时，上体前倾，两脚迅速有力地蹬地，两臂由体后下方继续向体前上方挥摆，同时快速展腹，带动全身腾空而起。

（5）空中击球。起跳后，上体稍后仰，并稍向右侧扭转，挺胸展腹，左手自然置于体前，右臂屈肘举起，肘关节指向侧方，并高于肩部，手置于头的右侧方，前臂、手腕、手指放松，五指微张，手掌成勺形；击球时，利用迅速转体收腹动作带动手臂猛烈地挥击，同时，手臂要伸直，用全掌击球的后中上部，手腕快速下甩。

（6）落地。落地时，受到的压力应由前脚掌过渡到全脚掌，同时顺势屈膝，收腹，以缓冲下落的力量，并立即准备做下一个动作。

2. 扣球练习

（1）集体进行一步助跑起跳练习。

（2）集体进行两步助跑起跳练习。

（3）原地的挥臂动作练习。

（4）网前助跑起跳的完整练习。

（5）两人一组，一人双手举高球，另一人原地扣球。

（6）两人一组，对地扣球练习。

（7）助跑起跳扣网前固定吊球练习。

（8）做一步助跑起跳扣球的完整性练习（教师或学生抛球）。

（9）做两步助跑起跳扣球的完整性练习（教师或学生抛球）。

（六）拦网

1. 拦网方法

拦网是防守的第一道防线，也是反攻的重要环节。成功的拦网，可以直接拦死或拦回对方的扣球，使本方由被动转为主动，也可以将有力的扣球拦起，为本队防守减轻压力。有效的拦网可以对扣球者造成心理上的威胁，从而削弱对方进攻的锐气和信心。

（1）单人拦网

①准备姿势。取位离中线20—30厘米处，两脚左右开立与肩同宽，两膝弯曲，上体微前倾，两臂自然弯曲置于胸前，做好起跳准备。

②起跳。两脚用力蹬地，两臂在体侧前方划小弧用力上摆，以带动身体垂直上跳。

③空中击球。起跳后稍收腹，以便控制平衡和延长腾空时间。腾空后，两臂从胸前向头上方伸出，提肩举手，两手间的距离小于球体，手指、手腕紧张并尽可能靠近球。触球时，两手手腕下压。

（2）集体拦网

①起跳时应避免互相干扰或冲撞。

②起跳后，手臂在空中既不要相互重叠，缩小拦网面，又不要间隔太大造成中间漏球。

③如对方从 4 号位组成拉开进攻时，应以本方 2 号位队员拦网为主，3 号位队员移动配合，组成集体拦网；如对方 4 号位扣集中球，则应以本方 3 号位队员拦网为主，2 号位队员移动配合组成集体拦网；如对方从 3 号位进攻，一般以本方 3 号位队员拦网为主，2 号或 4 号位队员协同配合；如对方从 2 号位进攻，则以本方 4 号位队员拦网为主，3 号位队员移动配合。移动的步法一般采用并步、交叉步或跑步等。

2.拦网练习

（1）原地网前起跳做徒手拦网练习。

（2）教师或学生站于网对面高台上持球，学生轮流做起跳拦网练习。

（3）两人一组隔网相对站立，同时做向两侧移动一步的起跳拦网动作练习。

（4）两人一组，一抛一拦。

（5）一组从对方 4 号位或 2 号位扣球，另两人一组进行集体拦网练习。

三、排球的基本战术

（一）发球的个人战术

（1）攻击性发球。尽量准确地发出弧度平、速度快、力量大、旋转性强或幅度大的攻击性球以破坏对方一传并争取直接得分。

（2）准确性发球。可将球准确地发到对方两个队员之间的连接区、前区、后区死角三角地带或对方交换位置活动区，以破坏对方一传。

（3）发给一传差、信心不足、连续失误、情绪不稳和精力分散的对方队员。

（二）扣球的个人战术

（1）扣球时避开拦网队员的手。①扣球时运用路线的变化，灵活采用扣直线球、斜线球和小斜线球等；②运用转体、转腕的扣球技术，以达到突然改变扣球线路的目的；③运用扣球或吊球的技术，从拦网队员手的上方进行突破；④运用时间差扣球使对方达不到拦网的目的

（2）扣球时利用拦网队员的手。①利用打手出界来破坏对方的严密拦网；②运用

轻扣拦网队员的手，造成球随拦网队员一起落下。

（3）根据临场情况采用的扣球战术。①运用二次球扣球，或佯传突转扣球使对方来不及拦网；②找人、找点扣球，找对方技术差者或空当进行扣球。

（三）拦网的个人战术

拦网是被动技术，要变被动为主动，关键在于隐蔽，这样才能造成对方扣球队员判断错误而使己方拦网成功。

（1）拦网队员可站直拦斜、站斜拦直或正拦侧堵、侧堵正拦，并可运用取位和空中变化的假动作迷惑对方。

（2）有时可制造假象，使对方受骗。如假装露出中路空当，引诱对方队员扣中路，待对方扣中路之后突然拦关门球。

（3）如发现扣球队员要打手出界或平扣时，可在空中及时将手撤回而造成对方扣球出界。

（4）在估计到对手扣球威力不大时要防止对方吊球、轻扣等。

第四节　乒乓球运动

一、乒乓球运动概述

乒乓球运动是由两名或两对选手用球拍在中间隔一网的球台两端轮流击球的一项室内运动。

乒乓球运动的特点是球小、速度快、变化多、设备简易。此外，它不受年龄、性别和身体条件的限制，所以能广泛地开展。在我国乒乓球运动的开展已相当普及，因为它运动量适中，具有较强的娱乐性、竞争性，经常参加比赛还有利于促进人际间的交流、合作、友谊，并可以有效地调节紧张的情绪，缓解工作、学习所带来的精神压力，它是广大群众尤其是青少年所喜爱的体育运动项目。经常参加乒乓球运动可以发展人的灵敏性和协调性，乒乓球运动可提高动作速度和上下肢的活动能力，改善心血管系统的能力，增强体质，还有助于培养勇敢顽强、机智果断、沉着冷静、敢于拼搏等优良品质。因而，在普通高校开展乒乓球运动是非常有必要的，但由于学生技术水平不高，体能锻炼的强度不够，还需要与心肺功能及力量素质的练习相结合，以促进学生健康和身体素质的全面发展。

二、乒乓球的基本技术

（一）握拍法、基本姿势和步法

1. 握拍法

握拍法主要有两种：直握拍和横握拍。两种握法均有各自的优点和缺点。在选择握法时，应根据自身的特点来确定握拍的方法。

（1）直握法。拇指和食指的第一、二指关节弯曲，自然平均地钳住拍柄，拍柄贴住虎口，其他三指自然弯曲重叠，中指第一指关节顶在拍背面中间上约1/3处。

（2）横握法。中指、无名指、小指自然弯曲握住拍柄，虎口贴住拍肩，拇指略弯曲紧呈拍或斜伸向拍面，食指斜伸在拍的另一面。

2. 基本姿势

两脚开立，比肩稍宽，左脚稍前，前脚掌内侧着地用力，两膝自然弯曲，重心在两脚掌之间，含胸收腹，身体略前倾，执拍手手臂自然弯曲，并放松置于身体右侧腹前（右手为例）。

3. 基本步法

步法是乒乓球技术环节的一个重要组成部分，是及时、准确地运用与衔接各项技术动作的枢纽，亦是执行各项战术的有力保证。具有良好的步法，就能够经常保持最佳的击球位置，使击球的速度、力量、旋转得到充分的发挥。乒乓球的基本步法主要有单步、跨步、跳步、并步及交叉步五种：

（1）单步。一脚为轴，另一脚向前后左右不同的方向移动，重心随之跟上。

（2）跨步。一脚蹬地，另一脚向移动方向跨一大步，为防止跨步后失去重心，应随后跟上半步或一小步。

（3）跳步。击球时以来球异侧方向的脚用力蹬地，两脚同时离地向左或向右移动，蹬地脚先落地，另一脚也跟着落地站稳，以取得合理的击球位置。

（4）并步。一脚先向另一脚移（或叫并）半步或一小步，另一脚在并步脚落地后即向同方向移动。

（5）交叉步。击球时先以来球异方向的脚向来球方向移动，并超过另一脚，接着另一脚再向来球方向移动以取得合理的击球位置。一般在来球角度较大的情况下采用这种步法。

4. 练习

（1）台前徒手模仿各种步法练习。

（2）结合挥拍动作进行各种步法练习。

（3）结合身体素质练习，增强下肢起动速度和爆发力。

（二）推挡

1. 推挡方法

推挡球技术的特点是站位近、动作小、速度快、变化多，也是我国直拍快攻打法的一项重要的基本技术。比赛中通过落点变化来牵制调动对手，争取主动，既能为进攻创造有利的时机，又能起到积极防御的作用。推挡主要包括快推、加力推、减力挡等。

（1）快推。击球前，上臂靠近身体适当后撤引拍，拍型基本与台面垂直，球拍略高于来球或与球网同高，击球时，手臂迅速前迎，在来球的上升期触球，前臂手腕用力向前将球推出，触球的中上部，食指用力压拍。

（2）加力推。动作幅度比快推大，当球弹至上升后期或高点期时，利用伸髋和转腰动作加大手臂向前的推击力，并用中指顶住球拍。

（3）减力挡。击球前不用撤臂引拍，可稍屈前臂调整球拍位置，当球弹起时，手臂前移迎球，触球瞬间控制好拍形，不要向前用力撞球，甚至还应该略有后缩动作，以借来球力量将球反弹回去。

2. 推挡练习

（1）徒手做推挡模仿动作，体会动作要点。

（2）在台上两人互推斜线或直线，待熟练后逐渐增加力量和速度。

（3）一人攻球，另一人推挡，定点定线，两人轮换。

3. 推挡时的注意事项

（1）上臂和肘远离身体右侧，以免影响前臂发力。

（2）左脚过于靠前或右脚在前，难以运用到腰髋之力。

（3）手臂不会后撤引拍，击球距离太短，不易控制球和发力。

（三）攻球

1. 攻球方法

攻球具有力量大、速度快等特点，是比赛中争取主动、克敌制胜的重要手段，各类打法都必须掌握攻球技术。

（1）正手近台攻球。左脚稍前，身体离球台40厘米左右。击球前，持拍手臂要右前伸迎球，前臂自然放松，球拍呈半横状。当球从台面弹起时，前臂和手腕向前上方挥动，并配合内旋转腕的动作，使拍形前倾，在上升期击球中上部。拍触球刹那，拇指压迫，同时加快手腕内旋速度，使拍面沿球体作弧形挥动。击球后，挥拍至头部高度。

横拍击球时，手臂要自然弯曲，手腕与前臂近乎成直线并约与地面平行。前臂和手腕稍向上用力，击球时间、部位和拍形与直拍基本相同。

（2）正手中远台攻球。左脚稍前，身体离球台1米左右。击球前，持拍手臂向右后方引拍，球拍呈半横状，拍形稍后仰。击球时，手臂由后向前挥动。球拍触球前，前臂在上臂带动下向前上方用力，手腕边挥边转使拍形逐渐前倾；在球下降前期，击球中部并向上摩擦，上臂带动前臂继续向前上方挥动，腰髋转动配合发力。同时上体左转，重心移至左脚。

横拍正手中远台攻球时，手臂向后引拍，手腕稍下沉，球拍成横状，然后手臂向前上方用力。击球时间、部位和拍形与直拍基本相同。

2. 攻球练习

（1）原地徒手及持拍模仿动作，注意身体重心的交换和腰、臂协调一致的用力。

（2）结合步法，在移动中进行攻球模仿动作。

（3）一人发平击球，另一人练习攻球。打一板后再重新发球。

（4）多球练习。一人喂球，另一人练习攻球。

（5）两人一推一攻练习。要求固定落点和线路，先轻打，力求板数，随着技术质量的提高再增加力量。

（6）两人对攻斜线、直线。力量由轻到重，多打板数，体会触球时的肌肉感觉。

（7）一点对两点或多点的连续攻。要求陪练方用推挡推至对方两点或多点，练习者则攻到对方的一点。

（8）结合性技术。如左推右攻，推挡侧身及推挡、侧身和扑正手等（开始应有规律性，熟练后再转变到无规律性）。

3. 攻球时的注意事项

（1）引拍时，上臂直向后拉，会出现牵肘，影响击球力量。

（2）手腕过分僵硬或上翘，影响手腕的灵活性。

（3）直拍反手发力时，肘部支出横拉，攻球侧旋；横拍反手攻时，手腕乱动，拍面角度不固定，影响命中率。

（四）搓球

1. 搓球方法

搓球是一项过渡性技术，用它对付下旋来球比较稳健，常为进攻创造条件，也是初学削球时必须掌握的入门技术。根据击球方位的不同可分为正手搓球和反手搓球。根据击球的时间、回球的落点和旋转又分为快搓、慢搓、摆短、劈长、转与不转及侧旋搓球。

下面以正、反手搓球为例进行介绍：

（1）正手搓球。击球前，身体稍向右转，向右上方引拍，击球时前臂和手腕向左前下方用力，将球搓出。

（2）反手搓球。站位近台，击球时，拍面后仰，屈臂后引，前臂以向前用力为主，配合手腕动作。根据来球旋转的程度调节拍面角度和用力方向，来球下旋强，拍触球的底部，向前用力大些；来球下旋弱，拍触球的中下部，向下用力大些。

2. 搓球练习

（1）徒手模仿动作，注意前臂、手腕的发力方法。

（2）自抛球在台上，弹起后，将球搓过网，反复体会前臂、手腕发力来摩擦球的动作。

（3）搓接固定旋转、落点的发球。

（4）斜线或直线对搓，在熟练的基础上结合各种搓球。

（5）搓球和攻球结合练习。

3. 搓球时的注意事项

（1）前臂、手腕僵硬，不会摩擦，只是碰击球，易吃旋转。

（2）滥用手腕，可能会造成臂、腕用力脱节。

（五）发球

1. 发球方法

发球是乒乓球比赛中每一分的开始，是乒乓球技术中唯一不受对方制约和限制的技术，在规则允许的范围内，可以最大限度地施展自己的战术意图。发球的种类很多，根据旋转可分为转与不转和侧旋发球等。

（1）正手发下旋与不转球。持球手将球抛起后，持拍向后上方引拍，拍呈横状并略微前倾：①发下旋球时，手臂向前下方挥摆，用球拍下部靠左的位置摩擦球的中下部，触球瞬间手腕要有爆发力；②发不转球时，动作的轮廓与发下旋球时一致，用球拍下部偏右的位置，触球的中下部，并在触球瞬间用拍推球。

（2）反手发右侧上（下）旋球。站位在左半台，右脚稍前或平站，身体略向左偏斜，左手将球向上抛起，向左后方引拍，腰部略向左转动：①发侧上旋时，右前臂从左后向右上方加速挥动，直拍手腕做前伸，横拍手腕做内收腰部配合向右转，击球中部向右侧上方摩擦；②发侧下旋时，动作方法大致与发侧上旋球相同，区别在于：向左上方引拍，手臂向前下方挥摆，击球中下部向右侧下方摩擦，触球高度略高于网。

2. 发球练习

（1）徒手做抛球，接着做发球的模仿动作。

（2）两人一组，一人发球，另一人接发球，只进行发接球练习，要求定点定线。

（3）结合规则的要求对发球进行练习。

（4）发球结合抢攻，以提高发球抢攻的意识。

（六）接发球

1. 接发球方法

首先要判断好来球的旋转性能、力量大小、速度快慢和落点长短，然后决定回击方法和还击技术。在接平快球和上旋球时，可用推挡和攻球来回击；接下旋球时，应将球拉起，击球的中下部，也可用搓球、削球或提拉、弧圈球等技术还击；接侧旋球（包括侧上、侧下）时，可采用把球回击到对方球拍移动的相反方向，用推挡、攻球等方法还击。

2.接发球练习

（1）规定一种发球的旋转和落点，自己用一种或几种方法接，可集中精力熟悉一种发球。

（2）规定一套发球变化的规律（如一长一短、一转一不转等），自己用一种或几种方法接（在分辨不清某种发球的旋转变化时，用此练习效果最好），可提高判断能力。

（3）不限制发球的变化规律，全面练习接发球的技术。

（七）弧圈球

1.弧圈球方法

弧圈球是一种上旋力非常强的进攻技术，它与攻球相比，在对付强烈下旋球及低于网的来球时更加稳健，因此常被运动员广泛使用。

（1）正手弧圈球。左脚在前，右脚稍后，身体略向右扭转，腹微收，髋稍向右后方压转，左肩略高于右肩；击球时，右脚掌内侧蹬地，以腰髋的扭转带动手臂向左上方挥动；击球瞬间，快速收缩前臂，直拍的中指（横拍的食指）应加速以促成手腕在触球瞬间的甩动。①加转弧圈球：手臂在腰的带动下向后下方引拍，球拍低于来球，在来球的下降期或高点期，摩擦球的中部或中上部，以向上发力为主，略带向前发力。②前冲弧圈球：重心稍高于拉加转弧圈球，手臂自然向后引拍，球拍与来球同高或稍低于来球，在来球的上升后期或高点期，摩擦球的中上部或中部，以向前发力为主，并略带向上发力。

（2）反手弧圈球。两脚基本上平行开立，腰、髋略向左转，稍收腹，肘关节略向前，出前臂向左后方画一小弧引拍，手腕下垂；击球时，两脚向上蹬伸后进行展腹，腰、髋略向右转，以肘关节为轴，前臂向上方发力，手腕配合用力去摩擦球的中上部。

2.弧圈球练习

（1）徒手做模仿动作，以认真体会动作要领。

（2）自抛自拉练习，体会腰、臂的协调用力。

（3）一人发平击球或下旋球至某一点，一人练习拉。体会正确的击球点和触球瞬间的摩擦动作（可用多球进行）。

（4）一人推挡，一人拉。定点定线，要求先轻拉，之后随着熟练程度的提高再增加力量和旋转。

（5）两点改三点对一点连续拉。要求拉者在左右移动中进行练习，范围由小到大，落点从有规律到无规律。

（6）对搓反手斜线，其中一方侧身抢拉或反手拉。

（7）一点搓两点，另一方搓中抢拉。

3. 拉弧圈球时的注意事项

（1）不会移动身体重心，只靠手臂发力，影响击球的力量和旋转。

（2）手臂伸得过直，球拍沉得过低，整个动作向上太多，缺少向前的力量。

（3）撞击球力量过大，摩擦力小，易吃下旋；引拍时向后拉手过多，球拍离身体太远，不易发力。

（八）削球

1. 削球方法

削球是一种防御性技术，具有稳健性好、冒险性小等特点。通过旋转和落点的变化，调动对手，伺机反攻，使对手处于被动，甚至失误。

（1）正手削球。右脚稍后，身体略向右转，双膝微屈，拍形近似垂直，引拍至肩高附近；在来球的下降期，前臂在上臂的带动下，随着身体重心的移动向下、向前、向左挥动，触球的中下部，手腕控制好拍形并有摩擦球的动作。

（2）反手削球。左脚稍后，身体略向左转，拍形竖立，引拍至肩高，前臂在上臂的带动下，随身体重心的移动向下、向前、向右挥动，在来球下降前期触球的中下部，手腕控制好拍形并有一定的摩擦球动作。

2. 削球练习

（1）徒手模仿，做好引拍、挥拍等动作。

（2）用正手或反手去削击对方发来的平击球。

（3）斜线对斜线或直线对直线。用正手或反手削对方拉过来的球。

（4）一点削多点，或多点削一点。从有规律到无规律。

（5）削球与攻球结合练习。

3. 削球时的注意事项

（1）拍形过分后仰，易打出高球或出界。

（2）引拍不到位，会限制前臂的下切动作。

（3）步法不到位，形成用手够球，难以控制球和加转。

三、乒乓球基本战术

（一）发球、接发球战术

1. 发球抢攻战术

发球抢攻是快攻型乒乓球运动员的重要战术之一。发球抢攻的战术意识首先是尽量争取发球直接得分；其次是迫使对方回球质量不高，从而赢得有利的进攻机会；最后才是迫使对方接发球不具备杀伤力，从而自己进行抢攻。

2.接发球战术

接发球战术是由某一单项攻（冲）球技术所形成的，进攻性强，可变接发球的被动地位为主动地位，也可直接得分，是乒乓球运动各种打法特别是进攻型打法的主要战术。

常用的接发球战术主要有以下几种：

（1）用快拨、快推和拉球回击，争取形成对攻的相持局面。

（2）用快搓摆短回接，使对方难以发力抢攻或抢拉。

（3）对各种侧旋、上旋或不强烈的下旋短球，可用"快点"技术回接。

（4）接发球抢攻或抢拉。

以上四种接发球战术，在比赛中可视场上具体情况灵活运用。选手可采用多种回接方法，给对方制造出各种困难，使其无法适应，从而破坏其发球抢攻或抢拉的战术意图。

（二）对攻战术

对攻是进攻型打法选手互相对垒时常采用的一项重要战术。快攻类打法主要是依靠正手攻球、反手攻球、反手推挡或快拨技术，要充分发挥快速多变的特点，以达到调动对方、有效攻击的目的；弧圈类打法主要是依靠正、反手两面弧圈球技术，充分发挥旋转的威力，以达到牵制对方和增加攻击效力的目的。常用的对攻战术有攻对方两角、对角线攻击、侧身攻、攻追身球、轻与重的结合攻以及攻防结合等。

（三）拉攻战术

拉攻战术是快攻打法对付削球类打法的主要战术之一。主要是以连续正手快拉来创造进攻机会，机会出现后，采用突击和扣杀的手段来得分。

（四）搓攻战术

搓攻战术是进攻型选手的一项辅助战术，主要是利用搓球的旋转和落点变化，为进攻创造机会。常用的搓攻战术包括以下三点：

（1）搓球落点变化，伺机进行突击。

（2）搓球转与不转相结合，变化落点伺机突击

（3）搓拉与落点变化相结合，伺机突击。

（五）削攻结合战术

削攻结合的特点是：由削球和攻球结合而成。常以逼对方两个角加转削球为主，伺机反攻；或以转、低、稳、变的削球，迫使对方在走动中拉攻，使其回球质量不高，从中寻找机会反攻。这种战术有"稳、逼、变、凶、攻"的特点，是攻、削结合打法的主要战术。

（六）扣、拉、吊结合战术

扣、拉、吊结合战术的特点是：由拉攻战术与放短球相结合而成，是快攻型打法对付削球打法时常用的战术。

第五节　羽毛球运动

一、羽毛球运动概述

1873 年，英国公爵鲍弗特在格拉斯哥郡的伯明顿庄园里进行了一次羽毛球表演。从此，羽毛球运动便逐渐开展起来，"伯明顿"也就因此成为了羽毛球的英文名称。1893 年世界上第一个羽毛球协会在英国成立，并进一步修订了规则，规定了统一的场地标准，还确定了羽毛球的形状和重量。1899 年在伦敦举行了全英羽毛球锦标赛。

1934 年，由丹麦、英国、法国等十多个国家发起成立了世界羽毛球联合会（简称"国际羽联"），总部设在伦敦。国际羽联于 1948—1949 年举办了第 1 届世界男子团体赛，于 1956 年举办了第 1 届世界女子团体赛。1978 年 2 月，由亚非国家组成的世界羽毛球联合会在香港成立，并在同年 11 月举办了第 1 届世界羽毛球锦标赛。国际羽联和世界羽联于 1981 年 5 月 26 日宣布合并，统一称为"世界羽毛球联合会"。其管辖的主要比赛有汤姆斯杯赛、尤伯杯赛、世界锦标赛、全英羽毛球锦标赛和奥运会比赛等。羽毛球运动于 1992 年巴塞罗那奥运会开始成为奥运会的项目之一，其中包括男女单打、男女双打共四个项目。

羽毛球运动是 20 世纪初传入我国的。1963 年前后，随着华侨中的羽坛名将归国，我国羽毛球运动进入了鼎盛时期。进入 20 世纪 80 年代以来，中国选手在世界大赛中连续取得优异成绩。

二、羽毛球的基本技术

（一）握拍

1. 正手握拍法

通常正确的握拍与握手姿势非常相似：虎口对着拍柄内侧的小棱边，拇指和食指贴在拍柄的两个宽面上，中指、无名指和小指并拢握住拍柄，掌心不要紧贴，拍柄末端与小鱼际肌相平，拍面与地面基本垂直。

2. 反手握拍法

在正手握拍的基础上，拇指和食指将拍柄稍向外转，食指稍向中指收拢，拇指第二指节顶贴在拍柄内侧的宽面上，中指、无名指和小指并拢握住拍柄，柄端靠紧小指根部，使手心留有空隙。

（二）发球与接发球

1. 发球方法

发球有正手发球和反手发球两种。根据球在空中飞行的弧线，可分为高远球、平高球、平快球和网前球等发球方式。现介绍正手发高远球技术和正、反手发网前球技术。

（1）正手发高远球。发高远球站位应靠近中线一侧，离前发球线约1米的位置。右脚在前，左脚在后，身体稍侧对网，两脚与肩同宽，身体重心放在右脚上。发球时，右臂后引，由下而上向右前方挥拍，同时左手放球。挥拍过程中，重心由右脚转到左脚。当球拍挥至右侧稍前下方（击球点）时，右前臂加速，握紧球拍，手腕由后伸经前臂稍内旋至屈收，急速向前上方闪动击球。击球后，球拍随势向左上方减速收回至胸前。

（2）正手发网前球。发网前球的基本动作与发高远球相仿，但站位稍靠前。由于网前发球飞行距离短、弧线低、用力轻，前臂挥动的幅度和手腕后伸的程度要比发高远球小；球拍触球时，拍面从右向左推送击球，使球刚好越网而过，落在对方前发球线附近。

（3）反手发网前球。站位靠近前发球线，左脚或右脚在前均可，身体重心在前脚，上体前倾，后脚脚跟提起。右手反握在拍柄稍前部位，肘关节提起，手腕稍前屈，球拍低于腰部，斜放在小腹前，左手持球在球拍面前方。发球时，球拍由后向前推送击球，以使球的最高弧线略高于网顶，这样才能实现球过网后便下落在对方前发球线附近。

2. 发球练习

（1）徒手做发球前的准备姿势，模仿发球的动作练习。

（2）在场上两人对练发球或在空地上用多球做发球练习。

（3）先练习发直线球，后练习发斜线球；先练习发定点球，后练习发不定点球。

（4）综合练习各种发球技术。

3. 接发球方法

（1）单打站位。通常站位是在离前发球线约1.5米，靠近中线的位置。左脚在前，右脚在后，双膝微屈，身体重心放在前脚上。后脚脚跟稍抬起，身体半侧向球网，球拍举在身前，两眼注视对方。

（2）双打站位。由于双打发球区较单打发球区短，发高远球易出界和被对方扣杀。所以，双打发球多以发网前球为主，接发球时应站在靠近前发球线的地方。双打接发球的准备姿势与单打基本相同，略有区别之处是身体前倾较大，球拍高举，在球处于网上的最高点时击球。

4. 接发球练习

（1）开始练习接发球时，最好是采用固定的一种基本技术去接对方的单一发球（可用多球）。

（2）练习接球时应在对方球拍触球的瞬间观察球的飞行方向以提高判断能力。

（3）在上述基础上，还要进一步研究控制回球落点，以避免在接球后留给对方较多的攻击机会。

（三）击球

羽毛球的基本打法一般分为后场高空击球技术、网前上手击球技术和下手击球技术等。

1. 后场高空击球技术

后场高空击球技术是打好羽毛球的主要手法之一。根据其技术特点的不同，通常可分为高球、吊球和杀球（扣杀）。

（1）高球方法

高球分为高远球和平高球。高远球是指将球击得高而远，球飞至对方底线上空垂直落到有效场区内。平高球是从高远球发展来的，它的飞行速度比高远球快，弧线比高远球低，是后场进攻的有效技术之一。

①正手击直线高球和对角高球。在右后场区击球的位置上，左脚在前，右脚在后，稍屈膝。侧身对网，重心在右脚前掌上，左手自然上举，头抬起并注视来球，右手持拍于身体右侧。击球前，重心下降准备起跳。而在起跳的同时右臂后引，胸舒展。当球降落至额前上方的击球点时，上臂往右上方抬起，肘部领先，前臂自然后摆，手腕尽量后伸，前臂急速内旋向前上方挥动，手腕向前闪动发力（手指由松突然握紧球拍）击球托，球即朝直线方向飞去。若手腕控制拍面击球托的右侧下部，球则向对角方向飞行。击球后，手臂随势自然收至胸前。

②头顶击直线高球和对角高球。由于来球是飞往左后场区，击球点应选择靠近头顶的位置。头顶击直线高球和对角高球的准备姿势和动作要领基本与正手击高球相似，但击球前要求上体稍弓身后仰，以便更好地发力。右上臂往右后上抬，球拍由右后绕过头顶，前臂向前上方经内旋带动手腕突然屈收闪动发力，击球托，球即沿直线飞行。头顶击对角高球，握拍稍有改动，即用拇指和食指向内捻动拍柄，使虎口对准拍柄靠外的小棱边，球拍仍由右后绕过头顶，前臂向右前方内旋带动手腕屈收闪动发力，击球托的左部。击球后，由于前臂内旋明显，惯性作用大，手臂自然往前摆动。回收球拍时，前臂稍外旋，并将拍置于胸前。

③正手头顶击平高球。正手头顶击平高球的准备姿势和动作要领与正手击高远球相似，主要区别在于击球点较击高远球稍前，拍形角度稍前倾。

（2）高球练习

①徒手练习击高球的模仿动作，体会动作要领。

②"一点打一点"，即固定直线或斜线对打。

③"一点打两点"，即一人先固定在底线某个角上，先后将高球击往对方底线两个点（直线加斜线高球）。

（3）吊球方法

把对方击来的高球，从后场轻击、轻切或拦吊到对方的网前区，叫吊球。吊球按飞行的弧线和击球动作的不同主要分为劈吊、轻吊和拦截（都有正手、头顶和反手之分）等。

下面以正手劈吊直线球和对角线球、正手轻吊直线球和对角线球为例进行介绍：

①正手劈吊直线球和对角线球。直线劈吊，击球前动作和击直线高球相似。击球时用力较轻，带有劈切动作，落点一般离网较远。不同点击球瞬间前臂突然加速，用手腕的闪动向前下方切击球托的右侧下部，使球越网下坠。击球后，手臂随势自然回收至胸前。对角线劈吊，击球前的动作同正手击对角线高球。不同点是在击球瞬间用加速的力量把球向对方方向切击。击球后，球拍随势自然回收至胸前。

②正手轻吊直线球和对角线球。轻吊击球前动作和劈吊动作相似，不同点是落点离网较近。击球时拍面正对来球，在接触的瞬间，轻切来球，使球一过网即下坠。

（4）吊球练习

①按动作要领进行模仿练习，体会动作要领。

②通过击定点球练习，体会"切击"动作，即采用"挑一点、吊一点"的手法。

③做变向的吊球练习，采用"挑一点、吊两点"的手法。

（5）扣杀球方法

扣杀球是把高球用力向前下方重压、重切或重"点"击球，球飞行的弧线较直，落地快，对对方的威胁较大。扣杀球从手法上可分为正手扣杀、头顶扣杀和反手扣杀；从力量上又可分重杀（杀球力量较大）、轻杀（杀球力量较小）和点杀（力量不大，但速度较快，落点近前场），还有长杀（近底线）和劈杀（切劈）等。

①正手扣杀直线球和对角线球。正手扣杀直线球的准备姿势和动作要领与正手击高球技术大体相同。不同点是右脚起跳后，身体后仰呈反弓后收腹用力。前臂带动手腕用力下压，球拍正面击球托，击球点较击高球稍前，无切击，使球沿直线向前下方飞行。击球后立即回动，右脚向前跨步要大，正手扣杀对角线球的准备姿势和动作要领与正手扣杀直线球相同。不同点是起跳后身体向左前方转动用力，协助手臂向对角方向击球。

②头顶扣杀直线球和对角线球。头顶扣杀直线球和对角线球的准备姿势和动作要领与头顶击高球相同。不同点是挥拍击球时，要尽全力往直线方向或对角方向下压。球拍

面与击球方向水平面的夹角小于90度。

③反手扣杀直线球和对角线球。反手扣杀直线球和对角线球的准备姿势和动作要领与反手击高球相同。不同之处是击球前的挥拍力度要大，跳起后身体反弓加上手臂、手腕的延伸、外展。击球瞬间球拍与扣杀球的水平夹角应小于90度。

（6）扣杀球练习

①按动作要领进行模仿挥拍练习，以体会动作要领。

②通过向前下方用力投掷羽毛球（或垒球），以体会鞭打动作。

③做定位扣杀练习，即"杀一点或两点"手法的固定练习（或用多球进行扣固定扣杀球练习），并注意准确性。

2. 网前上手击球技术

（1）放网方法

放网是指运用网前放网技术使球回击到对方网前区域的击球，通常可分为正手放网前球和反手放网前球两种：

①正手放网前球。侧身对右边网前，右脚跨前成弓箭步，重心在右脚上。右手持拍于右侧体前约与肩高，拍面右边稍高，斜对网。左臂自然后伸起平衡作用。击球前，前臂稍外旋，手腕外展引拍至右侧前。击球时手腕稍内收，食指和拇指控制拍面和用力大小，轻切球托把球轻送过网。击球后，在身体重心复原的同时，收拍至胸前。

②反手放网前球。侧身对左边网前，右脚跨前成弓箭步，重心在右脚上。右手反手握拍，持拍于体侧前约同肩高，拍面左边稍高斜对网，左臂自然后伸。击球前，前臂稍内旋，手腕外展引拍，击球时手腕内收，拇指和食指分别贴在拍柄内、外侧的小棱边上，用拇指的推力轻托球把球送过网。击球后，随重心复原收拍至胸前。

（2）放网练习

①徒手挥拍模仿放网动作，体会动作要点。

②利用多球进行正、反手两个部位的放网练习。

③在本场区的中心位置进行上网放网练习。

（3）网前搓球方法

搓球是用网前搓球技术使球带旋转或翻滚而越网至对方前场近网区域内的击球方式。

通常可分为正手网前搓球和反手网前搓球：

①正手网前搓球。正手网前搓球的准备姿势同正手放网前球。击球前，前臂外旋，手腕外展引拍至右侧。击球时在正手放网动作的基础上，加快挥拍速度，切搓球托底部或侧部，使球旋转翻滚过网。

②反手网前搓球。反手网前搓球的准备姿势同反手放网前球。击球前，前臂稍往上举，手腕前屈，手背约与网高，拍面低于网顶。击球时，手腕和手指控制拍面角度，用

肘关节和腕关节前伸稍下降及前臂稍外旋的合力，搓切球托的侧底部。另外也可在反手放网前球动作的基础上，前臂稍伸直，手腕由外展到内收，带动球拍向前切送，击球托的后底部。

（4）网前搓球练习

①徒手挥拍模仿搓球动作，体会动作要领。

②利用多球进行正、反手两个部位的搓球练习。

③一对一站在网前，做送球、搓球或对搓练习。

④在本场区中心位置进行不定点的上网搓球练习。

（5）网前挑球方法

挑球是将对方击来的网前球、吊球、杀球（轻杀）等挑高过网回击至对方后场底线附近区域的击球。它是网前挑球技术的泛称，通常可分为正手网前挑球和反手网前挑球两种：

①正手网前挑球。正手网前挑球准备姿势同正手放网前球。击球前，前臂充分外旋，手腕尽量后伸。击球时，从右下向右前方至左上方挥拍击球。在此基础上，若球拍向右前上方挥动，挑出的是直线高球；若球拍向左前方挥拍，挑出的则是对角高球。

②反手网前挑球。反手网前挑球的准备姿势同反手放网前球。击球前，右臂往左后拉抬时引拍。击球时，前臂充分内旋，手腕由屈至后伸闪动挥拍击球。若球拍由左下向左前上方挥动，则球向直线方向飞行；若球拍由左下向右前上方挥动，则球向对角线方向飞行。

（6）网前挑球练习。

①徒手挥拍模仿挑球动作，体会动作要领。

②利用多个球进行正、反手挑球练习。

③进行固定线路的吊、挑球练习。

3. 下手击球技术

下手击球技术属于防守性技术，通常可分为接杀球和接吊球两种：

（1）接杀球方法

接杀球技术是指对方扣杀过来的球，己方利用接杀球技术将球回击至对方某场区内的接球技术，其通常可分为正手接杀球技术和反手接杀球技术。这种技术在不同的位置上利用有关技术配合相应的步法和手法，可打出不同的球，即挡、勾、挑、抽球等。

（2）接吊球方法

接吊球技术是指对方吊过来的球，己方利用接吊球技术将球回击至对方某场区内的接球技术，通常可分为正手接吊球技术和反手接吊球技术。利用这种技术时，在不同的位置上利用有关技术，配合相应的步法和手法，可打出不同的球，即放、挑、勾球等。

（3）接杀球和接吊球练习

①按照动作要领进行正、反手接杀球、接吊球的放网、挡、挑等技术的模仿练习。

②利用多球进行练习。

③定位"一攻一守"的练习（先左或右半场，后再到全场）。

④进行不定位的全场攻守练习。

三、羽毛球的基本战术

（一）单打战术

1. 压后场战术

此战术是采用高远球或平高球反复压对方后场两角，造成对方被动，然后伺机采用杀球和吊球攻击对方空当。此战术用来对付初学者、后退步法慢和急于上网的对手较为有效。

2. 发球抢攻战术

此战术主要是以发网前球和平快球为主，通过限制对方的进攻，从而迫使对方挑球，然后用杀球和吊球进攻对方的空当和弱点。发球抢攻战术主要用于对付防守能力较差的对手。在比赛进入最后关键时刻运用此战术往往会使临场经验不足的对手感到束手无策。

3. 控制网前战术

此战术是通过各种手段主动抢先放网或故意让对方先放网，然后上网重复放网，并与搓、推、勾、扑球结合运用，并造成对方网前直接失误或被动挑球，此时抓住有利时机大力扣杀或快速吊球。此战术主要用来对付后场技术较好而网前技术较差的对手。

（二）双打战术

1. 攻人

这是双打中常用的一种战术。对付两名技术水平高低不一的对手时，一般都采用这种战术；对付两名技术水平相似的对手时也可以使用。集中攻击对方一名队员的战术，常能取得成功，即使不成功，在另一名队员赶来协助时，又会暴露出空当，在其不备时又可突袭之。

2. 攻中路

守方左右站位时把球打在两人中间，可以造成守方两人抢接球或同时让球，限制守方在接杀时挑大角度的高球调动攻方，有利于攻方的封网。守方前后站位时把球下压或轻推在边线半场处，这多半是在接发网前球和防守反攻抢网时运用。这种球守方前场队员拦截不到，而后场队员只能以下手击球放网或挑高球，后场两角便会露出很大空当，因而有机可乘。

3. 攻后场

这种战术常用来对付后场扣杀能力差的对手，把对方弱者调到后场后也可使用。此战术是用平高球、平推球、接杀挑底线把对方一人紧逼在底线两角移动，在对方还击出半场或网前高球时即可大力扣杀。如在逼底线两角时对方同伴要后退支援，则可攻击网前空当或向后退者打追身球。

4. 后攻前封

后场队员积极大力扣杀，在对方接杀放网、挑高球或企图反击抽挡时，前场队员以扑、搓、推、勾等技术控制网前，或拦截吊封前半场，使整个进攻连贯而又凶狠、凌厉。

第六节　网球运动

一、网球运动概述

网球运动的起源可以追溯到 12—13 世纪法国传教士在教堂回廊里用手掌击球的游戏。14 世纪中叶，这种供贵族消遣的室内活动从法国传入了英国，法国王储曾送网球给英王亨利五世。16—17 世纪是法国和英国宫廷网球活动的兴盛时期。

1912 年 3 月 1 日，在法国巴黎成立了国际网球联合会。目前该联合会已发展了 100 多个正式会员国。1980 年，中国网球协会被接纳为正式会员。

中国的网球运动是在 19 世纪后期，由英、美、法等国的商人、传教士和士兵相继传入的。在中国的第 7 届全运会上已有网球比赛项目。新中国成立后，网球运动在我国政府的关怀和重视下发展很快。1953 年，在天津举行了全国四项球类（其中包括网球项目）运动大会。以后每隔一年或两年举办一次全国性的网球比赛。网球作为小球中的一员也将有可能成为我国的优势项目。我国选手李娜取得的成就预示着，只要网球运动本身的价值逐渐被我国各界所认识和重视，我国的网球运动必将在世界网坛上占有一席之地。

二、网球运动的基本技术

（一）东方式握拍法

东方式握拍法分为正手握拍法和反手握拍法。

正手握拍法要点：由拇指与食指形成的"V"字形虎口放在球拍把手的右上斜面，与拍底平面对齐，食指与其余三个手指稍分开，从拍下平面绕过来，食指下关节压在右垂直面上，拇指自然弯曲，握住右垂直面。击球时由手掌根部与食指下关节共同控制球拍。

反手握拍法是在正手握拍法的基础上，手沿逆时针方向旋转一个平面。其要点是：由拇指与食指形成的"V"字形虎口放在把手的左上斜面上，手掌根部贴在拍的左上斜面，与拍底对齐，食指与其余三个手指稍分开，食指下关节压在右上斜面，拇指一般贴在左垂直面上，拇指末节稍弯曲贴住左下斜面。

（二）击球准备姿势

要点：面向对方场区站立，两脚开立略宽于肩，右手握拍柄，左手扶着拍颈部分，持拍于体前；两膝微屈，上体略前倾，脚跟稍抬起，重心置于前脚掌间，保持便于迅速起动的姿势，两眼注视对手或来球。

（三）正、反手击球法

1. 正手击球

以右手为例。右手握拍柄，左手扶拍颈上，拍头高于手腕，眼睛注视着对方来球。当判断出对方来球的方向时，球拍开始后摆，一直到拍头对着球场后方为止，向后挥拍的同时向右转体，在左脚迈出的同时左肩对网、屈膝使拍子下降到击球点，然后向前向上挥拍把球击出。击球后，球拍必须有力地继续向前挥动到左肩前面比肩较高处，然后迅速还原初始姿势准备击下一个来球。

2. 反手击球

以左手为例。反手击球与正手击球的身体动作基本相同，两者不同之处是反手击球点应更靠前。所以，反手击球时必须更早地向球运动的方向跨出左脚，并向右挥拍，当球飞向反手位置时，立即转动击球手的肩部，同时带动拍子后撤，形成侧身对网。击球时手臂充分前伸，与拍面保持垂直。

（四）发球

基本的发球类型有三种，即侧旋球、平击球与强烈旋转球。其中最常用的是侧旋球。下面以右手握拍为例，介绍这三种发球技术：

1. 侧旋球

发侧旋球时，左手抛出的球应离右肩至少30厘米。右手臂跟进动作是以自己身体的右上方迅速有力地划向下方。球的旋转是由拍面与球的接触角度以及身体、手臂的跟进动作共同作用产生的。为了加强发球的旋转性，应该尽量把手臂抬高，在高处发球。同时手臂与身体的跟进动作要尽可能一气呵成，不要中途停顿。

2. 平击球

平击球是力量最大的发球，击出的球速最快，很少旋转，因此也称之为"炮弹式"发球。发平击球的抛球动作与侧旋球是一样的。不同的是，其击球点靠前上方，要把拍面转过来正面对球，同时手腕从后向前抖甩下扣，使拍面与球后上方接触，使球向前下方飞出。

3. 强烈旋转球

强烈旋转球也称为美式旋转球。这是一种难度很大的发球，一般只有具备熟练网球技术的高个子选手采用，发强烈旋转球，抛球较侧旋球低，球应抛向身体前上方。收拍要尽可能低，腰向右后方扭转，以保证有足够的动力使球强烈上旋。

（五）接发球

（1）准备接发球时，身体重心稍高些。

（2）向前迎击球，主动进攻，不要被动应付。

（3）挥拍后摆动幅度要小，把注意力集中在球上。

（4）击任何球时，手腕都要固定，拍头不能在手腕下面。

（六）随击球与截击球

1. 随击球

随击球是一种接近网前的打法，可以在球落地后打，也可以在空中打。击随击球的位置，一般是在发球线附近，也就是说在底线和球网中间的地方。对方打过来较弱的球是击随击球的好机会。随击上网是网球运动中另一项重要的击球技术。

2. 截击球

球落地前被凌空拦截，称为截击。截击球分正手截击球和反手截击球。这是一项很重要的基本技术，是战术中主动进攻得分的一种方法。

（七）反弹球

反弹球是在球落地后，刚开始弹起来时立即打的球。

（八）挑高球与高压球

1. 挑高球

当自己处于被动或对方高压球不好时利用挑高球来破坏对方的优势，变被动为主动。

挑出线的高球，可以打乱对方的节奏，也可以迫使对方由网前退回底线，还可以调动对方前后左右奔跑，自己争取主动上网。

2. 高压球

高压球又称扣杀或猛扣，即将对方挑过来的高球，自上而下扣压到对方场区的球。高压球要及时侧身，早举球拍，眼睛看准球，找准击球点。高压球一般以平击高压为主，也可以用切削高压打出好的角度和落点。当对方挑高球挑得很高、很深时，可打落地高压球。打这种球要快速侧身后退，后退时眼睛视线不能离开球，要求步子退后，然后再向前做高压击球动作。

三、网球基本战术

（一）发球战术

1. 右区发球

站在右区发球时，第一发球一般采用平击大力发球。站位靠近中点，发向对方右发球区中线附近，迫使对方用反手接发球。第一发球若失误，则第二发球一般应采用侧旋球发向对方右发球区边线附近，利用侧旋迫使对方离开场区接球，自己则可以占据场中有利位置等待回击。

2. 左区发球

站在左区发球时，第一发球有90%可以发到对方左边线附近，即对方的反手边，同时，根据对方的情况随时调整发球类型。左区第一发球的第二个目标是对方场区的中心线附近。这种发球的机会在比赛中大概占10%，当对方为了接反手球而离中点较远时，可以突然采用平击大力发球，使对方不得不跑回场区中间用正手接球。这种发球具有突然性，往往可以直接得分。

（二）接发球战术

1. 右区接发球

当对方在右区发球后仍留在端线附近时，则回球可以把球击向对方端线的两角之一。一般情况下，当对方把球发向自己反手时，回球也击向对方的反手。切忌，应把球击向安全范围内，不要企图一下子置对方于"死"地，接发球仅仅是比赛的开始。

2. 左区接发球

当对方在右区发球后仍留在端线附近时，回球时则与对付右区发球的方法一样，把球击到对方两角之一。

这两种接发球的动作要领相同，手腕应固定，利用拍面与来球所形成的不同水平角度来控制回球方向，球要击得深。

（三）对角线战术

为了最大限度地调动对方，消耗其体力，应该设法让其做对角线跑动动作。

第七章　体适能之形体运动

第一节　形体运动

一、形体运动概述

形体运动是以身体练习为基本手段，匀称和谐地发展人体，塑造体形、姿态和动作，增强体质，使人体形态更加健美的一种体育运动。

形体运动以塑造形体美为主。形体美的内容很广泛，因此，形体运动也必须选择多种内容，运用多种方法。

二、形体运动的作用

（一）强健身体

经常进行形体锻炼，有益于肌肉、骨骼、关节的匀称与和谐发展，有利于形成健康的体态和健美的形体。

经常进行形体锻炼，可以使肌纤维变粗而且坚韧有力，使其中所含蛋白质及糖原等的储量增加，血管变得丰富，血液循环及新陈代谢改变，使骨外层的密质增厚，从而提高骨骼系统抗折断、弯曲、压拉、扭转的能力，加强关节的韧性，提高关节的弹性和灵活性。

（二）健美形体

健美主要是指人体形体美，即人体外形的匀称、和谐。形体美基本上是由身高、体重和人体各部分的长度、围度及比例所决定的。通过形体锻炼的力量练习，使身体各部分的肌肉得到协调、匀称的发展。通过形体锻炼，可使身体各部分脂肪减少，肌肉的协调性、灵活性增强。其主要特征是动作优美动人，同时能弥补形体的缺陷，使身体协调发展，塑造自己理想的形体。

三、形体美的基本标准

（一）站姿的标准

上体正直，挺胸收腹，两肩平行地面稍向后展开，两臂自然下垂，抬头，颈部保持正直微向前倾，两膝伸直，两脚掌均匀着地。

（二）坐姿的标准

上体正直，两肩自然下垂，高度相同，颈部梗直微向前倾，两膝自然弯曲，大腿保持在水平部位，两脚掌均匀着地。

（三）走姿的标准

腿自然弯曲向正前方抬起，落脚要正，膝关节伸直，后腿绷直，前脚掌蹬地使重心前移，两臂前后自然摆动。上体动作同站姿的标准。

四、形体的基本训练方法

（一）站姿

1. 自然站立

两脚跟并拢，脚尖分开 15—20 厘米的距离，站立时，气要上提，肩要下沉，臀部肌肉收缩，梗颈时，颈部要用力，颈椎略向后缩，下颌与颈部距离约 5—6 厘米，眼睛平视前方。

2. 提踵站立

双踵要尽量提高，重心要稳，身体不得晃动。

3. 点立

一脚站立，另一脚向前（侧、后）伸出，脚尖点地，保持站立基本姿势，重心要稳，点地时脚尖要绷直，前后点地时，脚面要外翻；侧点地时，脚面向侧。

4. 重心移动的转体站立

训练时应保持上体正直，双腿微屈，后转 180 度，另一脚向侧伸出，向左转体 90 度呈马步姿势，而后直立，向右转体 90 度，一脚向后，脚尖点地。

（二）坐姿

1. 端坐式坐姿

收腹挺胸，开肩梗颈，双脚呈 V 形，双手自然下垂，保持站立的基本姿势，目视前方，面带微笑，双脚基本垂直于地面，上体要稍稍前倾，挺腰、紧膝。

2. 双脚前置式坐姿

两小腿向左 45 度左右，脚尖绷直不能翘起。

3. 脚恋式坐姿

两脚脚踝交叉，两脚前端外侧着地，两膝间的距离不要过大。

4. 伸屈式坐姿

在腿伸出时，脚尖绷直，右脚撑地，左右大腿紧靠。

（三）走姿

走姿的预备姿势：收腹挺胸，开肩梗胸，沉肩紧臀，女生双脚呈 V 形，男生双脚平行，成开立式，两脚间距离不超过肩宽；双手叉腰或自然下垂，保持站立的基本形态，目视前方，面带微笑。

1. 分解动作

迈左脚，右脚蹬地，重心移至右脚，向左前点地；落左脚，左脚蹬地，重心前移至左脚，向右后点地。

2. 连续动作

根据速度控制体态，注意练习中重心的左右前移，训练时蹬地要有力。

3. 步幅和步速的控制

步幅男生控制在 45 厘米左右，女生控制在 30 厘米左右；步速男生每分钟 110 步左右，女生每分钟 120 步左右。

4. 步位

与步行连续动作相同，要求行走时对部位进行控制，男生走"两点"，女生走"一条线"。

五、形体的其他训练方法

（一）扶把的方法

1. 双手扶把

面向把杆，身体距把杆一脚，双手扶把杆上，肩、肘、腕下沉，双眼平视。

2. 单手扶把

侧向把杆，内侧手位与身体稍前倾，轻松放在侧面把杆上，肩、肘、腕下沉，双眼平视。

（二）扶把的练习

1. 蹲

蹲可分为半蹲和全蹲。

动作要点：两膝保持外开，均匀下蹲，以脚跟不离地为度；随后靠脚腕和膝盖的力量将身体均匀推起，恢复直立；当全蹲至最大限度时，柔软缓慢地略略抬起脚跟，继续下蹲，随着脚跟徐徐着地，同时将身体缓缓推起，恢复直立。

注意：躯干挺直，身体重心平均落于双脚；双膝用力保持外开；两脚着地，蹲下和起立时需保持对抗性。

2. 擦地

动作要点：主力腿直立，动力腿向旁、向前或向后擦出，在擦出的过程中脚跟先离地，随后脚背绷直，脚尖点地；收回时则相反。

注意：要保持膝、胯正直，重心始终在主力腿，不可随动力腿的动作而移动；动力腿向前或向后擦出时，一定要沿着主力腿脚跟向前或向后沿直线擦出，脚跟前顶。

3. 踢腿

动作要点：做踢腿动作时，动力腿踢出后不停地迅速向空中25度踢出，略停顿，保持准确的停顿点后下落；经脚尖点地，不停顿地迅速恢复原位。可向前、向旁、向后做。

注意：踢起时全腿必须外开，双脚绷直；踢出和收回的瞬间脚尖必须用力绷直，动作要连贯；收脚时，须全脚同时回到准确的位置上。

4. 划圈

动作要点：大腿控制不动，小腿绷直，脚尖轻触主力腿腿肚下部，保持大腿固定不动，靠脚跟向前顶的力量带动小腿绷直，脚向前往旁划圈。

注意：应保持重心稳定与主力腿直立、动力腿大腿的控制、膝盖的外开及稳定；动力腿向外打开伸直时必须柔韧有力。

5. 屈伸

动作要点：动力腿回收，整个脚掌停靠在主力腿上，再向外伸出90度，略停片刻后缓缓落下，经点地后收回，可做向前、向旁、向后的练习。

注意：动力腿向外伸展时，必须努力保持膝盖外开，整条腿要舒展地伸直；主力腿膝盖始终保持直立，不要因伸腿的高度而出现弯曲。

6. 弹腿

动作要点：用小腿的力量向外打开伸直成脚尖点地或离地25度，略停片刻后，动力腿沿原路线迅速收回，扑打主力腿脚腕前面，可做向前、向旁、向后的练习。

7. 搬、压、控腿

动作要点：搬、压、控腿主要是锻炼下肢的柔韧性和控制能力。主力腿要直，主力胯要往上提，收腹立腰，保持正确的身体姿势。

8. 腰绕环

腰绕环对提高腰部肌肉的柔软性、灵活性，提高躯干上、下肢的配合能力都能够起到积极有效的作用。

动作要点：腿要伸直，手带动上体走最大弧度，充分拉长腰部肌肉；下腰时呼吸要自然，不能憋气；起时要收腹、挑腰。

第二节　健美操

健美操是以有氧运动为基础，以健、力、美为特征，融音乐、体操、舞蹈为一体的一项体育运动。它既是健身美体、陶冶情操的大众健身方式，又是竞技运动的一个项目，是一项富有趣味性的运动，它带给人们热情奔放的情感体验，符合现代人追求健美、自娱自乐的需要，深受广大群众的喜爱。同时健美操能起到增进健康，促进身体发展的良好作用，还能起到培养人的艺术修养、文化品位、高雅情操等优良素质。健美操是一种有目的、有意识、有组织的社会文化活动，随着全民健身活动高潮的兴起，近年来健美操在我国各级学校得以广泛开展。

一、健美操的基本动作

（一）健美操基本动作的特点

1. 基本动作是健美操的核心，各种动作都是在此基础上产生和发展的。

2. 基本动作的内容丰富，运作相对简单，易于练习者练习和掌握。

（二）健美操基本动作的作用

1. 通过基本动作练习，可以掌握正确的动作规范，使练习者建立正确的动作技术概念。

2. 基本动作练习是培养良好基本姿态的有效方法。

3. 基本动作练习是进行动作韵律开发的较好手段。

在开始练习此内容时，更多的是以单个动作反复练习，教会练习者怎样用力，体会动作内在感觉，掌握动作韵律。健美操的韵律在健美操教学和训练过程中是最重要的方面，同时也是最难练的方面。

（三）健美操基本动作的主要内容

1. 健美操基本步伐

练习健美操基本步伐是体现健美操练习者下肢动作基本姿态的主要练习手段，根据动作的特点及动作强度的差异，健美操的基本步伐分为 12 大类，基本步伐的基础动作为弹动。

动作种类：有膝弹动、分腿弹动、膝踝弹动。

动作形式：有并腿的弹动，分腿的弹动。

动作方向：有向前的弹动，向左、向右前 45 度方向的弹动，左右绕的弹动。

技术要点：两膝与踝关节自然屈伸。

（1）踏步类

踏步类动作运动强度较低，在运动过程中至少有一只脚与地面保持接触。常见的步伐如下：

①踏步

动作种类：有脚尖不离地的踏步，脚离地的踏步，高抬腿大幅度踏步。

动作变化：有原地踏步、移动踏步及转体踏步。

动作方向：有向前、向后、向左、向右走的踏步。

技术要点：落地时，由脚尖过渡到全脚掌着地，屈膝时，胯微收，两臂自然向前后摆动。

②走步

动作种类：一种。

动作方向：有前走、后走，斜向走，弧形走。

技术要点：落地时，膝关节踝关节应保持有弹性的缓冲。

③一字步

动作描述：向前一步，后脚并前脚，随后向后一步，前脚并后脚。

动作变化：向前、斜前方一字步。

技术要点：前后都要有并腿的过程，两膝始终保持有弹性的缓冲。

④V 字步

动作种类：有正"V"字步，倒"Y"字步。

动作形式：有平移的、转体的和小幅度跳的正"V"字步和倒"V"字步。

技术要点：迈步时两脚之间的距离略宽于肩，重心保持在两腿之间。

（2）并步类

①点地

动作种类：有脚尖点地，脚跟点地。

动作形式：有原地的、移动点地及转体的点地。

动作方向：有脚尖向前、向侧、向后、向斜方向的点地，脚跟向前、向侧、向斜方向。

技术要点：点地时，弹性点地，脚自然伸直。

②移重心

动作种类：有双腿、单腿的移重心。

动作形式：有原位的移重心，移动的移重心，转体的移重心，跳的移重心。

动作方向：有向前、向后、向左、向右的移重心。

技术要点：身体重心从一端移向另一端时，必须经两脚之间。

③并步

动作种类：有两腿同时屈的并步，一直一屈的并步。

动作形式：有原位的并步，移动的并步，转体的并步。

动作方向：有向前、向后、向左、向右的并步。

技术要点：膝关节自然屈伸，保持一定弹性，身体重心随之移动。

④交叉步

动作种类：一种。

动作形式：有平移的交叉步，转方向的交叉步，小幅度跳的交叉步。

动作方向：向前、向后、向侧的交叉步。

技术要点：一脚迈出，另一脚在前或在后交叉，重心随之移动。

（3）弓步类

动作种类：有静力性的弓步，动力性的弓步。

动作形式：有左、右弓步移重心的弓步，移动的弓步，转体的弓步，跳的弓步。

动作方向：前后、左右弓步。

技术要点：重心在两腿之间，膝关节弯曲不超过 90 度，并且膝关节的垂线不得超过脚尖。

（4）半蹲类

动作种类：小分腿半蹲，大分腿半蹲。

动作形式：有向侧做一次的半蹲、向侧做两次的半蹲、转体的半蹲。

动作方向：有向侧（左或右）的半蹲。

技术要点：膝关节弯曲的角度小于 90 度，屈膝时，膝关节同脚尖方向，并且膝关节的垂线不得超过脚尖，臀部后坐，上体稍前倾。

（5）吸腿类

动作种类：一种。

动作形式：有原位的吸腿及跳、移动的吸腿及跳和转体的吸腿及跳。

动作方向：有向侧、向前的吸腿及跳。

技术要点：大腿用力上提，小腿自然下垂。

（6）弹踢类

动作种类：一种。

动作形式：有原位的弹踢腿及跳、移动的弹踢腿及跳和转体的弹踢腿及跳。

动作方向：有向前的弹踢腿及跳，向侧的弹踢及跳，向后的弹踢腿及跳。

技术要点：大腿抬起至一定角度后，小腿自然伸直。

（7）开合跳

动作种类：双起双落的开合跳（两次开开合合、连续开合），有轻音起重音落的开合跳。

动作形式：有原位的开合跳，移动的开合跳和转体的开合跳。

动作方向：向前的开合跳。

技术要点：分腿时，两腿自然分开，膝关节沿脚尖方向弯曲。跳起落地时，注意屈膝缓冲。

（8）踢腿类

动作种类：有弹动踢腿及跳、移动的（弹）踢腿及跳和转体的（弹）踢腿及跳。

动作方向：有向前的、向侧的、向斜前的（弹）踢腿及跳。

技术要点：腿上踢时，须加速用力，立腰，上体尽量保持不动。

（9）后踢腿跳

动作种类：一种。

动作方向：向后的后踢腿跳。

技术要点：髋和膝在一条线上，小腿尽量叠于大腿下。

（10）点跳

动作种类：一种。

动作形式：有原位的点跳、移动的点跳和转体的点跳。

动作方向：有向侧、向前、向后的点跳。

技术要点：点地时身体重心在一条腿上。

（11）摆腿跳

动作种类：一种。

动作形式：有原位的摆腿跳、移动的摆腿跳和转体的摆腿跳。

动作方向：有向侧、向前、向后的摆腿跳。

技术要点：摆腿时上体顺势前倾、后倒或侧倾。

（12）并跳

动作种类：一种。

动作形式：移动的并跳、转体的并跳。

技术要点：一腿迈出蹬地，另一腿并上，身体重心随之跟上。

2. 健美操基本徒手动作

健美操基本徒手动作是根据人体结构的活动特点而确定的，常见的基本动作如下：

（1）头颈动作

形式：有头颈的屈，头颈的转，头颈的平移方向的绕与绕环。

方向：有向前、向后、向左、向右的屈和平移，向左、向右的转和绕环。

要求：做各种形式的头颈动作时，节奏一定要慢，上体保持正直。

（2）肩部动作

形式：有单肩的、双肩的提肩和沉肩，收肩和展肩，单肩的、双肩的绕和绕环，振肩。

要求：提肩、沉肩时两肩在同一额状面尽量上下运动；收肩、展肩幅度要大，肩部要平；振肩动作要有速度、力度和弹度。

（3）上肢动作

①手形

健美操中有多种手形，它是从爵士舞、西班牙舞、迪斯科、武术中吸收和发展来的。手形恰到好处的运用，可以使手臂动作更加生动活泼。常见的手形如下：

五指并拢式：五指伸直并拢；五指分开式：五指用力伸直张开；西班牙舞手势：五指用力，小指、无名指、中指自掌指关节处依次弯曲，拇指在外；屈指掌式：手掌用力上翘，五指用力弯曲；一指式：握拳，食指伸直或拇指伸直；响指式：拇指与中指摩擦与食指打响，无名指、小指屈。

②臂动作

形式：有臂的举（直臂、屈臂，单臂和双臂）、臂的屈伸（同时、依次）、臂的摆动（同时、依次、交叉）、臂的绕及绕环（同时，单臂和双臂，小绕、中绕、大绕）、臂的振等。

方向：有向前、向后、向左、向右、向上、向下等。

要求：做臂的屈伸时，肩下沉；做臂的摆动、绕及绕环，肩用力拉开。

（4）胸部动作

形式：有含胸、展胸、振胸。

要求：练习时，收腹、立腰。

（5）腰部动作

形式：有腰的屈，腰的转，腰的绕和绕环。

方向：有向前、向后、向左、向右。

要求：腰前屈，转时，上体立直；腰绕和绕环时，速度放慢。

（6）髋部动作

形式：有顶髋、提髋、摆髋，绕和环绕髋。

方向：有向前、向后、向左、向右。

要求：髋部练习时，上体放松。

（7）躯干波浪动作

方向：有向前、向后、向左、向右。

要求：波浪练习时，动作协调、连贯。

（8）地上基本姿态

形式：有坐（直角坐、分腿坐、跪坐、盘腿坐）、卧（仰卧、俯卧、侧卧）、撑（仰撑、俯撑、跪撑）等。

要求：做各种坐姿时，收腹、立腰、挺胸；撑时，腰背紧张。

二、健美操基本技术

（一）弹动技术

健美操的弹动技术是健美操最重要的技术之一，是体现健美操的最基本特征，用以区别其他运动项目的重要因素之一。健美操的弹动主要依靠踝关节、膝关节、髋关节的屈伸缓冲，它的主要作用是减少运动对关节的冲击力，从而减少运动对人体造成的损伤。值得注意的是，在屈伸的过程中，腿部的肌肉要协调用力才能有效地防止损伤与产生流畅、缓冲动作。

（二）平衡与重心移动技术

人体运动时使整个运动过程稳定是至关重要的，在健美操动作中人体的平衡是保证运动安全与平稳和流畅的重要因素之一。人体运动时重心是随着运动而产生变化的，生物力学告诉我们，运动中的力应该尽可能地保持重心的平稳。在健美操动作当中，我们要维持原有的平衡与克服运动所产生的倾倒来保持动作的稳定性，由于重力作用与运动所产生的力的作用就会使人体稳定性产生变化，因此我们会利用人体的运动机能给予我们的能力保持人体的平衡与稳定性。

（三）身体控制技术

首先是指身体姿势的控制。健美操身体姿势是根据现代人的人体与行为美的标准而建立的。人体在整个运动当中非特殊条件下，应该保持自然挺拔，头部稍稍昂起，颈椎、胸椎、腰椎保持正常的生理曲线。四肢的位置根据具体的动作要求，应该在准确的位置上，最常见的有站立时躯干保持上面所说的状态，双腿并拢伸直。蹲时躯干保持上面所说的状态，臀部收紧使整个身体保持垂直于地面并屈膝。手臂的基本位置同基本动作中所阐述的那样。健美操的动作千变万化，但每个动作都应该有具体的要求，从总体上讲应该伸展时尽可能伸直，弯曲时要有明确的角度，而四肢的位置是相对躯干的位置来建立的。

其次是指动作的控制。动作控制是指做动作时肌肉的发力与控制。健美操的每一个动作要求应该是有清楚的开始与结束。动作开始时位置要准确，过程中肌肉用力使动作有加速运动，但不要用力过猛致使肌肉僵硬；结束时有明显停顿，肌肉的用力要做到有力而不僵硬，松弛而不松懈。

（四）落地技术

落地缓冲的主要目的是使身体尽可能地保持稳定，同时减少地面对关节和肌肉的冲击力，以避免造成运动损伤。健美操的落地技术：落地时，一种由脚后跟过渡到全脚掌；另一种由前脚掌过渡到全脚掌，然后迅速屈膝、屈髋缓冲。所有动作在瞬间依次完成，用以分解地面对人体的冲击力。同时躯干与手臂保持良好状态，肌肉用力控制以保证动作的正确与稳定。

三、健美操规则简介

比赛场地为 10×10 平方米的地板或地毯。青年健美操运动员参赛年龄通常在 18—35 岁间。参赛者须穿适合运动的健美操服和运动鞋，着装整洁、美观、大方，不允许使用悬垂饰物，例如皮带、飘带和花边等；女运动员的头发须梳系于后，头发不得遮住脸部；允许化淡妆，禁止佩戴首饰。整套动作在音乐伴奏下完成，适宜的伴奏曲目应为 22—26 拍/10 秒，在符合规则及规程的前提下自编 2 分 30 秒—3 分钟的成套动作参赛。比赛中裁判组公开示分，按总分由高至低排定名次。

四、健美操锻炼常识与运动处方

（一）健美操锻炼常识

1. 合理安排练习时间与次数

进行健美操练习，可根据自己的工作、学习情况及生活习惯，安排在早上、下午或晚上。其中以下午 3 时至晚上 8 时这段时间为最好，因为在这段时间内，体力比较旺盛，另外工作、学习之后进行锻炼也可以起到消除疲劳的作用。每星期安排 2—3 次，每次 1—2 小时，如在饭前练习要休息半小时才能用餐；饭后练习则要休息 1 小时以上才能进行；晚上练习，要在临睡前 2 小时结束，以免因过度兴奋影响入睡。

2. 注重准备、整理活动及卫生

做健美操前应先进行准备活动，使身体发热，提高神经系统的兴奋度。因为，人体从安静状态进入运动状态需要克服内脏器官的生理惰性，开始时运动量应逐渐加强，这样，血液循环和气体交换才能逐渐得到改善；新陈代谢才能逐渐旺盛，从而使关节、肌肉、韧带的柔韧性和灵活性增强，既可以防止损伤，又可以使肌体做好机能上的准备。练习完毕，要做整理活动，使运动时流入肌肉中的血液慢慢流回心脏，机体逐渐恢复平静状态，紧张的肌肉得到舒展放松。运动后洗热水澡，能使全身感到舒适、精神焕发，精力更加充沛。

3. 及时补充水分

在锻炼过程中应注意及时补充水分，以保证身体健康和正常机体的需要。补充水分最好是少量多次，随时保持体内水的平衡。

4. 空腹锻炼不可取

如果长期空腹锻炼，会导致体重急剧下降，内脏器官功能受损，产生疾患，影响健康。

5. 锻炼时服装的选择

最好选择有弹性、纯棉、柔软、舒适的服装。每次练习后，要及时清洗服装，保持服装干爽。鞋子不仅要大小合适，而且要有衬垫，并具备一定的弹性和弯曲性，切忌穿高跟鞋或厚底鞋。

（二）运动处方

运动处方是指针对个人的身体状况，采用处方的形式规定健身者锻炼的内容和运动量的方法，特点是因人而异，对"症"下药。运动处方分为健身运动处方、竞技运动处方、康复运动处方。其包括运动形式、运动强度、持续时间、运动频率和注意事项五个方面。

肥胖人群运动时可将心率保持在（220 — 年龄）×60% 左右，进行轻重量、低难度、慢速度、多组数、长时间的练习，每次运动时间不少于 40 分钟，每周练习不少于 3 次。

消瘦人群运动时可将心率保持在130—160次/分的中等强度，每周进行3—5次练习。每次练习持续 1 小时以内。

胸部健美：含胸挺胸练习；扩胸运动；俯卧撑练习，每周练习3—4 次。

腰、腹部健美：转体练习；仰卧左右转腰练习；俯卧抬上体练习；仰卧起坐练习；仰卧抱腿练习。腰、腹部是脂肪容易堆积的部位，腰腹部健美处方中的练习方式可以任意组合练习，贵在坚持。

臀部健美：俯卧举腿练习；跪撑屈膝后踢腿练习；跪撑屈腿后踢腿练习；仰卧起胯练习，可以隔天练习。

第三节　健美运动

健美运动是一项通过徒手和各种器械，运用专门的动作方式和方法进行锻炼，以发达肌肉、增长体力、改善形体和陶冶情操为目的的运动项目。它是举重运动的一个分支，也是一个独立的运动项目。健美运动可以采用各种徒手练习，如各种徒手健美操、韵律操、行体操以及各种自抗力动作，也可采用各种各样轻重不同的运动器械来进行练习，如杠铃、哑铃、壶铃等举重器械，单杠、双杠等体操器械，以及弹簧拉力器、滑轮拉力器、橡皮带和各种特制的综合力量练习器等。

一、健美锻炼的练习手段

（一）俯卧撑

作用：主要发展胸大肌、肱三头肌和三角肌。

方法：可在地上或支撑架上做，还可将手或脚垫高，或负重进行。

要领：练习中始终保持全身挺直，收腹、紧腰，不能沉肩、弓腰、提臀等。

（二）直臂扩胸

作用：发展胸大肌、肱三头肌。

方法：两脚开立，两手握住哑铃于胸前平举，拳眼向上。

要领：身体直立，动作中速，注意力要集中。

（三）屈体飞鸟

作用：发展三角肌、背肌和腰部肌肉。

方法：两脚开立与肩同宽，手持哑铃，上体前屈约90度，两臂平行下垂。动作开始时，两臂向身体左右两侧平举，然后慢慢放下还原。

要领：两腿伸直，上举时要快，下放还原速度要慢。

（四）仰卧飞鸟

作用：发展胸大肌和三角肌。

方法：仰卧在凳上，两脚踏稳地面，两臂伸直向上与身体垂直，手持哑铃，拳心相对，动作开始时，两臂分别向身体两侧慢慢落下，同时两臂稍屈肘，稍停，胸大肌收缩，使两臂顺原路伸直向上。

要领：两臂下落时用胸大肌控制慢降，下落时胸大肌充分伸展，上举还原时稍快，臂伸直后胸大肌保持收缩。

（五）引体向上

作用：发展背阔肌、肱二头肌、三角肌、胸大肌（正握练背阔肌，反握练肱二头肌和胸大肌，同时对背肌、肩部肌肉也有作用）。

方法：分颈前和颈后两种上拉，手可正握和反握，以胸、背、肩和臂发力，屈臂上拉，当下颌过杠面上时稍停，然后慢慢放下至两臂伸直。能拉15次以上时，应在腰上或脚上挂重物进行。

要领：上引时腰、腿放松，不可摆动借力。

（六）颈后推举

作用：发展背阔肌、肱三头肌和三角肌，对斜方肌、大圆肌、小圆肌和菱形肌也有很大作用。

方法：脚平行开立比肩稍宽，发力将杠铃从颈后向上推起，至两臂伸直，稍停，然后慢慢下落还原。

要领：上推过程中，两肘尽量向后展开，重量过重时关节可稍屈。

（七）侧平举

作用：主要发展三角肌外侧肌肉，增加两肩宽度。

方法：脚开立同肩宽，两手握哑铃、皮筋或拉力器等运动时用肩部发力，两臂伸直向两侧平举至肩高，稍停，用三角肌控制，慢速直臂还原。

要领：上举时不要耸肩，三角肌收紧，放下后全臂肌肉放松。

（八）双手反握臂屈伸

作用：发展肱二头肌、肱肌、肱桡肌和前臂肌。

方法：脚开立同肩宽，上臂靠近身体，两侧固定，不耸肩，臂在体前屈伸还原时继续用肱二头肌控制，放下后臂伸直，肩关节、肱二头肌、肱肌前臂肌肉伸展。

要领：上体保持不动，肘关节不得前后移动。

（九）斜板双手臂屈伸

作用：发展肱二头肌等。

方法：两臂同肩宽，双手反握杠铃放在斜板上，以肘关节为轴用力弯举，当举至肩上时，用肱二头肌控制，稍停后慢慢还原，这时双臂伸展放松。

要领：注意力集中，上弯、下放要充分，不使用其他力量。

（十）深膝蹲

作用：发展腿部股四头肌肉、臀大肌和躯干背肌。

方法：平衡屈膝下蹲，当蹲到大腿平行或稍低于地面时停一秒，用力收缩肌肉，伸腿起立，同时提踵。

要领：不含胸、松腰、弓背。

（十一）提踵深蹲

作用：发展小腿肌群，同时对股四头肌和臀大肌也有作用。

方法：同深膝蹲，不同处是下蹲时先提踵，脚掌着地。

要领：屈膝下蹲动作要慢而稳，起立时两腿伸直，要紧收腓肠肌和比目鱼肌。

（十二）仰卧起坐

作用：发展腹直肌及腹外斜肌、腹内斜肌。

方法：在平地或斜板上，可双臂向头上伸直或抱头做。

要领：坐起时，动作稍快，下落还原时，动作要适当慢一点。

（十三）仰卧收腹举腿

作用：发展腹肌、腹直肌和髂腰肌力量。

方法：仰卧，双臂向头上方伸直，上体与两腿同时向上举起为一次练习。当腿和臂还原将触地面时，再快速上举，反复练习。

要领：两手臂尽量向前伸手触脚。

（十四）负重挺身

作用：发展骶棘肌和下背部肌群，矫正拱背。

方法：俯卧于地面或练习器械上，用腰背肌肉群收缩抬起上体，尽量伸展躯干于最大，然后上体慢慢屈体放下。

要领：抬起时，要尽量做到抬头挺胸。

二、健美锻炼的方法

（一）保护与帮助法

1. 单人保护。保护者根据练习的动作特点，站在练习者的前身或后背的正中部位，需要帮助时，迅速用双手抓杠铃。

2. 双人保护。帮助者站在杠铃的两端，实施保护与帮助时，两人动作与用力一定要协调一致。

3. 自我保护。其主要借助身体其他部位的力量，将杠铃推离身体位置。

（二）肌肉力量、体积练习法

1. 肌肉力量增长方法

采用大质量，多组数，少次数的肌肉练习法；局部肌肉练习每周安排 3 次，一次安排 2—3 个动作，组数和次数不宜过多，以 8 次为限；强度应从 70% 开始，直到在助力下完成 100% 的强度，次数为 1—3 次；每组练习间歇 2—3 分钟。

2. 肌肉体积练习法

循环练习法。要求把多个练习动作按照顺序编排起来，练习者依次完成每个动作为一个循环，周而复始。

塔式练习法。某动作练习若干组时，练习质量逐组增加，完成次数逐组减少，直至最大质量完成最少次数，然后再逐组减重，逐组增加次数。

集中练习法。把锻炼某部位肌肉的若干相同作用的动作集中进行练习。通过多动作练习，使被练部位的深浅、屈伸、大小肌群都得到充分锻炼。

慢速动力练习法。有意识的缓慢完成动作，在做动作时不要使用爆发力收缩，不论收缩或还原都要缓慢进行，使神经、肌肉始终处于高度紧张状态，可使肌肉高度膨胀，线条明显。

固定练习法。选用若干动作，采用固定的质量、次数、组间间歇等练习若干组，可提高肌肉耐力，快速增大肌肉体积。

重点训练法。在多肌群参加工作的练习中，大小肌群所出现的疲劳时间是不相同的，往往小肌群疲劳出现时间早，大肌群出现晚。若单用一个动作来锻炼某大肌群，会由于小肌群无力继续工作，大肌群又无法达到足够的刺激，而影响大肌群锻炼效果。

因此，要使大肌群获得足够的刺激强度，就必须突出重点，选用多个对某大肌群作用相同而小肌群不同的动作进行练习，使大肌群得到充分的锻炼。

三、健美锻炼中应注意的问题

1. 做好准备活动，防止肌肉、关节受伤。

2. 动作要正确规范。

3. 动作幅度尽量大，以加大对肌肉的刺激。

4. 适时增加负荷量，始终保持锻炼最佳重复次数。

5. 防止锻炼过量。

6. 锻炼负荷要适中，使每组最后 1—2 个动作的重复完成时，出现吃力感，获得最大刺激效果。

7. 要有自信，要持之以恒，不半途而废。

8. 肌肉锻炼要有序。

（1）大肌肉群的锻炼先于小肌肉群。

（2）初学者不宜同时进行两个相同性质的练习。

（3）同肌群的练习交替进行。

（4）各大肌群锻炼编排顺序一般是胸、肩、背、大腿在前，上臂、前臂练习居中，小腿、踝和腹肌编排在后。新手应把上肢练习编排在前，下肢练习编排在后。

9. 循序渐进增加负荷量，不逞能好胜。

10. 掌握正确的呼吸方法，保证完成动作。

11. 锻炼过程中口渴时不可饮用热水。

12. 锻炼前应先检查器械是否完好牢固。

13. 采取必要的保护措施。

14. 锻炼前先检查身体，保证健康安全。

四、健美锻炼的其他方式方法

健美锻炼除用器械（杠铃、哑铃专制组合器械）进行外，在我们身边可进行的方式方法也很多。

（一）学校操场上的健美锻炼道具

1. 跑道。准备活动及慢跑，可达到减脂效果，增强心肺功能。

2. 沙坑。单双脚跳、立定跳、多级跳等，可增强灵敏性及腿部肌力。

3. 单杠。引体向上，可练肱二头肌、肱三头肌、背阔肌，悬垂收腹可练腹直肌。

4. 双杠。支撑屈摆起、双臂屈撑可练胸大肌、肱二头肌、肱三头肌。

5. 爬杆、绳。可练小臂肌、腹肌、肱二头肌。

6. 云梯。增强双手握力，可练前臂肌、腰腹肌等。

根据所提供的六项道具，自己还可编出更多的锻炼方法。

（二）学生宿舍中的健美锻炼

学校学生集体宿舍里可制订出一套健身健美的锻炼计划：男生可采用引体向上、俯卧撑、跷脚屈体、双臂屈伸、仰卧举腿等；女生可采用俯卧撑、仰卧起坐、仰卧背反弓起、立卧撑、蹲跳、高抬腿等。我们要善于利用自己身边的环境设施及场地器物，因地制宜地设计出各种行之有效的替代方法，帮助自己去实现自己的健美计划，达到健身健美的目的。

第八章　运动性伤害的现场急救

运动性伤害是指和运动有关的一切伤害。凡与运动相关发生的伤害都可以列入运动伤害的范围。运动性伤害代表人体在各种不同的身体活动下，所产生的身体伤害。运动性伤害的现场急救对运动者日后的恢复有重要作用。

第一节　急救概述

运动性伤害现场的急救是指在运动现场对受伤的人员进行紧急处理，属于损伤救治过程中一个非常重要的环节。一旦发生伤害事故，要求急救人员必须准确、及时地把伤员从运动现场抢救出来，分秒必争地实施紧急救护措施，并负责将伤员安全送到相关医疗单位。现场急救处理的正确与否直接关系到患者的生存率与致残率。因而，无论何种急性损伤，做好现场急救都是十分重要的。

一、急救的目的

急救是指对意外或突然发生的伤病事故进行紧急的临时性处理。其目的是保护伤员的生命安全，避免再度损伤，防止伤口污染，减轻痛苦，预防并发症，并为伤病员的转运和进一步治疗创造条件。

二、急救的原则

进行现场急救应遵循一定的原则。首先，要以抢救生命为第一位，做到救命在先。其次，急救要注重时间观念，即要争分夺秒地进行抢救，能够快速准确判断病情，迅速进行现场处理并及时转运伤员。最后，抢救人员要具备较高的业务能力，包括高度的责任心、正确熟练的急救技术、沉着冷静的心理素质。这样在进行现场急救时才能够迅速且准确地将急救工作做得井井有条、全面周到。

三、急救的工作内容

（一）急救的组织工作

1. 设置急救点

在固定场地训练或比赛时，应就近设置急救点。有些训练路线不固定，如跨省马拉松拉练和长距离自行车训练，医生和保健员有时无法照顾到，可设置游动的急救点，在随行的机动车上放置急救箱以便应急。急救点的工作应由医务工作者和保健员共同负责。

2. 急救物品的准备

根据运动项目的特点、损伤发生的情况，做必要的急救物品准备，如冷敷用品和压迫棉垫、粘胶和缝合包、绷带和三角巾、止血带及常用的急救药物等。一些易发生严重损伤的比赛项目，如摩托车、公路自行车等比赛，应预先查看比赛路线，在易发生损伤的地点设置急救站，并配备急救车和医护人员，保证一旦受伤后能得到及时救护。此外，还要确定后方医院，以便及时联系做好伤员的转运工作。

（二）现场的具体急救工作

1. 收集病史

首先扼要地了解伤情，迅速加以分析，确定损伤性质、部位、范围，以便进一步重点检查。询问的内容包括受伤经过、受伤时间、受伤原因、受伤动作、伤员的自我感觉等。

2. 就地检查

包括全身状况观察和局部检查。检查要点：① 有无呼吸道阻塞、呼吸困难、紫癜、异常呼吸等现象；② 有无休克，检查时若发现呼吸急促、脉搏细弱、血压下降、面色苍白、四肢发凉出汗，提示有休克发生，应先抢救；③ 有无伤口、外出血及内出血；④ 有无颅脑损伤，凡神志不清的伤者，出现瞳孔改变、耳鼻道出血、眼结膜瘀血和神经系统症状者，应疑有颅脑损伤；⑤ 有无胸腹部损伤；⑥ 有无脊髓周围神经损伤及肢体瘫痪等；⑦ 有无肢体肿胀、疼痛、畸形及功能丧失等，以确定骨与关节损伤情况。

（三）初步急救处理

根据以上检查结果作出诊断后，应迅速按不同情况进行初步急救处理。

第二节　出血的现场急救

血液是维持生命的重要物质，成年人血量约占体重的 8%，即 4 000—5 000 mL，如出血量达到总血量的 20%（800—1 000 mL）时，会出现乏力、头晕、口渴、面色苍白、心跳加快、血压下降等全身不适症状。若出血量达总血量的30%（1 200—1 500 mL），会出现休克，甚至危及生命。大出血伤员的急救，只要稍拖延几分钟就会造成无法弥补的危害。因此，外伤出血过多是最需要急救的危重症之一。

一、出血的分类

血液从损伤的血管外流称为出血，出血分为外出血和内出血两种。外出血指血液从皮肤创口处向体外流出，是运动损伤中较为常见的一种。外出血按受伤血管不同，可分为动脉出血、静脉出血和毛细血管出血三类，但一般所见的出血多为混合型出血。内出血指血液从损伤的血管内流出后向皮下组织、肌肉、体腔（包括颅腔、胸腔、腹腔和关节腔）及胃肠和呼吸器官内注入。内出血也分为三种，即组织内出血、体腔出血和管腔出血。组织内出血如皮下组织、肌肉等属之；体腔出血如胸腔、颅内属之，管腔出血主要指胃肠道出血。内出血较外出血性质严重，因其初期不易被察觉而容易忽视。

（一）动脉出血

动脉血的颜色鲜红，血液自伤口的近心端呈间歇性、喷射状流出，出血速度快，出血量多，危险性大，常因失血过多而出现急性贫血，以至血压下降，呼吸与心跳中枢麻痹，进而引起心跳与呼吸停止。

（二）静脉出血

静脉血的颜色暗红，血液自伤口的远心端呈持续性、缓慢地向外流出，危险性小于动脉出血。

（三）毛细血管出血

毛细血管血的颜色介于动脉血和静脉血之间，血液在创面上呈点状渗出并逐渐融合成片，最后渗满整个伤口，通常可以自行凝固，一般没有危险性。

二、止血的方法

现场急救常用的止血方法有多种，使用时可根据具体情况选用其中一种，也可以把几种止血法结合一起应用，以达到最快、最有效、最安全的止血目的。下面介绍七种出血常用的止血方法。

（一）冷敷法

冷敷可使血管收缩，减少局部充血，降低组织温度，抑制神经的感觉，因而有止血、止痛、防肿的作用，常用于急性闭合性软组织损伤。冷敷一般用冷水或冰袋敷于损伤部位，常与加压包扎止血法和抬高伤肢法一同使用。

（二）抬高伤肢法

抬高伤肢法是指将受伤肢体抬至高于心脏 15°—20°角，使出血部位压力降低，此法适用于四肢小静脉或毛细血管出血的止血。常在绷带加压包扎后使用，在其他情况下仅作为一种辅助方法。

（三）加压包扎止血法

有创口的可先用无菌纱布覆盖压迫伤口，再用三角巾或绷带用力包扎，包扎范围应比伤口稍大，在没有无菌纱布时，可使用消毒纸巾、餐巾等代用。这是目前最常用的一种止血方法，此法适用于小静脉和毛细血管出血的止血。

（四）加垫屈肢止血法

前臂、手和小腿、足出血时，如果没有骨折和关节损伤，可将棉垫或绷带卷放在肘或膝关节窝上，屈曲小腿或前臂，再用绷带作"8"字形缠好。

（五）直接指压止血法

该方法是用手指指腹直接压迫出血动脉的近心端。为了避免感染，宜用消毒敷料、清洁的手帕或清洁纸巾盖在伤口处，再进行指压止血。

（六）间接指压止血法

该方法又叫止血点止血法，是止血方法中最重要、最有效且极简单的一种方法。压迫时用手指把身体浅部的动脉压在相应的骨面上，阻断血液的来源，可暂时止住该动脉供血部位的出血，适用于动脉出血，但只能临时止血。重要的止血点有六个：颞浅动脉止血点，颌外动脉止血点，锁骨下动脉止血点，肱动脉止血点，股动脉止血点，胫前、胫后动脉止血点。

1. 头部出血

头部前额、颞部出血，要压迫颞浅动脉。其压迫点在耳屏前方，用手指摸到搏动后，将该动脉压在颞骨上。

2. 面部出血

面部出血可压迫颌外动脉。其压迫点在下颌角前面约 1.5 cm 处，用手摸到搏动后，将该动脉压在下颌骨上。

3. 上肢出血

肩部和上臂出血可压迫锁骨下的动脉。在锁骨上窝、胸锁乳突肌外缘，用手指将该动脉向后内正对第一肋骨压迫。前臂出血可压迫肱动脉。让患肢外展，用拇指压迫上臂内侧。手指出血可压迫指动脉。压迫点在第一指节近端两侧，用拇指、食指相对夹压。

4.下肢出血

大腿、小腿部出血，可压迫股动脉。压迫点在腹股沟皱纹中点的动脉搏动处，用手掌或拳向下方的股骨面压迫。足部出血可压迫胫前动脉和胫后动脉，用两手的拇指分别按压于内踝与跟骨之间和足背皱纹中点。

（七）止血带止血法

止血带止血只适用于四肢大出血，且当其他止血法不能止血时才使用此方法。止血带主要有橡皮止血带、气性止血带（如血压计袖带）和布制止血带，其操作方法各不相同。

1.橡皮止血带

常用的是一种特制的胶皮管，操作时左手在离带端约 10 cm 处由拇指、食指和中指紧握，使手背向下放在止血带的部位，右手持带中段绕伤肢一圈半，然后把带塞入左手的食指与中指之间，左手的食指与中指紧夹一段止血带向下拉，使之成为一个活结，外观呈 A 字形。

2.气性止血带

常用的是血压计袖带，操作方法比较简单，只要把袖带绕在扎止血带的部位，然后打气至伤口停止出血。

3.布制止血带

将三角巾折成带状或将其他布带绕伤肢一圈，打一个蝴蝶结；取一根小棒穿在布带圈内，提起小棒拉紧，将小棒依顺时针方向绞紧，再将绞棒一端插入蝴蝶结内，最后拉紧活结并与另一头打结固定。

使用止血带时应注意如下事项。

（1）部位：先将患肢抬高然后再上止血带，止血带应缚在出血部的近心端。上臂外伤大出血时应扎在上臂上 1/3 处，前臂或手部大出血时应扎在上臂下 1/3 处，下肢外伤大出血时应扎在股骨中下 1/3 交界处。

（2）衬垫：使用止血带的部位应有衬垫，否则会损伤皮肤。止血带可扎在衣服外面，用衣服当衬垫。

（3）松紧度：应以出血停止、远端摸不到脉搏为合适。过松达不到止血目的，过紧又会损伤组织。

（4）时间：缚上止血带后上肢应每半小时，下肢应每 1 小时分别放松一次，放松时间 1—2 分钟，以免引起肢体缺血性坏死。

（5）标记：使用止血带者应有明显标记贴在前额或胸前易发现部位，写明时间。如立即送往医院，可不写标记，但必须当面向值班人员说明缚扎止血带的时间和部位。

第三节　关节脱位的急救

凡相连两骨之间失去正常的连接关系，称为关节脱位。关节脱位时，由于暴力作用往往伴有关节囊及关节周围软组织的损伤，严重者还会伤及神经、血管或伴有骨折。关节复位的原则是使脱位的关节端按原来脱位的途径退回原处。严禁动作粗暴和反复复位，以免加重损伤，造成骨折或血管、神经的损伤。实施复位的时间越早，越易复位，效果也越好。复位成功的标志是关节活动恢复正常，骨性标志复原，X线检查显示已复位。复位后将关节固定在稳定的位置上，固定期间要加强功能锻炼。没有整复条件时应立即用夹板和绷带在脱位所形成的姿势下固定伤肢，保持病员安静，尽快送医院治疗。

体育运动中最常见的关节脱位是肩关节前脱位和肘关节后脱位。

一、肩关节前脱位

（一）损伤原因

在运动过程中，只要在跌倒时肩关节处于上臂外展位，用手或肘部着地，都有可能发生肩关节前脱位。这种姿势使肱骨头移向肩胛盂的前下方，一旦外力过大，肱骨头就自肩胛盂脱出。此外，上臂在外展位突然过度背伸或过度外旋时都可能发生肩关节前脱位。

（二）症状与诊断

（1）一般有跌倒时手或肘部着地的受伤史。

（2）肩关节疼痛及运动障碍。

（3）肩关节周围明显压痛。

（4）上臂固定于外展 25°—30° 角。

（5）由于关节周围软组织损伤后，组织内血管撕裂出血和反应性炎症出现，关节脱位后不久即出现明显的肿胀。

（6）肩部变平，呈角肩，又称"方肩畸形"。

（7）患者侧手不能触到健侧的肩部，肘不能靠于胸前。

（8）触诊时可发现肩峰下有凹陷，锁骨下或喙突下可摸到肱骨头。

（9）X光检查，可进一步了解受伤关节局部的变化，如脱位的方向、程度以及是否合并骨折等。

（三）肩关节前脱位的现场固定方法

取三角巾两条分别折成宽带，一条悬挂前臂，另一条绕过伤肢上臂，在健侧腋下打结。

（四）整复方法

采用 Kocher 法或牵引整复法，整复后用绷带将前臂固定于胸壁，直至关节囊及周围软组织愈合后，再开始活动。固定时间依肩关节损伤的情况及年龄而不同，一般为3周。由于这种损伤常继发肩关节习惯性脱位，近年来不少医生主张优秀运动员伤后应立即进行手术将撕裂组织修补好。

二、肘关节后脱位

（一）损伤原因

任何外力只要使肘关节过伸或外展致使肘关节内侧副韧带断裂，都能引起肘关节后脱位。如跌倒时肘关节过伸，尺骨鹰嘴又猛烈冲击肱骨鹰嘴窝，使肱骨下端前移，尺骨鹰嘴后移，引起典型的肘关节后脱位。

（二）症状与诊断

肘关节后脱位时，肘关节保持在半屈曲位，屈伸限制，上肢缩短，肘前三角部膨出，肘前后径加大，局部肿胀；触诊可发现肘后三角的关系发生改变，鹰嘴远移至肘后上方。

（三）肘关节后脱位的现场固定方法

用铁丝夹板弯成合适的角度，置于肘后，用绷带缠稳，再用小悬臂带挂起前臂。如无铁丝夹板，可直接用大悬臂带包扎固定。

（四）整复方法

采用单人或双人手法复位，一般称为"牵引屈肘法"。

第四节　骨折的急救

骨折是指骨与骨小梁发生连续性的断裂。骨折急救的目的，在于用简单而有效的方法抢救生命，保护患肢，使伤者能安全而迅速地运送至医院。

一、骨折的原因及分类

（一）骨折的原因

引起外伤性骨折的暴力，按其作用的性质和方式可分为直接、传达、牵拉和积累性暴力。

1.直接暴力

骨折发生于暴力直接作用的部位，如跌倒时膝盖直接撞击于地面所引起髌骨骨折。

2.传达暴力

骨折发生在暴力作用点以外的部位，如跌倒手掌撑地，由跌倒时的冲力所引起的地面反作用力沿上肢向上传导，可引起舟状骨或桡骨远端、尺骨与桡骨干、肱骨骨折等，这是最常见的骨折机制。

3.牵拉暴力

由于不协调的、急剧猛烈的肌肉收缩或韧带突然紧张而引起附着部的撕脱骨折，如股四头肌猛烈收缩引起髌骨或胫骨粗隆的撕脱骨折。

4.积累性暴力

多次或长期积累性暴力作用引起骨折，亦称疲劳性骨折，如反复跑跳或长途行军引起第二跖骨颈或腓骨的疲劳性骨折等。

（二）骨折的分类

1.按骨折周围软组织的病理分

（1）闭合性骨折：骨折处皮肤或黏膜完整，骨折断端与外界不相通。

（2）开放性骨折：骨折锐端穿破皮肤，直接与外界相通。这种骨折容易感染，进而导致骨髓炎或败血病。

2.按骨折断裂的程度分

（1）不完全骨折。骨的连续性未完全破坏，或骨小梁的一部分连续中断。因儿童的骨质较软而韧，不易完全断裂，似幼嫩的树枝折断，又称青枝骨折。

（2）完全骨折。整个骨的连续性，包括骨外膜完全破裂。骨折端可以保持原位（无移位），亦可移位而形成重叠、分离、旋转、成角、侧方移位等。

3.按手法复位外固定后骨折的稳定性分

（1）稳定骨折。如骨折面横断或近乎横断并且有锯齿的斜折，经反复固定后，不易再移位。

（2）不稳定骨折。骨折后经反复外固定，仍易再移位，如斜面骨折、螺旋骨折、粉碎骨折等。

4. 按骨折线的形态分

（1）裂缝骨折。骨折后无移位，就像瓷器上的裂纹一样。

（2）骨膜下骨折。骨膜未破，移位不明显。

（3）青枝骨折。仅有部分骨质和骨膜被拉长、皱褶或破裂，常有成角、弯曲畸形。多见于儿童。

（4）撕裂骨折。又称撕脱骨折。

（5）横骨折。骨折线与骨干纵轴接近垂直。

（6）斜骨折。骨折线与骨干的纵轴呈一定的角度。

（7）螺旋骨折。骨折线呈螺旋状，多由扭转力引起。

（8）粉碎骨折。骨折块碎裂成两块以上者，多由直接外力所致，常见于成年人。

（9）嵌入骨折。多由于压缩性间接外力所致。

（10）骨骺分离。骨骺的骨折多发生在儿童、少年身上。

二、骨折的症状与体征

（一）疼痛

骨折刚开始疼痛较轻，随后即加重，活动受伤肢体时则疼痛加剧，持续剧痛可引发休克。

（二）肿胀和皮下瘀血

骨折时骨及周围软组织的血管破裂，发生局部出血和肿胀。若软组织较薄，骨折的部位较浅，血肿渗入皮下，形成青紫色的皮下瘀斑，亦可随血液沿肌间隙向下流注，在远离骨折处出现瘀斑。

（三）患肢失去功能

因疼痛、肌肉痉挛、骨杠杆作用被破坏和周围软组织损伤等，肢体不能站立、行走或活动。

（四）畸形

完全骨折时，常因暴力作用和肌肉痉挛使骨折断端移位，出现伤肢缩短、成角或旋转等畸形。

（五）异常活动或骨摩擦音

四肢长骨完全骨折时，在关节以外的地方出现异常活动；轻微移动肢体时，因断端互相摩擦而出现摩擦音，这是完全骨折的特有征象。检查时应小心谨慎，以免加重损伤和造成伤员的痛苦。

（六）压痛和震痛

骨折处有敏锐的痛感，有时轻轻叩击远离骨折的部位，在骨折处亦出现疼痛。

（七）X 线拍片

骨折裂痕、断裂或粉碎，X 线拍片是最具有权威性的确诊方法。

三、骨折的急救

（一）骨折的急救原则

1. 防治休克

严重骨折、多发性骨折或同时合并其他损伤的伤员，可能会发生休克，急救时应注意预防休克。若有休克必须先抗休克，再处理骨折。预防休克的方法在于早期就地实施制动固定术，并在骨折部位注射 1%—2% 的普鲁卡因止痛。针刺人中、十宣，50% 葡萄糖液静脉注射、吸氧、平卧保暖是升压和预防休克发展和治疗的简要措施。

2. 就地固定

骨折后及时固定可避免断端移动，防止加重损伤；固定时必须先牵引再上夹板，使伤肢处于较为稳定的位置，可减少疼痛，便于伤员转运。未经固定，不可随意移动伤员，尤其是大腿、小腿和脊柱骨折的伤员。

3. 先止血再包扎伤口

伤口有出血时先止血，可根据情况选择适宜的止血方法。有开放性骨折的病人应先清洗伤口，再用消毒巾包扎，以免感染。争取在 6—12 小时以内送达医院施行手术，并注射破伤风血清 1500 IU 以预防破伤风。暴露在伤口外的骨折端，未经处理一定不要复回，应敷上清洁纱布，包扎固定后急送医院处理。

（二）骨折急救的注意事项

夹板的长短、宽窄要适宜，使骨折处上下两个关节都固定。若无夹板时，可用树枝、竹片等代用品。夹板要用绷带或软布包垫，夹板的两端、骨突部和空隙处要用棉花或软布填妥，防止引起压迫性损伤。肢体明显畸形而影响固定时，可将伤肢沿纵轴稍加牵引后再固定。缚扎夹板的绷带或布条应缚在骨折处的上下段。固定要牢靠，松紧度要适中，过松则失去固定的作用，过紧又会压迫神经血管。因此，固定时应露出指（趾）端，若发现指（趾）端出现苍白、发麻、发凉、疼痛或变紫时，须立即松解，重新固定；上肢骨折固定后，用悬臂带把患臂挂于胸前；下肢骨折固定后，可把患腿与健腿捆绑在一起。经固定后尽快将伤员送到医院，争取及早治疗。

（三）骨折急救的固定法

常见的骨折固定法有以下九种：

1. 锁骨骨折

锁骨骨折可采用"双环包扎法"固定。先取 3 条三角巾并折叠成宽带，在双肩腋下填上软布团或棉花，然后用 2 条宽带分别绕过伤员两肩在背后打结，形成两个肩环，再用第三条宽带在背后穿过两个肩环，拉紧打结，最后将两前臂缚扎固定或将伤侧肢体挂在胸前。

2. 肱骨干骨折

屈肘成直角，用两块长短宽窄适宜的有垫夹板，分别放在伤臂的内、外两侧，用 3—4 条宽带将骨折处上下部缚好，再用小悬臂带把前臂挂在胸前，最后用宽带或三角巾将伤臂固定于体侧。

3. 前臂骨折

用两块有垫夹板分别放在前臂的掌侧和背侧，板长从肘到掌，前臂处于中立位，屈肘 90°，拇指朝上。用 3—4 条宽带缚扎夹板，再用大悬臂带把前臂挂在胸前。

4. 手腕部骨折

用一块有垫夹板放在前臂和手的掌侧，手握绷带卷，再用绷带缠绕固定，然后用大悬臂带把伤臂挂于胸前。

5. 股骨骨折

股骨骨折可采用旁侧夹板固定。先用两手（一手握脚背，一手托脚跟）轻轻将脚向下拉，直到与腿等长。如疼痛可注射吗啡。再将 2 块长夹板分别放在伤肢的内、外侧，内侧夹板上至大腿根部，下达足跟；外侧夹板自腋下达足部。然后用 5—8 条宽带固定夹板，在外侧打结。

6. 小腿骨折

用两块有垫夹板放在小腿的内、外侧，2 块夹板上自大腿中部，下至足部。用 4—5 条宽带分别在膝上、膝下及踝部缚扎固定。

7. 踝足部骨折

踝足部骨折可采用直角夹板固定。脱鞋，取一块直角夹板置于小腿后侧，用棉花或软布在踝部和小腿下部垫妥后，再用 3 条宽带分别在膝下、踝上和足跖部缚扎固定。

8. 胸腰椎骨折

疑有胸腰椎骨折时，尽量避免骨折处移动，以免脊髓受压迫而损伤。将硬板或门板置于病人体侧，一人稳住头，再由两人将病人轻轻推滚至木板上，采取仰卧位，用数条宽带将伤员缚扎于木板上。若为软质担架，令伤员采取俯卧位，使脊柱伸直，禁止屈曲，送至医院。

9. 颈椎骨折

颈椎骨折时，务必使伤员头部固定于伤后位置，不屈、不伸、不旋转，数人合作将伤员抬至木板上，头部两侧用沙袋或卷起的衣服垫好固定，用数条宽带把伤员缚扎在木板上。颈椎损伤的病人，如搬运不当，有引起骨髓压迫的危险，造成四肢和躯干的高位截瘫，甚至影响呼吸造成死亡。

第五节 心肺复苏

心肺复苏是针对呼吸、心跳停止所采用的抢救措施，即以心脏按压形成暂时的人工循环，诱发心脏的自主搏动，并以人工呼吸代替病员的自主呼吸。因此，临床上将两者合称为心肺复苏术。体育运动中一些严重意外事故，如溺水、外伤性休克等可能会出现呼吸或心搏骤停的情况，如未能在现场得到及时正确地抢救，病员将因全身严重缺氧而很快死亡。胸外心脏按压和人工呼吸是心脏复苏初期最主要的急救措施。

在常温情况下，心脏停搏 3 秒时病人就感到头晕；10 秒即出现晕厥；30—40 秒后瞳孔散大；60 秒后呼吸停止、大小便失禁；4—6 分钟后大脑发生不可逆的损伤。因此，对心脏停搏、呼吸骤停病人的抢救应当在 4 分钟内进行心肺复苏，开始复苏时间越早，成活率越高。

一、胸外心脏按压

此方法是通过按压胸骨下端而间接地压迫左右心室腔，使血流流入主动脉和肺动脉，从而建立有效的大小循环，为心脏的恢复创造条件。胸外心脏按压时，收缩压可达 13.3 kPa（100 mmHg），平均动脉压为 5.3 kPa（40 mmHg）；颈动脉血流仅为正常的 1/4—1/3，这是支持大脑活动的最小血量循环。因此，进行胸外心脏按压时，患者应平卧，最好头低脚高，背部垫木版，以增加脑的血流供应。

操作方法：使病人仰卧于硬板床或地上，急救者以一手掌根部置于患者胸骨的中、下 1/3 交界处，另一手交叉重叠于其手背上，肘关节伸直，充分利用上半身的重量和肩、臂部肌肉的力量，有节奏地带有冲击性地垂直按压胸骨，使之下陷 5—6 cm（儿童相对要轻些）。每次按压后迅速抬手，使胸部复位，以利于心脏舒张。频率为每分钟 100—120 次。如有条件，应尽早除颤。

在操作中，如能摸到颈动脉或股动脉搏动，上肢血压收缩压达 8 kPa（60 mmHg）以上，口唇、甲床颜色较前红润或者呼吸逐渐恢复，瞳孔缩小，则为按压有效，应操作至自主心跳出现为止。

对呼吸、心跳均停止的病人，应同时进行上述两种急救措施。单人心肺复苏时，每按压胸部 30 次，吹气 2 次，即 30：2，每次呼吸超过 1 秒。最好由两人配合进行，一人做人工呼吸，一人做胸外心脏按压，双人心肺复苏时，不中断胸外按压，每 6 秒吹气 1 次。

二、人工呼吸

人工呼吸是借助人工方法来维持机体的气体交换，以改善病员缺氧状态，并排出二氧化碳，为恢复病员自主呼吸创造条件。人工呼吸的方法很多，现介绍最常用的口对口人工呼吸法，此法简便有效。

操作方法：使病员仰卧，松开领口、裤带和胸腹部衣服，清除口腔内异物，把患者口腔打开，盖上一块纱布。急救者一手掌侧置于病人前额，使其头部后仰，拇指和食指，捏住病人鼻孔，以免气体外溢。另一手托起患者下颌，掌根部轻压环状软骨，使其间接压迫食道，以防吹入的空气进入胃内。然后，深吸一口气，张开嘴巴，用双唇包绕封住病人的嘴外缘，并紧贴住向里吹气，吹气完成后立即放开鼻孔。待患者呼气并吸入新鲜空气，准备下一次吹气，如此反复进行。吹气要深而快，每次吹气量约 800—1 200 mL 或每次吹气时观察病人胸部上抬即可。开始应连续两次吹气，以后每隔 6 秒吹一次气，频率为每分钟 10 次，直到患者恢复呼吸为止。

在进行心肺复苏时，急救一经开始，就要连续进行，不能间断，直到伤员恢复自主呼吸、心跳或确诊死亡为止。心肺复苏的步骤应先进行胸外心脏按压，然后保持气道通畅，最后进行人工呼吸。此外，在实施急救的同时，应迅速拨打急救电话。

第六节　抗休克

休克是人体遭受体内外各种强烈刺激后所发生的严重的全身性综合征，临床上以急性周围循环衰竭为特征，有效循环血量锐减是复杂综合征中的主要矛盾。由于有效循环血量绝对或相对地减少，使组织器官缺氧，发生一系列的代谢紊乱，造成恶性循环，如不及时纠正，就会导致死亡。各种严重致病因素，如创伤、感染、低血容量、中毒和过敏等均可引起有效血容量不足，进而引起休克。运动损伤造成的休克，一般以失血性休克和创伤性休克较为多见。

一、休克的原因与发生机制

凡能引起有效循环血量不足或心输出量减少的各种因素，都能引起休克。在运动损伤中并发休克的原因主要是剧烈疼痛和大量出血，这些致病因素刺激交感神经—肾上腺髓质系统的活动增强，使儿茶酚胺大量释放，导致微血管痉挛，毛细血管网内的血流量减少，组织血液灌流量不足，导致休克。骨折、脱位、严重软组织损伤、睾丸挫伤等，由于剧烈疼痛可引起周围血管扩张，使有效循环血量相对减少；或大血管破裂出血、腹部挫伤合并肝脾破裂等；以及心脏病、严重感染、中毒、药物反应等，均可能引起休克。此外，疲劳、饥饿、寒冷、酷暑等也都能诱发休克或加重休克程度。

二、休克的发展过程与临床表现

（一）休克早期

休克早期又称缺血缺氧期。由于受休克因素的刺激，使大量的体液因子释放，导致末梢小动脉、微动脉、毛细血管前括约肌及微静脉持续痉挛，毛细血管阻力增加，大量真毛细血管关闭，使微循环的灌流量急剧减少。此时病人出现精神紧张、烦躁不安、多汗、呼吸急促、心率加快，体温和血压正常或稍高，此时易被忽略。

（二）休克期

休克期又称失代偿期。此期由于组织显著缺氧，致使毛细血管前括约肌开放，大量血液进入毛细血管网，造成循环瘀血，血管通透性增加，大量血浆外渗。白细胞在微血管壁黏附，形成血栓，使血压下降，收缩压在 12 kPa（90 mmHg）以下，脉压差小于 2.7 kPa（20 mmHg）。出现表情淡漠，反应迟钝，面色苍白，口唇、肢端发绀，四肢厥冷，全身冷汗，脉搏细速，尿量减少和血压下降，严重时病人昏迷，甚至死亡。因此，血压下降是判断休克严重程度的重要标志。

（三）休克晚期

休克晚期又称弥漫性血管内凝血期。此期是指在毛细血管瘀血的基础上细胞缺氧更严重，导致血管内皮损伤，血小板聚集，促发内凝血及外凝血系统在微血管形成广泛的微血栓；细胞因持久缺氧使胞膜损伤，溶酶体释放，细胞坏死自溶；并因凝血因子的消耗而产生弥漫性出血。其临床表现主要为广泛性出血、低血压休克、溶血及血栓栓塞所致的多种器官功能障碍等。

三、休克的急救

（一）安静休息

迅速使伤员平卧使之安静，并予以安慰与鼓励，消除病人的顾虑。最好不要采取头低脚高位，因这种位置会使颅内压增高，静脉血回流受阻，并使膈肌上升影响呼吸，不利于休克的矫治（尤其是呼吸困难者）。

（二）保暖和防暑

换去潮湿的运动服，以防散热过快，尽量使病人在温暖安静的环境下休息。若为炎热的夏季，要注意降温防暑，以防中暑。

（三）饮水

神志清醒又无消化道损伤的病员，可给予适量的盐水（每 L 含食盐 3 g、碳酸氢钠 1.5 g）或热茶等饮料。

（四）保持呼吸道通畅

昏迷病人，常因分泌物或舌后缩等原因，引起呼吸道的堵塞。因此，要及时清除分泌物及血块，松解衣领，必要时把舌牵出口外。对心脏停搏、呼吸停止的病人应立即进行心肺复苏。

（五）镇静与止痛

骨折、脱位和严重的软组织损伤后，可根据情况口服苯巴比妥 0.9 g，或肌肉注射苯巴比妥钠 0.1 g，其主要作用在于可解除中枢神经系统的应激性，加强大脑皮层的保护性抑制，起镇静作用。有剧烈疼痛者，可口服阿片 20 mL 或哌替啶 50 mg 以镇痛，防止休克加重。凡有颅脑损伤、脊髓损伤、胸腹部损伤，或缺氧发绀的伤员，都禁用吗啡或哌替啶。

（六）包扎和固定

开放性损伤，要用无菌敷料或清洁的毛巾等将创口敷盖包扎，骨折或脱位的伤员，应进行必要的急救固定。

（七）止血

外出血的伤员应在急救的早期，采用绷带加压包扎法、指压法或止血带等方法及时止血。内出血的伤员，应尽早送医院处理。

（八）针刺疗法

昏迷的病人可针刺或手指掐点人中、百会、内关、涌泉、合谷等穴位。

在进行上述现场急救的同时，应与医院联系，或将病员迅速送到医院，进一步治疗，如输血、输液、吸氧等。

第八节　脑震荡的急救

脑震荡是脑损伤中最轻而又最多见的一种，可发生于体操、足球、垒球和棒球等运动中，也是日常工作、生活中常见的损伤。

一、脑震荡的病因与发生机制

脑震荡是头部受到足球、棒球的打击或体操练习中从高处跌下时头部撞地等，神经细胞和神经纤维受到普遍震荡所引起的一时性意识和功能障碍，不久即可恢复，多无明显解剖病理改变。

二、脑震荡的症状与体征

头部受到外力撞击后，立即出现意识障碍，出现一时性意识丧失（昏迷）或神志恍惚。意识障碍的时间长短不一，短则几秒钟，长则几分钟甚至20—30分钟等。意识丧失时，伤员呼吸表浅，脉率缓慢，肌肉松弛，瞳孔稍放大但左右对称，神经反射减弱或消失。

意识清醒后出现逆行性健忘，即患者无法回忆受伤经过和情况，但能清楚回忆受伤前的或更早以前的事情。伤员有头痛、头晕、情绪紧张，或变换体位时症状加重，以后会逐渐消失。会有轻微的恶心、呕吐感，几天后即可消失。此外，还有情绪不稳、易激动、注意力不易集中，以及耳鸣、心悸、多汗、失眠等自主神经功能紊乱的症状。

诊断脑震荡的依据是：头部有明确的外伤史；伤后即刻确有短时间的意识障碍；意识清醒后出现逆行性健忘；神经系统检查和血压、脉率、呼吸、脑脊液压力及其细胞数均为正常。

脑震荡有时可引起轻微脑挫伤或颅骨骨折。若伤员昏迷时间超过5分钟以上，或两侧瞳孔大小不对称，或耳、鼻有出血、流清水，以及咽后壁、眼球出现青紫，或神志清醒后剧烈头痛、呕吐，或出现再度昏迷，都说明伤情较重，必须立即送医院。

外伤性颅内出血的早期表现和脑震荡非常相似，应引起注意。

三、脑震荡的急救

急救时，立即将伤员平卧，安静休息，不可让伤员坐起或站起。注意身体保暖，头部可用冷水毛巾作冷敷。若伤员昏迷，可用手指掐点人中、内关等穴，以促使患者苏醒；呼吸停止者，应立即施行人工呼吸。同时，要尽快请医生来处理或把伤员送至医院。在转运时，伤员要平卧、保暖；头颈两侧要用枕头或衣服垫妥固定，防止颠簸振动或晃动；

意识不清者，要注意保持呼吸道通畅，伤员可侧卧或把头转向一侧，避免呕吐物吸入气管或舌坠而发生窒息，并密切观察病情变化。

无严重症状、短时间意识障碍后很快恢复的伤员，经医生诊治后也可平卧送至宿舍休息，直至头痛、头晕等症状消失为止。在休养期间，要注意休息，保持安静的环境和充足的睡眠，不宜过早地参加紧张的体育活动或脑力劳动。一般认为，症状完全消失后，可用"闭目举臂单腿站立平衡试验"来初步判定可否恢复体育锻炼，并在恢复运动的最初阶段，注意观察其动作的协调能力，以确保患者是否已完全康复。

参考文献

[1] 陈凯鸣，曹丽敏等 . 体适能 启智学校课程理念下的实践 [M]. 上海：上海社会科学院出版社，2016.

[2] 陈佩杰，王人卫，胡琪琛，张春华 . 体适能评定理论与方法 [M]. 哈尔滨：黑龙江科学技术出版社，2005.

[3] 杜熙茹 . 特殊学生健康体适能 [M]. 成都：电子科技大学出版社，2019.

[4] 郎朝春 . 健康体适能与运动处方 [M]. 北京：北京理工大学出版社，2013.

[5] 李春艳，熊晓玲 . 健康体适能测试理论与方法 [M]. 武汉：武汉大学出版社，2019.

[6] 牟少华，杨雪芹 . 大学生体适能 [M]. 昆明：云南大学出版社，2013.

[7] 裘琴儿 . 健康体适能理论 [M]. 徐州：中国矿业大学出版社，2012.

[8] 荣明，陈福华，谢丽娜 . 体适能健身图谱 [M]. 上海：上海交通大学出版社，2014.

[9] 沈华 . 体适能与运动处方 [M]. 成都：四川大学出版社，2008.

[10] 沈建国，施兰平 . 健康体适能 [M]. 杭州：浙江工商大学出版社，2013.

[11] 王步标，黄超文 . 体适能与健康 健身活动的科学基础 [M]. 长沙：湖南科学技术出版社，2003.

[12] 王红雨，张林 . 我国高龄化老年人健康体适能的测量与评价 [M]. 南京：河海大学出版社，2019.

[13] 魏烨，张崇艳，高东华 . 体适能理论与实践教程 [M]. 北京：原子能出版社，2017.

[14] 吴旭东，王海江，范莉 . 职业学校体适能训练教程 [M]. 上海：上海交通大学出版社，2019.

[15] 伊向仁 . 体适能、体力活动与运动功能评估 [M]. 济南：山东大学出版社，2021.

[16] 张全成，陆雯 . 高级体适能与运动处方 [M]. 北京：国防工业出版社，2013.

[17] 张全成 . 高级体适能与运动处方 [M]. 西安：西北工业大学出版社，2019.

[18] 张文涛 . 体适能之田径锻炼方法 [M]. 吉林科学技术出版社，2020.

[19] 张新萍，屈萍．终身体育：体适能提升与健康促进 [M].广州：中山大学出版社，2020.

[20] 朱小烽．儿童青少年体适能评定与健康促进 [M].成都：西南交通大学出版社，2020.